# 书香成都

SHUXIANG CHENGDU

许蓉生　著

四川大学出版社
SICHUAN UNIVERSITY PRESS

项目策划：王　军　段悟吾　杨岳峰
责任编辑：青于蓝　喻　震
责任校对：周　颖
封面设计：墨创文化
责任印制：王　炜

图书在版编目（CIP）数据

书香成都 / 许蓉生著 . — 成都 ：四川大学出版社，
2021.6
　　ISBN 978-7-5690-3986-3

　　Ⅰ．①书… Ⅱ．①许… Ⅲ．①文化史－成都 Ⅳ.
① K297.11

中国版本图书馆 CIP 数据核字 (2020) 第 232886 号

书名　书香成都

著　　者	许蓉生	
出　　版	四川大学出版社	
地　　址	成都市一环路南一段 24 号（610065）	
发　　行	四川大学出版社	
书　　号	ISBN 978-7-5690-3986-3	
印前制作	四川胜翔数码印务设计有限公司	
印　　刷	成都市金雅迪彩色印刷有限公司	
成品尺寸	170mm×240mm	
印　　张	17.75	
字　　数	337 千字	
版　　次	2021 年 6 月第 1 版	
印　　次	2021 年 6 月第 1 次印刷	
定　　价	98.00 元	

◆ 读者邮购本书，请与本社发行科联系。
　电话：(028)85408408/(028)85401670/
　(028)86408023　邮政编码：610065
◆ 本社图书如有印装质量问题，请寄回出版社调换。
◆ 网址：http://press.scu.edu.cn

四川大学出版社
微信公众号

天府文化系列丛书
编纂工作机构

一、 编纂委员会

名誉主任　杨泉明　四川省社科联主席、教授

　　　　　杨继瑞　成都市社科联名誉主席、教授

主　　任　李后强　四川省社科院党委书记、成都市社科联主席、教授

　　　　　陈　蛇　成都市社科联（院）党组书记、院长、研究员

副主任　　王　军　四川大学出版社社长

　　　　　廖德斌　成都市社科联（院）副主席、副院长

　　　　　阎　星　成都市社科联（院）副主席、副院长、研究员

成　　员（按姓氏笔画排序）：

　　　　　王　川　四川师范大学副校长、教授

　　　　　王　苹　中共成都市委党校副校长、研究员

　　　　　朴钟茂　韩国学者

　　　　　刘平中　成都师范学院研究员

　　　　　刘兴全　西南民族大学艺术学院院长、教授

　　　　　许蓉生　成都市社科院历史与文化所研究员

　　　　　李　菲　四川大学中国俗文化研究所副所长、副教授

　　　　　何　平　四川大学历史文化学院教授

　　　　　何一民　四川大学城市研究所所长、教授

　　　　　黄宗贤　四川大学艺术学院教授

　　　　　彭邦本　四川大学历史文化学院教授

　　　　　舒大刚　四川大学古籍所所长、教授

　　　　　谭　平　成都大学文学与新闻学院教授、天府文化研究院院长

二、 专家指导委员会

谭继和　巴蜀文化学者、四川省社科院研究员

熊　瑜　四川大学出版社原社长、教授

段　渝　四川师范大学巴蜀文化研究中心主任、教授

陈廷湘　四川大学历史文化学院教授

李　怡　四川大学文学与新闻学院院长、教授

苏　宁　四川省社科院文学所研究员

三、 编务组

尹　宏　成都市社科院经济研究所所长、研究员

冯　婵　成都市社科院历史与文化研究所所长、副研究员

孙　艳　成都市社科院历史与文化研究所副研究员

李单晶　成都市社科院历史与文化研究所副研究员

张羽军　成都市社科院历史与文化研究所助理研究员

总　序

谭继和

天府文化是在中华广域文化共同体内，植根于巴蜀文明沃土而生长起来的奇葩满枝、蓉花似锦的地域文化常青树。她有百万年以上的文化根系，由"肇于人皇，与巴同囿"，源于秦陇古羌的上万年的文明起步，有4500年以上"都广之野""优越秀冠"的农桑文明的发展历程，具有城乡一体、神韵独特、历时弥久、与时俱进，不断进行创新性转型和发展的特征。

天府文化是从"天府之国""天府之土"得名的。"天府"一词最早源于《周礼·天官》，由天官管理王室祖宗牌位、宝器和图书的阆苑被称为"天府"。后来，民间就把沃野千里、物产丰盈的土地称为"天府之国"。最初"天府"是指周、秦和汉初的京师关中之地，也包括视同京畿的汉中平原和成都平原。到汉代中期，特别是东汉以后，"都广之野"被开垦为优越秀冠、天下第一的农桑文化之地，于是"天府之国""天府之土""天府陆海"这些称呼，就成为以成都为中心的巴蜀一方独享的光辉桂冠了。时至今日，天府文化的文脉已经发展演变了四千多年，经历了六大发展阶段。

一、天府农桑文明起源和形成阶段

巴蜀人是从秦陇古羌发展来的。古羌人在7000年前从秦陇、河湟地域分两支向南迁移。天水秦州大地湾6000年前的新石器时代遗址，就是他们的根据地。其中，向东移徙的一支，以伏羲氏为祖先，由黄帝系高辛氏部族集团迁徙发展到秦岭和秦巴山地，直到汉水、武陵源，是为巴人，以游牧渔猎为业，后来才发展起农业。向西移徙的这一支，从秦陇到岷山，直到都广之野，是为蜀人，以产牧为业，"蜀之先，肇于人皇之际"，以黄帝系高阳氏部族集团为祖先。从今已发掘的茂县营盘山遗址、什邡桂圆桥遗址、成都平

1

原宝墩文化六座古城遗址，再到三星堆遗址、十二桥文化金沙遗址、新都马家大墓和彭州竹瓦街遗址、羊子山土台遗址，直到商业街战国船棺葬遗址、岷山饭店遗址，这就是蜀人从岷山、岷江走入都广之野的发展之路。《史记·天官书》专门有记载："中国山川东北流，其维首在陇蜀，尾没于勃碣。"蜀人就是在这样优越的地理环境中逐步创造出高级农业文明来的，进而形成古蜀方国。天府文化就是这样起源的。

这个阶段有三大特征：

一是"都广之野"经"水润天府"发展为中国三大农业起源地之一，并且成为中国高级农业发展的一个重要中心。它的初曙起于成都平原宝墩文化六座古城遗址所展示的"古城"中心聚落开始的时代。这些遗址所创造的农业文化都是在森林和林盘围绕的农业聚落中发展起来的。今天的天府人享受的以小桥流水、竹林茅舍为特点的"林盘仙居"人居方式和"逍遥自在似神仙，行云流水随自然"的生活方式，就是宝墩文化奠定的基础。

这一阶段的辉煌时代则是以三星堆为标志性符号的古蜀青铜文明时期。三星堆是富有神奇生态、神秘文化、神妙心灵的古蜀文明的结晶，尤其是从1号到8号祭祀坑的新旧发掘，展现出的光芒震惊世界，不同凡响。一方面，它既有中原文化传来的圆头方尊、顶尊跪坐人像和顶尊跪坐女神像、簋、簠等礼器，表明它是在中原礼制文化影响下发展起来的，是以"河洛古国"为根的中华广域文化共同体的一部分。它为天府文化的发展和转型，留下了"心向中原"的根脉。另一方面，它又有自己独特的地域神韵。高大的青铜神像、青铜面具、青铜神树、各型青铜鸟、黄金面罩、黄金杖，以及人面鸟身、线刻羽人和太阳神鸟图案，又展现出巴蜀祖源崇拜中独有的羽化成仙的浪漫梦想特征。古蜀文明重仙、重神器的浪漫主义特征与中原文明重礼、重礼器的现实主义特征，在三星堆那里得到完美会通和融合，为天府文化留下了理想精神与现实奋斗精神相结合的三千年文脉。

总之，以宝墩文化与三星堆文化为代表的古蜀文明，早在文明启蒙时代就已是长江文明的生长点，是长江上游古文明起源和发展的中心，是以岷山、岷江为文化地标的"江源文明"诞生的摇篮，是孕育锦江文明的源头，是培育天府文化之根和魂的肥壤沃土。

二是天府丝绸成为培育中华丝绸文明的重要基础。丝绸文明是中华文明的特色。它的起源在中华大地上如满天星斗，多地域、多源头而又同归于黄帝嫘祖一脉，具有"多源一脉"的特征，而巴蜀是其重要的发源地。

早在《山海经·海外北经》就有"欧丝之野"的记载，说跪据桑树的女子发现野蚕唼桑呕丝，可以丛养缫丝。"欧丝之野"指的就是"都广之野"，这是天府养蚕缫丝最早的文献记载。五帝时代，黄帝嫘祖一族与蜀山氏世代联姻，嫘祖之子昌意娶蜀山氏女昌仆。昌意之子韩流娶蜀山氏女淖子生高阳氏颛顼，成为"五帝"之一。高阳孙子大禹生于西蜀羌乡，娶巴蜀女子涂山氏。大禹后裔君主季杼从中原回归蜀山石纽祭祖，"术禹石纽，汶川之会"。末代君主夏桀娶岷山庄王二女婉和琰，这些史料均说明从五帝时代到整个夏代，蜀山氏与黄帝嫘祖部族的高阳氏集团长期联盟，互为姻亲。蜀山氏集团后来出现的古蜀第一位有名字的先祖是蚕丛，蚕丛即蜀山氏部族对其首领是栽桑丛聚养蚕技术发明者的尊称。其祖地在岷山蚕陵，后迁到成都平原，双流牧马山是他的祖源文化地标符号。而与蜀山氏联姻的高阳氏则给蜀山氏带来了嫘祖缫丝织绸的绝妙技术。嫘祖的"嫘"，有女性缫丝累结一团之意，是轩辕氏部族对最先发明缫丝织绸高超技艺的母系领袖的尊称。蚕丛氏的栽桑养蚕技术与嫘祖族的缫丝织绸技术完美结合，广泛应用于都广"欧丝之野"，这就是从岷山到成都平原一带中华丝绸文明培育和出现的历程。2021年3月20日，"考古中国"重大项目进展会通报，在三星堆4号祭祀坑的灰烬层中新发现了丝绸蛋白的痕迹，联想到三星堆青铜立人像飘逸垂裳的丝衣形象，这就是从五帝时代到夏商时代天府丝绸发明和传承的实证。汉代出现的"蜀锦""蜀绣"则进一步传承发展了五帝至夏商周时代天府丝绸的根脉与基因。

　　三是茶文化也发祥于天府文化起源阶段。早在巢居渔猎时代，蜀人就发现嚼吃茶树叶可以代替盐调味，由此最早发现了茶树。到西汉，吴理真首次人工种植蒙顶茶树。由嚼茶到煮茶，遂逐渐形成蜀人敢为人先的精神。"茶"字在中唐以前还没出现过。有关茶的各种字词，最早都出现在蜀方言里，如"荈"（音"接"）（司马相如《凡将篇》）、"荼"（《诗经·谷风》"谁谓荼苦，其甘如荠"，疏"蜀人作茶"。宋苏轼："周诗记苦荼，茗饮出近世。"）、"檟"（《尔雅》）、"蔎"（扬雄《方言》："蜀西南人谓茶为蔎。"）等。"茗"字出现在唐宋时期，也指茶叶，因茶叶经煮之后发出香味，蜀人方言叫"mǐn-mǐn"，遂写作"茗"。这些例子都证明茶之源在蜀。到汉唐时代，饮茶"冠六清"已成为巴蜀民间习俗。最早的盖碗茶、最早的茶馆僧寮和文武茶道，都诞生在巴蜀。

二、秦汉魏晋时期天府农桑文明发展到"优越秀冠"阶段

《战国策》首讲"天府"称号，指以关中八百里秦川为中心，包含京辅、汉中与蜀中三大平原区域。东汉以后，最早记载巴蜀是"天府之土"的文献是诸葛亮的《隆中对》，到西晋左思作《蜀都赋》时，则干脆不把"天府"桂冠戴在关中头上了，而是讲关中还差了一点，只能说是接近"天府"，"号为近蜀"，从此，"天府"之号便移到了四川头上，沿用至今。

这一阶段天府文化最大的特征有三：一是天府农桑文化获得创新性的转型升级，成为美丽乡村生态与"既丽且崇"的城市文态相结合的标本，也是中华城乡一体农桑文明发展的"首席提琴手"，千里沃野，物产丰盈，不知饥馑，享有"天府陆海"的专称（《华阳国志》）。当时的成都已发展成仅次于长安的全国第二大城市，"列备五都"，建立起了巴蜀城乡一体化的以成都为中心的大小城镇商业网络体系。二是江源文明孕育了天府丝绸，而天府丝绸反过来推动了秦汉锦江文明的发展，出现了蜀锦、蜀绣的品牌专称。成都也成为与临淄、襄邑比肩齐名的全国三大丝绸中心之一。"锦江""锦里""锦官城""锦城"这些美名，皆因江水洗濯蜀锦特别鲜明好看而得来，其地标符号一直留存至今。司马相如的大赋被称为"锦绣文章"，也是因为司马相如善于观察和学习蜀锦工匠的高超手艺，写出了文如锦绣、音韵神来的典范作品。成都老官山汉墓出土了4座高楼双蹄织锦机与14个纺织工匠木俑，这是世界上发现最早的提花织机，沿用至今。新疆吐鲁番尼雅墓地出土的织有"五星出东方利中国"字样的蜀锦肩膊，体现了汉代成都人善于以丝绸为宣传手段，向丝绸之路沿线宣传中华大一统理念的"文化创意智慧"。总之，蜀锦、蜀绣在秦汉时期已成为成都以丝绸之路为平台进行国际交流的代表性产品。三是"文翁倡其教，相如为之师"。文翁兴教化蜀创石室与讲堂，他既是地方公学与"文庙官学"的创始人，又是传承孔子私学传统，以"温故"与"时习"二讲堂开启后世书院之学的创始人。文翁教化的结果是将巴蜀本土文化转型升级为国家主流之学，成为以儒为本、以"儒化中国"为主旨的蜀学的滥觞，后来蜀学与齐鲁之学比肩发展，蜀地出现司马相如、扬雄等大文学家，这是天府城市精神文化的第一次飞跃发展。

三、唐宋时期天府经济大发展、文化大繁荣阶段

这一时期的唐剑南西川与宋川峡四路是全国最富庶的地区，是唐宋两朝重要的财源地，时有"扬一益二"之称。反观当时欧洲很多城市已逐渐衰落，成都则发展成当时世界财富聚集与经济文化繁荣的国际化大都市，已经是"天下第一名镇"（卢求《成都记》）。这一时期经济文化最亮眼的成就，是雕版印刷术起源于成都。宋代《开宝大藏经》在成都首次结集印制。道藏也由杜光庭第一次结集。儒家的《九经》在五代时期得以结集印刷，表明儒释道三教融会潮流在天府兴起。城市商业已突破了传统坊市制度，商人们破墙开店、临街设店成为新的商业风习。随着通向长安的"蜀道网"的兴起，成都作为西部土特产集散中心，发展出以"十二月市"为标志的自由集市和专业性的手工作坊街道。货币史上的划时代变革，则是在唐代交易信用券"飞钱"基础上，于宋初发明和使用纸币"交子"，这是世界上最早使用的纸币。

唐宋时期天府文学和艺术的发展，成就了成都作为古代东方世界文化之都、书香之都、诗意之都、音乐之都和美术之都的城市形象。陈子昂、李白、杜甫、苏轼、陆游等"秀冠华夏"的文化巨人的出现，进一步强化了"文宗在蜀""表仪百代"的传统。而薛涛、黄崇嘏、花蕊夫人等一批才女的出现，则是汉唐以后"才女在蜀"文化传统的赓续。"文宗在蜀"与"才女在蜀"的规律性出现与发展，均是巴蜀山川秀气与诗意书香灵气孕育明珠的结果。唐代大慈寺壁画"精绝冠世"，留下了古代东方美学之都的文化基因。蜀派古琴"蜀国弦"和始于巴蜀的竹枝词、前蜀永陵二十四伎乐石刻形象，显示出天府成都管弦歌舞之盛。这一时期成都人观景游乐的特征是游赏习俗的人文化与艺术化，如浣花大游江、小游江，锦江"邀头""邀床"，锦江之畔梨园乐坊选乐伎状元，这是天府旅游发展史上第一次将文化融入旅游习俗。又如孟蜀石经、中国第一部词集《花间集》、唐宋蜀刻本、龙爪本、薛涛笺与十色笺、蜀锦蜀绣以及专为文人考举夜读设计的邛窑省油灯等，是天府书香诗意生活方式普及化而留下的艺术瑰宝。

四、元明清时期天府文化由精英文化转型为城乡平民文化阶段

这一时期天府城市工商业获得了长足发展，"蜀锦、蜀扇、蜀杉，古今以为奇产"（《广志绎》卷五），成为交换苏杭文绮锦绣、山珍海错等"下江货物"的畅销商品。新制蜀折扇不仅用来进贡，而且还行销全社会。岷山的蜀杉木被采伐来修建北京故宫。

这一时期"川味"特色的下层群众文化开始兴盛，其最高成就是由成都"唐杂剧"、元北曲、明南曲、清雅部戏发展而来的花部戏地方剧种之一——川剧。同时，一些著名文人对川剧剧本加以文学性、诗意性改造，出现"五袍、四柱、江湖十八本"等诗化剧本，使川剧由粗糙的市民艺术变为声腔宏富、文辞典雅、俚俗并兼、雅俗共赏、亦庄亦谐的精致艺术，进一步推动了天府市民社会习俗的文雅化、书香化与诗意化。元明清时期天府教育事业也获得了新发展，主要体现为书院制度的创新。元代有草堂书院，明代有子云、大益、浣花等书院，清代有锦江、墨池、芙蓉、潜溪等书院，均驰名全国。社会上兴起的茶馆、书坊、评书、扬琴、古琴、竹琴、金钱板、皮影、木偶、围鼓、口技、相声、清音等曲艺，是这一时期活跃于社会群众舞台的非物质文化遗产。今天四川评出的多种非物质文化遗产，大多产生于这一时期。

五、近代天府文化由古典形态向近代形态蹒跚转化阶段

1840年后，以农桑文明为特征的天府地域文化，在外国资本主义、帝国主义侵入的影响下，受到近代文明的冲击，在阵痛中迈着蹒跚的步伐缓慢地向近代形态转化。特别是19世纪末期和20世纪初期，新旧文化激荡冲突，天府地域文化围绕着对传统文化的破与立、对中西文化的体与用激烈论争的主题，开始了加速转型。其中最重要的六大事件：

一是19世纪末的戊戌维新运动，"是一阵思想的巨浪"，开创了地域文化"新的思想意识时代"。1875年四川省城尊经书院创建，倡导"绍先哲，起蜀学"的新风，以湘学巨子王闿运为山长，兼容中学经史与西学时尚，会

天府文化新路，培育和维护这棵天府文化常青树，作为造福当代、泽被后人的历史责任与担当。

当今新时代赋予天府文化新的历史方位和特征，是天府成都人开创社会主义天府新文化新文明的难得机遇。今天总结出的新时代天府文化有四大特征——创新创造、优雅时尚、乐观包容、友善公益，这既是天府历史发展的产物，是天府人历史智慧与历史经验的结晶，也源自当今时代最深刻的需要，是当代天府成都人传承和创建现代天府文明的努力方向。这四个特征都有它的渊源、文脉基因和历史底蕴：

第一个特征"创新创造"是指精神内核。今天的创新创造同历史上的"非常精神"是一脉相承的。早在汉代，巴蜀第一位"天下文宗"司马相如就总结出巴蜀父老具有"非常之人做非常之事成非常之功"的"非凡"精神，用今天的话讲就是巴蜀培育出了许多善于创新创造的人才。对这种精神，司马相如给它总结了三大内涵：一是"苞括宇宙，总览人物"的宇宙思维和世界眼光。二是"控引天地"，要有在天地之间自由翱翔、探索宇宙奥秘的浪漫主义梦想精神。三是"错综古今"，善于把古老文明与今天的生活交错、综合、融会，这需要将高超的文化想象力与理念思辨力相结合。司马相如的这些概括，既是对三星堆古蜀人羽化成仙、翱翔宇宙的创造精神的提炼，又启迪了相如之后两千余年蜀人生生不息的浪漫主义文学传统。

第二个特征"优雅时尚"是指天府文化的生活美学与诗意风尚，是创新创造精神指导下的生活方式，也是指天府文化时代价值的生活体验。"优雅"，早在文翁化蜀以后成都就是"好文雅""以文辞显于世""文章冠天下"，出的文坛领袖很多的城市，不仅知识精英追求优雅，即使是城乡居民也以耕读传家为荣耀，以崇时尚、优品质的生活美学价值追求为风尚。

第三个特征"乐观包容"是指天府人的器识胸怀具有乐观开放与和谐包容的特点。它以古蜀人历来信奉的"中庸和谐，乐莫大焉"的理念为哲理基础。它的本质是"怡人文化"。《中庸》讲："诚者，天之道也。诚之者，人之道也。""反身而诚，乐莫大焉。""诚者"是对天地能包容万物的自然规律的认识和信仰。"诚之者"，是指能遵循自然发展规律，并能笃信奉行。有了"诚"的信念并加以"诚之"实践，就可以尽性知天，获得怡人怡己、"乐莫大焉"的最大快乐。

第四个特征"友善公益"是指天府人的情商操守。"友善"是情商，"公益"是品质操守。我们知道，天府文化的学术内核是蜀学。蜀学的本质特征是重今文经学，就是重经世致用，通经济世，公忠体国，友爱善良。诸葛亮、杜甫、苏轼、刘沅、尹昌龄等人就是这方面的典范，他们都是天府文化养育出来的优秀践行者。

如何做一个美好的成都人？这就要从上述精神内核、生活方式、器识胸怀、情商操守四大方面入手，既善于传承古代天府人的精神薪火，又善于开拓创新。孙中山曾赞扬天府人才："惟蜀有材，奇瑰磊落"，"奇瑰"是才智，"磊落"是品格。德才兼备，以明德引领风尚，以才智报效祖国，是天府文化孕育出来的蜀中人才的传统。今天的成都作为天府文化再次辉煌的首选地和首发地，凭借深厚的历史文化优势与优越的地理环境，定能实现建设新型"三城三都"，创建新型世界文化名城的奋斗目标，培育出更多天府文化的合格传承人、新天府文化的优秀建设者。

呈现在读者面前的这套"天府文化系列丛书"就是为阐释成体系、有系统、有特色、有魅力的天府文化，增强对本土文化保持自信的热力，而由成都市社科院精心筹划、深入研究、建立平台、严格挑选出来的。它对于聚集天府文化研究队伍，组织协调海内外研究力量，推动人文与科学的跨学科研究，培育巴蜀文化名家，推出天府精品力作，讲好成都故事，传播成都声音，让人文成都、社科成都勇立时代潮头，开启天府文化新征程，必将起到它应有的作用。作为本丛书的第一读者，我被该丛书的魅力所吸引，为使众多读者能更深刻地认识和理解本丛书的编纂宗旨，领会编者的良苦用心，我谨以个人对天府文化学术体系、概念体系和话语体系的粗浅认识，加上我对这套丛书的粗浅体会，作为序言，以示祝贺、祝福和期望。同时对编者、作者、组织者深表谢意。

2021 年 4 月 15 日

天府文化系列丛书
编纂说明

成都市第十三次党代会提出"传承巴蜀文明，发展天府文化，努力建设世界文化名城"，让天府文化成为彰显成都魅力的一面旗帜。发展"创新创造、优雅时尚、乐观包容、友善公益"的天府文化，让人文成都别样精彩！

2018年6月，四川省社科联主席杨泉明教授率队来成都市社科联视察调研，提出让我联深入研究天府文化，组织力量编纂天府文化系列丛书的殷切希望。在四川省社科联的关心和指导下，成都市社科联贯彻落实市委第十三次党代会精神以及世界文化名城建设大会精神，创新组织方式，利用成都研究院的新型智库平台，广泛汲取国内外社科界力量，组织各领域研究者，培育巴蜀文化名家，力争推出天府文化精品力作，讲好成都故事，传播成都声音。丛书编纂工作组上下齐心、通力合作，历时三年，终于将"天府文化系列丛书"奉献到读者面前。

本丛书以习近平新时代中国特色社会主义思想为指引，力推天府文化的创造性转化、创新性发展，是加快建设践行新发展理念的公园城市示范区的重大文化工程。丛书从文化交流与传承的视角，在历史、现实、未来三个层面，探寻成都悠久的历史文化积淀，以及独具人文魅力的地域文化特征。对于弘扬中华文明，传承巴蜀文明，发展天府文化，具有深远的历史意义。丛书涉及经济、教育、历史、文化、水利、农业、手工业等多学科领域。在严谨务实的基础上，丛书作者们充分考虑当代大众特别是青少年的阅读习惯，创新写作方式，在确保学术质量和注重社会效益的前提下，努力提升可读性、趣味性和通俗性，做到文字生动、图文并茂，并特别推出了符合青少年读者审美的动漫绘本。丛书还涉及中、英、韩三种语言，既有外国学者用中文描述成都，又有中国学者用英文介绍成都，注重国际传播效果，在一定程度上满足了国外读者的阅读需求，为天府文化走向世界搭建了桥梁。

丛书得以顺利出版，要感谢四川大学出版社的大力支持，以及多位编辑老师的辛苦付出。丛书的组织编纂是成都市社科联围绕天府文化研究进行的探索性实践，难免存在疏误，恳请读者谅解指正。未来我们将会进一步总结经验、增强力量、深化研究，为推动天府文化的繁荣发展做出应有的贡献。

"天府文化系列丛书"编务组

2021 年 3 月

腹有诗书气自华

（代序）

一

　　拥有自己独特文化品格和精神气质的城市，无疑是让人喜欢的城市，也是令人难忘的城市。

　　成都，就是一座这样的城市。

　　"腹有诗书气自华。"最能使成都熠熠生辉的，是灿烂多彩的文化成就。

　　独特的地理环境、生态系统和人文因素的影响和作用，使成都的城市文化具备了极其鲜明的地方特色，形成了渊源长远的文脉和绚丽多彩的文态。

　　"既丽且崇，实号成都。"这是晋人左思《蜀都赋》对成都城市风貌的概括。丽，绚丽，典雅；崇，大气，宏伟。"既丽且崇"，不仅形容成都的自然景观和城市风貌是贴切的，用来形容成都的精神文化，也同样适合。如果说，山川形胜、城市风貌使古典成都拥有天生丽质、仪态万方的姿容体态，那么文学、艺术、哲学等文化因素，则为成都塑造了大气而典雅的精神气质。

　　从汉晋唐宋，到明清民国，成都文化踵事增华，书香不绝如缕，在绚丽、典雅、多姿多彩之外，更显示出雄浑的气势和宏大的气象。"丽"与"崇"，两个迥然相异的气质特征，在成都古典文化中并存而又和谐适宜、相得益彰。

　　古人云，"天下灵气，独钟于蜀"。蜀中山水奇绝，灵秀甲于天下。奇绝灵秀的山水，孕育了古代蜀人奇特瑰丽的想象和发散性思维，他们创造了辉煌的文化成就。三星堆和金沙出土文物如青铜面具、太阳神鸟等，以神秘而夸张的造型和图案令世人震惊，就是最好的证明。李冰兴建都江堰水利工程，使成都平原成为膏腴的天府之国。文翁化蜀，推动成都文化与中原文化快速融合，使古代蜀人善于想象的发散性思维和中原文化相互作用，造就了蜀中文人铺张扬厉的文采和好学深思的学风。

　　史学大家班固对成都文化有这样的评价：

　　"巴蜀好文雅。"（《汉书·文翁传》）

"好文雅",就是尊师重教,崇尚雅文化。它同成都人"尚滋味,乐嬉游"的休闲文化一样是成都最有特色的文化积淀。作为社会的主流文化,"好文雅"之风在成都代代传承,文化名人、文化盛事、著名典籍代不绝书,引领文坛潮流的巨匠、大师和皇皇巨著不断涌现。灿烂的文化成就,生动地展现出成都文化"既丽且崇"的特色。

诗词歌赋,是中国最具代表性的文学体裁,司马相如和扬雄,李白和杜甫,苏轼和陆游,分别代表了汉赋、唐诗和宋词的最高成就,他们所取得的成就和达到的高度,堪称中国文化的巅峰。以汉赋为例,以司马相如为代表的汉大赋,在气势上,"包括宇宙,总揽人物";在形式上,"合纂组以成文,列锦绣而为质",铺张扬厉,极尽铺陈排比之能事。从此,蜀地文人璀璨的文采与孤绝的文思,开始居高临下,喷薄而出,如长江大河,浩浩汤汤,横无际涯。成都文化的"既丽且崇",从形式和内容两个方面都得到生动的展现。

二

古蜀时期,巴蜀地区是一个相对独立的文化系统。在这段漫长的历史时期,蜀地文明开始起源、发展,并且创造出灿烂的文明成果。

秦灭巴蜀之后,蜀地与中原地区的经济文化交流日益密切。张仪兴筑成都城,确立了成都作为巴蜀地区政治文化中心的地位,加快了城市经济文化的发展。李冰兴建都江堰水利工程,使成都平原成为膏腴的天府之国,为成都文化的兴盛打下了坚实的物质基础。两汉时期,古典成都进入第一次快速发展时期,文翁化蜀,极大地促进了成都文化与中原文化的融合。从文翁石室飘逸而出的第一缕书香,标志着成都文化开始进入一个重要的发展时期。

从两汉直至魏晋南北朝,成都在文学、哲学、史学和宗教等方面都取得具有国内最高水平的成就。这座以"万商之渊"闻名海内的古典工商业城市,在文化上也闪耀出夺目的光辉。司马相如的《子虚赋》《上林赋》,扬雄的《甘泉赋》《羽猎赋》,是汉大赋的代表之作,为成都赢得了"文章冠天下"的称誉;严君平的《老子指归》,扬雄的《法言》《太玄》,代表了汉代哲学的最高水平;陈寿及其《三国志》被称为一代良史,由《三国志》演变而成的《三国演义》,形成了以成都为中心的"三国文化";晋人常璩的《华阳国志》被称为地方志的滥觞,其开创的地方志书编纂体例,一直为历代编纂地方志者所遵循,常璩亦因此被后人尊为"中国地方志的初祖";中国唯一的本土宗教道教,也在这一时期由张道陵开创于成都,而道教宗教神学思想的形成,就直接受到成都哲人严君平的影响。

班固《汉书》记载，成都人"好文雅"的风气在汉代已为世所称道。这种推崇雅文化的风尚，深刻地影响着后世两千年成都文化的走向。

三

唐、五代和两宋，是古典成都辉煌的巅峰时期。"扬一益二"的称号，表明此时的成都城市经济社会发展状况在全国大城市中已经名列前茅。与之相适应的城市文化，也步入自己的巅峰时期。

诗歌是唐代最典型的、也是中华民族最具代表性的文学形式。对唐诗来说，成都是当之无愧的圣地。唐代最具代表性的两位诗人李白、杜甫均与成都密切相关。李白从蜀地走出，名扬四海；杜甫从中原入蜀，并在蜀中取得最高成就。蜀地山水的奇绝，成都城市的繁华，吸引诗人纷至沓来，他们歌咏成都的诗篇，成为书香成都珍贵的文化积淀。

前、后蜀和两宋的成都，延续着唐代的繁荣，文化成就不让前朝。中国第一部文人词集《花间集》，高度重视创作技巧，促进了新型文学形式"词"脱离民间"曲子词"，成为具有独立艺术价值的文学体裁，并在宋代迅速取代诗成为最主要的文学形式。苏轼和陆游，一个从蜀地走向中原，一个由中原走入成都，同样为宋代成都文学做出了重要贡献。在史学、理学、易学等方面，成都人也取得了国内一流的成就。发端于汉代严君平和扬雄的易学研究，传承千年，到宋代达到一个新的高峰，以至理学家程颐发出了"易学在蜀"的感叹。

传播文化的方式和载体——造纸业、雕版印刷术和刻书业，处于国内领先水平，唐代成都出品的"西川印子"，是中国乃至世界出版史上最早的"知名品牌"。后世藏书家视为拱璧的蜀刻宋版书，代表着中国古代印刷的最高成就。它使成都的墨香，成都的书香，飘向全国，飘向四海。

唐宋时期，是书香成都的黄金时代。

四

宋元之际和明清之际，成都两次遭受长时间的战乱，城市经济文化遭受严重破坏，由兴盛而转衰落。在此期间，古典成都城市由式微走向复兴，并在清末开始向近代化转型。虽然唐宋的辉煌不再，但在文化方面仍然取得相当的成就，并表现出鲜明的时代特色。

明代的杨慎，是成都文化史上一个具有代表性的人物，领一代风骚的大学者。经史子集无所不习，诗词赋曲无不擅长，在史学和方志上也做出了重大贡献。其博学与著述，明清学者皆称第一。

清初大规模的"湖广填四川"移民，使成都文化发展更加兼容并包。在社会大转型的清末，张之洞倡立的尊经书院，提倡经世致用之学，培养了一批讲求实学、通达时变的学人，在成都文化发展史上承前启后，开一代风气之先。清末新政，成都掀起新式学堂的兴办热潮，陆续培养出数以千计的各种各类新式专门人才，他们在成都、四川，乃至全国政治、军事、经济、文化、教育方面都发挥了重要作用。

民国时期是新旧社会剧烈变革的时期。传统，在顽强地坚守。成都人津津乐道的"五老七贤"，是旧书香的代表。新风拂面而来，改变着文化的方方面面，新式教育是最典型的标志。华西协合大学和国立四川大学的建立，抗战时大批高校南迁成都，弦歌不辍，把成都文化教育和文化推向新的高度。抗战时期大批文化人流寓成都，使之成为中国临时性的文化中心之一，成都文化展现了一段特殊的辉煌。巴金和李劼人，同为那个时代的文学巨匠。巴金的创作，生动地反映了动荡时代新旧观念的激烈碰撞；李劼人的"大河小说"三部曲，则为后人留下了那个时代成都的意象形态的记忆，弥足珍贵。

五

两千年来，"好文雅"的流风遗韵代代传承，奕世不绝，不断地为成都增添着文采英华，使成都表现出与众不同的文化品格和精神气质，成为一个文采风流，书香飘逸的城市，这是成都文化阳春白雪的一面，也是成都文化的标志性符号之一。准确把握不同时代的文化特色，浓墨重彩地渲染书香成都的气度和风华，正是本书的宗旨所在。

"英雄割据虽已矣，文采风流今尚存。"文化大师们的足迹所至，留下了一处处风流胜迹。相如琴台的日暮云和驷马桥下的东流水；君平卜肆和来自"天河源头"的支机石；"锦官城外柏森森"的丞相祠宇；"浣花溪水水西头"的诗圣草堂；望江楼下的"薛涛井"；官梅烟柳的罨画池；乃至李劼人的"菱窠"和巴金的"慧园"。与这些文化巨人紧密联系的一处处历史遗存，是成都人永远珍视的无价之宝，也是本书的另外一个重要内容。

目录

腾蛟起凤 金声玉振

◎ 文学艺术篇 ◎

酒肆人间世　琴台日暮云
——司马相如与卓文君

一、相如"文章冠天下"

　　琴台路，是成都著名的仿古一条街。街道北口有一座牌坊，上书"琴台故径"。街道地面镶嵌着仿制的汉代画像砖，展现着汉代的种种生活场景，街中央停着一辆巨大的铜雕驷马高车。走到这里，仿佛顺着时空隧道回到了汉代。

琴台故径

琴台路的打造源于司马相如琴台的传说。

汉赋，是两汉时期最有代表性的文学体裁。成都文化能够从汉代起便拥有全国性的声誉，是因为代表汉赋最高水平的作家主要出自成都，以至当时就有"文章冠天下"的说法。在汉赋大家中，司马相如和扬雄是当之无愧的代表人物。扬雄有专文另说，此处只说司马相如。

司马相如（约公元前179—前118年），字长卿，蜀郡成都人。西汉大辞赋家，代表作有《子虚赋》《上林赋》，此外还有《大人赋》《哀二世赋》《长门赋》《美人赋》等。《子虚赋》《上林赋》二赋盛陈汉家帝王苑囿之美，天子田猎的空前盛况，充分显示了西汉全盛时期中央王朝的气势和声威，受到汉武帝的激赏。相如赋辞藻富丽，规模宏大，极尽铺陈排比之能事，代表了汉赋的最高成就。司马相如也因此被后世公认为汉赋定型化的奠基者，被称为"赋圣"。

司马相如及其赋作，可以说是文翁化蜀结出的第一枚硕果。相如横空出世，挺立于中国文学的巅峰，从此奠定了成都在中国文学中的地位。班固《汉书·地理志》：司马相如"游宦京师诸侯，以文辞显于世，乡党慕循其迹。后有王褒、严遵、扬雄之徒，文章冠天下。繇文翁倡其教，相如为之师"。天下从此公认蜀中文化后来居上，进入中华先进文化的行列。

汉大赋规模巨大，结构恢宏，气势磅礴，语汇华丽，但炫博耀奇，堆垛辞藻，好用生词僻字，是典型的"阳春白雪"，和者甚寡，魏晋以后便逐渐退出文学舞台。至于今天的绝大多数文人，除了了解一些基本常识之外，真正能欣赏的人极其稀少，更遑论创作。但是，汉大赋毕竟是一个时代最典型的文学体裁，因而两千多年来，司马相如一直得到人们的高度评价。"相如"一词，后世成为风流才子的同义语。李白年轻时因才华出众，曾被人赞誉将来"可比相如"，他本人也自称"十五观奇书，作赋凌相如"，把超越相如作为追求和荣耀。

二、文君夜奔

两千多年过去，汉赋早已成为"小众文学"，而人们对司马相如的兴趣却从未稍减。平心而论，人们的兴趣并不在相如的《子虚赋》《上林赋》两篇传世大赋，而在于他和卓文君的风流逸事。

中国文人士大夫的风流逸事，大多见于各种笔记野史，能够见于"正史"的极其罕见，而"太史公"司马迁不仅把司马相如的风流韵事记入《史记》，而且用了将近600字来记述和描写，相当于一部短篇小说。由于《史记》的记述，相如文君的故事，两千年来传诵不绝。下面的这段文字是根据《史记·司马相如列传》原文翻译而成：

司马相如从梁孝王（汉景帝之弟）处回到成都，贫穷无业。他有一个好友王吉正在当临邛（今邛崃市）县令。王吉对他说："长卿，你既然宦游不得意，就到我这里来，我给你想办法。"于是相如车骑众多，风神俊雅地来到临邛，下榻驿馆。王吉装作恭敬，每天都去拜见相如。起初相如还要接见，后来就称病让仆人谢绝。而王吉的态度却越发恭谨。

临邛城中有很多富翁，大家都知道有个高傲的贵客住在驿馆。有个铁商卓王孙，家中奴仆有八百人，另一位铁商程郑亦有好几百仆人。卓、程二人得知此事，商量道："王县令有个贵客，我们宴请他一次。"同时也请了王县令。当天，王吉来到卓家，已经来了一百多位客人。直到中午，又派人去请见相如，而相如称病不来。王县令表示不敢率自先吃，而是亲自前去迎请相如。相如"迫不得已"，勉强前来赴宴。因为县令大人的恭敬，满座宾客都为贵客的来到而倾倒。酒至半酣，王吉让人取来一架琴，对相如说："听说长卿你颇好此道，希望能聆听一曲。"

原来，卓王孙有个新寡的女儿文君，很喜欢音乐，因此相如与王吉演了一出相互敬重的把戏，打算以琴心挑动文君。在卓府筵上，相如当场演奏了一曲《凤求凰》（相传为汉代曲名，其实是后人编的）。优美的琴声使文君怦然心动，悄悄走到窗后偷看相如，他英俊的外貌深深吸引了她。宴后，相如派人重金买通仆人，向文君表达了爱慕之情。大胆的文君于是连夜私奔到相如住处，相如带着她疾驰回到成都。

卓王孙得知此事，大怒道："这个贱人如此丢人，我不忍杀

琴台路南口的雕塑"凤求凰"

她，但不会给她一文钱!"众人劝说，王孙始终不听。相如和文君在成都，家徒四壁，一文不名。过了一段时间，文君实在难以忍受，便与相如商量，夫妻一起回到临邛，卖掉车马，在城里买了一家酒舍，文君当垆卖酒，相如身着"犊

汉代画像砖拓片"酒肆"

鼻裈"（一种围裙）混在酒保中"涤器"（洗碗）。卓王孙闻而耻之，杜门不出。亲戚们都来劝说，你只有一儿两女，缺的不是钱财。司马长卿现在很失意，但确实是个可以托付终身的人才，又是县令的客人，你又何必如此绝情呢。卓王孙不得已，分给了文君僮仆一百人，钱一百万，陪嫁的衣被财物也全部给了她。文君这才与相如回到成都，购买田宅，过起富人的生活。

司马迁，古之良史，他的记载应该是可信的。看来，司马相如和王吉确实是预谋，以才貌和琴声打动文君，最后如愿谋取了老丈人的钱财。不过，相如虽然起心是"谋色谋财"，但夫妻倾心相爱也是实情。后来，相如以他的《子虚赋》《上林赋》得到武帝的赏识，之后又以中郎将出使西南夷，衣锦荣归。这时，卓王孙又悔恨连连，恨不得早点把女儿嫁给司马长卿。后来卓文君人老珠黄，司马相如一度迷上了某女，卓文君作《白头吟》，其中有这样的句子："闻君有两意，故来相决绝。""愿得一心人，白头不相离。"终使相如回心转意。

三、琴台、酒肆、驷马桥

相如文君的风流千古，有两个重要情节，一个是"琴挑"，一个是"文君当垆，相如涤器"。后世的人们咏叹这对才子佳人，使用的素材几乎都是"琴台"和"酒肆"。诗圣杜甫客居成都，有《琴台》诗，其中有"酒肆人间世，琴台日暮云"的句子。于是这二者成为成都永远的文化地标。

所谓司马相如琴台，大约就是相如的故宅。成都西门之外，有一座高大的封土堆，故老相传为司马相如"抚琴台"。后经抗战中发掘，确认为前蜀主王建的陵墓"永陵"。但"抚琴"二字却长久地在此地沉淀下来，附近不仅有抚琴台街，20世纪80年代，这里还开发了成都改革开放后最早的居民小区之一的"抚琴小区"。

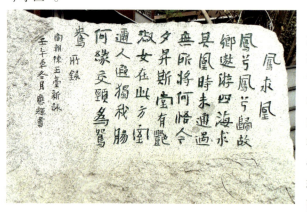

琴台路南口的诗碑"凤求凰"

至于真正的相如琴台，最早的记载见于南朝梁人李膺《益州记》，其中有"市桥西二百步，得相如旧宅"和"海安寺南有琴台故墟"的记载。汉代"市桥"的位置相当于明清时代的金花桥，在今天的西较场东北的同仁路口附近。而海安寺相传在今青羊宫范围之内。这两个点之间，正好是今天"琴台故径"的位置。因此，琴台路的命名，还是有一定根据的。

而"文君当垆，相如涤器"的"酒肆"，当在卓文君的故乡临邛（今邛崃）城内。邛崃城内现有"文君公园"，公园内有座"文君井"，据专家考证，是汉代古井。附近的街道下面还发现了汉唐古街道遗址，读者可以想象，"酒肆"的具体位置，也许就在这条汉唐古街的某段之上。

两千多年来，成都人一直以司马相如为骄傲，也一直保留着许多与之相关的风流胜迹，另外一处著名古迹就是驷马桥。驷马桥在成都城北升仙水（今沙河）上，水上有桥名升仙，是成都往长安的必经之路。司马相如早年往长安游历，经过升仙桥，在桥头送客观门柱上题字："不乘赤车驷马，不过汝下也。"

（晋常璩《华阳国志·蜀志》）后来，司马相如以《子虚赋》《上林赋》获得汉武帝赏识，拜官中郎将。后奉诏通好西南夷，以"钦差大臣"的身份乘驷马高车回到成都，"蜀太守以下郊迎，县令负弩矢先驱"（《史记·司马相如列传》），以示敬意。相如终于如愿以偿，衣锦还乡。升仙桥因这段佳话改名驷马桥。唐代诗人岑参游历成都，写下多篇吟咏成都古迹的诗，其中就有《升仙桥》诗：

> 长桥题柱去，犹是未达时。
> 及乘驷马车，却从桥上归。
> 名共东流水，滔滔无尽期。

汉代画像砖拓片"四维轺车"

九天开出一成都　秦川得及此间无
——李白及其"成都诗"

一、李白最早的"仙游诗"

"李杜文章在，光焰万丈长。"这两句被人们引用过无数次的诗句，说的是中国文学史上两位伟大的诗人——李白和杜甫。而令成都人倍感自豪的是，李白和杜甫都与成都产生过密不可分的联系。

千百年来，人们一直把李白称为"诗仙"，这是因为他那非凡的才情、奇特瑰丽的想象、狂放不羁的气度和天真浪漫的情怀。李白的这一切，与司马相如十分相像。

李白（701—762 年），字太白，号青莲居士，屈原之后我国最伟大的浪漫主义诗人。其诗作想象奇特、雄奇奔放、清新俊逸。

李白生长于蜀地绵州昌隆县（今四川江油），从小天资聪慧，曾入选小学语文课本的《夜宿山寺》，传说是他儿时所作：

> 危楼高百尺，手可摘星辰。
> 不敢高声语，恐惊天上人。

巴蜀是道教发源和流行地区，神仙思想十分浓厚，李白自幼便深受道教思想熏陶，喜爱道术（神仙术）和剑术，从十多岁开始，便常常外出求仙访道。他在《上安州裴长史书》中自云："少长江汉，五岁诵六甲，十岁观百家，轩辕以来，颇得闻矣。""六甲"指道教的"奇门遁甲"，代指道教。"江汉"，指长江、汉水（指西汉水，即嘉陵江），代称巴蜀地区。后来又说，"十五游神仙，仙游未曾歇。"（《感兴六首》）

李白的"仙游"是从蜀中开始的。《李太白集》中有一首《访戴天山道士不遇》，是李白青年时期的作品，各种以年代顺序排列的李白诗选，往往把这首

都江堰赵公山（又名戴天山）远眺

诗排在卷首：

> 犬吠水声中，桃花带露浓。
> 树深时见鹿，溪午不闻钟。
> 野竹分青霭，飞泉挂碧峰。
> 无人知所去，愁倚两三松。

　　关于戴天山，有两种说法。一说在李白的家乡江油，即李白少年时读书的匡山或大匡山。一说即今都江堰市境内的赵公山，又称大面山，为青城山的最高峰，也是其主峰所在。《山海经》中称之为"成都戴天山"。传说是财神赵公明的故乡，为道教"七十二福地"之一。如果后说成立，这首诗可以说是李白诗篇中最早的"成都诗"和"仙游诗"。

二、李白的"干谒诗"

　　以诗文干谒达官贵人以求推荐扬名，是唐代士人常见的行为。白居易曾干谒当时的文坛领袖顾况，以著名的《赋得古原草送别》而一举成名，从而成为千古流传的文坛佳话，不少唐人笔记都有记载：

　　　白尚书应举，初至京，以诗谒顾著作（顾况）。顾睹姓名，熟视白

9

公曰："米价方贵，居亦弗易。"乃披卷，首篇曰："咸阳原上草，一岁一枯荣。野火烧不尽，春风吹又生。"即嗟赏曰："道得个语，居即易矣。"因为之延誉，声名大振。（唐·张固《幽闲鼓吹》）

另一个著名的例子是唐代诗人朱庆馀，在临考前给当时的文坛领袖张籍写了一首七言绝句《近试上张水部》（张籍时任水部员外郎）探听虚实：

> 洞房昨夜停红烛，待晓堂前拜舅姑。
> 妆罢低声问夫婿，画眉深浅入时无？

诗借新婚之后的脉脉情事，把自己比喻成即将拜见公婆的新妇，向夫婿探听公婆的喜好。比喻通俗贴切，别出心裁。

"生不用封万户侯，但愿一识韩荆州。"这是李白的名篇《与韩荆州书》中的名句。《与韩荆州书》也是一篇干谒之文。李白抱负宏大，自称"愿为辅弼，使寰区大定，海县清一"（《代寿山答孟少府移文书》）。但他不想经由科举常规途径入仕，而企图一朝蒙受达官贵人赏识，获得重用。故广事干谒，投赠诗文。虽然干谒权贵，但李白丝毫不露卑屈之态，永远是豪气干云：

> 虽长不满七尺，而心雄万夫。……请日试万言，倚马可待。（李白《与韩荆州书》）

全无朱庆馀"妆罢低声问夫婿，画眉深浅入时无"的那种扭捏之态。

李白自称"十五好剑术，遍干诸侯"。他的"遍干诸侯"，是从成都开始的，这时他大约二十岁。干谒的第一位"诸侯"，是益州大都督府长史苏颋。苏颋出身名门，其父苏瑰曾任尚书左仆射（宰相），苏颋本人担任过工部侍郎、中书侍郎等要职，袭爵许国公，曾与号称唐代四大名相之一的宋璟一起"平章政事"（拜相），此时刚刚从宰相位置上退下，外放为益州大都督府长史。唐朝前期，各州设大都督府，长史为实际主事的长官，多由朝廷重臣担任。作为益州大都督府长史的苏颋，是巴蜀地区最高行政长官。苏颋以"至公无私"著称于朝，又十分重视人才的奖掖。他本是当时著名文士，与燕国公、宰相张说齐名，并称"燕许大手笔"（苏颋封许国公）。一般的文士很难得到他的青睐。

然而，李白献上的一首诗却打动了眼界甚高的苏颋。这是一首题为《春感》的五言律诗，这首诗没有常见的伤春气息，语言清新明快，情绪活泼飘逸，明显让人感到一股勃勃的英气和满满的自信：

> 茫茫南与北，道直事难谐。
> 榆荚钱生树，杨花玉糁街。
> 尘萦游子面，蝶弄美人钗。
> 却忆青山上，云门掩竹斋。

　　李白的《春感》，字面写城市里榆荚杨花风景和游子美人，满目美景与自己入世无门的状态形成对比，表现出诗人内心的踌躇，最后笔锋一转谈到自己的志向：既然是"道直事难谐"，那么遥望青山，白云深处的"竹斋"也是不错的归宿。在干谒风气浓厚的唐代，能把干谒诗写得这样清新脱俗、不卑不亢，也很难得。

　　拜谒苏颋，对李白具有重要意义，虽未能谋得一官半职，但得到了一代名臣的鼓励。他后来在《上安州裴长史书》中自述：

> 前礼部尚书苏公出为益州长史，白于路中投刺，待以布衣之礼。因谓群僚曰："此子天才英丽，下笔不休，虽风力未成，且见专车之骨。若广之以学，可以相如比肩也。"四海明识，具知此谈。

　　"四海明识，具知此谈"，是说此事流传甚广，对李白的声名起到了相当的推动作用。可以说，成都是李白正式"出道"的地方。

　　李白漫游巴蜀，还干谒了渝州（今重庆）刺史李邕。李白谒见时，不拘俗礼，旁若无人，放言高论。李邕世称"李北海"，也是唐代的大名士，大书法家，其父就是为《昭明文选》做注的李善。身为名父之子的李邕，在开元初年即已名闻海内，因而性格"颇自矜"，架子很大。李白在李邕那里没有得到苏颋那样的赞许，反而遭到冷遇，心高气傲的他于是在临别时写了一首颇不客气的《上李邕》：

> 大鹏一日同风起，扶摇直上九万里。
> 假令风歇时下来，犹能簸却沧溟水。
> 世人见我恒殊调，闻余大言皆冷笑。
> 宣父犹能畏后生，丈夫未可轻年少。

这首诗因干谒而生，也算是"干谒诗"。不过，应该是"干谒诗"中的另类。

"大鹏"是李白平生最常使用的自喻。"世人"指凡夫俗子，显然也包括李邕在内。"殊调"指不同凡响的言论。李白没有料到，李邕这样的名人竟与凡夫俗子一般见识，"闻余大言皆冷笑"。于是抬出孔圣人（宣父）的语录反唇相讥：

> 后生可畏。焉知来者之不如今也？（《论语·子罕》）

孔圣人尚且觉得后生可畏，你李邕难道比圣人还要高明？你虽是前辈，但也千万不可轻视年轻人。诗的最后两句对李邕既是揶揄，又是讽刺，也是对李邕轻慢态度的回敬，态度桀骜不驯，显示出李白与生俱来的胆识和锐气。

对李白来说，"布衣傲王侯"，不是标榜，而是本色。

李白雕像（成都浣花溪公园诗歌大道）

已经名扬天下的李邕受到尚未成名的李白的顶撞，大煞风景。但二人的缘分并未就此了结。读了这首如同当头棒喝的诗作之后，李邕在领教了李白的傲骨的同时，也领教了他不世出的才气。

后来的岁月中，李白和李邕这两位大才子又有过交集。天宝四载（745年），李白与杜甫，以及著名的边塞诗人高适相约游山东，在济南再一次与李邕相聚。他们同游历下古城，在历下亭宴饮作诗。宴会之后，李白、高适、杜甫都留下了诗篇，这是唐代诗坛的一段佳话。李白作了一首五言古诗《东海有勇妇》，赞颂当地一位为夫报仇的烈女，其中"北海李使君，飞章奏天庭。舍罪警风俗，流芳播沧瀛"四句，赞颂李邕扶持正义。两年之后，李邕遭奸相李林甫陷害而死，杜甫后来的组诗《八哀诗》中有《赠秘书监江夏李公邕》，追忆李邕。而李白则未能留下追忆李邕的诗作，二人的缘分到此方才终结。

三、散花楼与青莲巷

李白在成都前后待了六年多，虽在官场未有寸进，也遍览锦城胜迹和美景，瞻仰过相如琴台、扬雄故宅、石犀石镜。在此期间所作的诗篇，最知名的是《登锦城散花楼》：

> 日照锦城头，朝光散花楼。
> 金窗夹绣户，珠箔悬银钩。
> 飞梯绿云中，极目散我忧。
> 暮雨向三峡，春江绕双流。
> 今来一登望，如上九天游。

散花楼为成都名楼之一，始建于隋开皇（581—600 年）中。据《成都记》："散花楼，在摩诃池上，蜀王秀所建。"具体位置在今人民南路四川科技馆一带。晚唐高骈筑成都罗城，曾在万里桥西重建散花楼，说明此时摩诃池畔的散花楼已毁。宋人祝穆《方舆胜览》云："锦楼在成都县龟城上，唐建。前瞰大江，西眺雪岭，东望长松，二江合流，一曰锦江楼，一曰散花楼。"所说的散花楼位置正好在万里桥西一带。明初重建成都城垣，东门"迎晖门"城楼被时人称为散花楼。明曹学佺《蜀中名胜记》："东城楼即散花楼也。"明末清初，成都城毁于战乱，散花楼亦不复存在。

1993 年，成都有关部门在琴台路南端百花潭公园大门外，西郊河入锦江河口处重建散花楼，与遇仙桥紧临。楼共四层，八角翘檐，红色花窗，秀丽挺拔。登临可眺望百花潭和锦江风光。楼门挂有黑底金字匾额，

成都百花潭公园门口的散花楼

上刻草书大字"散花楼"。

　　重建的"散花楼"体量不大，很难表现李白诗歌宏大的气势，于是成都人又依李白诗"今来一登望，如上九天游"之句，于 1995 年在城东塔子山公园修建"九天楼"，1997 年落成。该楼高达 70 米，共 13 层，总建筑面积 4000 余平方米。其一、二层为正方形厅堂，三至十层为八面形塔状结构，飞檐翘向天穹，十一至十二层由四个小方亭组合而成，顶层以一个大方亭收顶。此楼造型新颖，结构独特，融楼、塔、亭、台为一体，远看似塔，近看如楼，遂成蓉城一景，号为"塔山揽秀"。

九天楼（成都塔子山公园内）

　　李白第三次到成都，当是下渝州（今重庆）出蜀时经过。李白在蜀由幼及壮，心高志远，"仗剑去国，辞亲远游"，开启了他人生中辉煌而坎坷的旅程。下渝州出发时曾作《峨眉山月歌》：

　　　　峨眉山月半轮秋，影入平羌江水流。
　　　　夜发清溪向三峡，思君不见下渝州。

虽然不舍离去，但心中的理想推动着李白前行。在离开抚育他成长的巴山蜀水后，他深情地写下："仍怜故乡水，万里送行舟。"

李白离开蜀地后，终生未再返回，但始终不能忘情故乡，此后的四十年里，他创作了许多歌颂巴山蜀水的诗歌，如《送友人入蜀》：

芳树笼秦栈，春流绕蜀城。

《荆门浮舟望蜀江》：

春水月峡来，浮舟望安极。正是桃花流，依然锦江色。

但是最为知名的，还是《蜀道难》：

噫吁嚱，危乎高哉！蜀道之难，难于上青天！蚕丛及鱼凫，开国何茫然！尔来四万八千岁，不与秦塞通人烟……

李白晚年，安史之乱爆发，唐玄宗避难成都。正在庐山的李白得知后，写下组诗《上皇西巡南京歌》共十首。此处的"南京"即是成都，因玄宗幸蜀，朝廷一度将成都升格为南京。诗中，李白集中抒发了对成都的赞美与热爱。千百年来，这些诗篇一直被成都人看作对家乡最高的礼赞而代代传诵。

胡尘轻拂建章台，圣主西巡蜀道来。
剑壁门高五千尺，石为楼阁九天开。

九天开出一成都，万户千门入画图。
草树云山如锦绣，秦川得及此间无。

华阳春树号新丰，行入新都若旧宫。
柳色未饶秦地绿，花光不减上阳红。

谁道君王行路难，六龙西幸万人欢。
地转锦江成渭水，天回玉垒作长安。

万国同风共一时，锦江何谢曲江池。
石镜更明天上月，后宫亲得照蛾眉。

濯锦清江万里流，云帆龙舸下扬州。
北地虽夸上林苑，南京还有散花楼。

锦水东流绕锦城，星桥北挂象天星。
四海此中朝圣主，峨眉山下列仙庭。

秦开蜀道置金牛，汉水元通星汉流。
天子一行遗圣迹，锦城长作帝王州。

水绿天青不起尘，风光和暖胜三秦。
万国烟花随玉辇，西来添作锦江春。

剑阁重关蜀北门，上皇归马若云屯。
少帝长安开紫极，双悬日月照乾坤。

　　成都城南原来有状元街，是明代状元杨慎的故宅，状元街以南有小巷名"青莲巷"，传说当年李白到成都访友时曾在此居住，因李白号青莲居士，故得名青莲巷。李太白与杨升庵同为各自时代的文学泰斗，他们"比邻而居"，似乎冥冥中有上天的安排。青莲巷内没有一家商铺，庭院深深，花木掩映，在闹市中十分难得，可惜已在近年的城市改造中被拆除。

浣花溪与"诗圣"草堂

一、浣花溪与百花潭

古代成都，有一个书香氤氲，千古不绝的去处，那就是浣花溪。它同文翁石室一样，是书香成都的圣地，是成都人文精神的殿堂，也是中国文学的圣坛。

浣花溪风光

今天的浣花溪，是都江堰干渠走马河的下游清水河流至成都西郊，在龙爪堰分出的一条河道，长约两公里，宽不过一百米。经杜甫草堂一带流入老城区，在青羊宫送仙桥前接纳摸底河（又称磨底河）水，以下改称南河，又称锦江。

古代的浣花溪，是另外一个模样。在唐末剑南西川节度使高骈修筑成都罗城以前，从都江堰逶迤而来的"二江"，即郫江和检江，从成都城西到城南，并排而流，称为"二江双流"，最后在城东南合流，为岷江主流。

唐代的浣花溪，就是古代检江河道的一段，江阔水深，能行大舟。杜甫名句"窗含西岭千秋雪，门泊东吴万里船"，写的就是浣花溪前的景象。

浣花溪常常和另外一个地名联系在一起，那就是百花潭。因为它也同杜甫有着密不可分的联系。

百花潭之名始见于唐代。明人曹学佺《蜀中名胜记》载：

> 吴中复《冀国夫人任氏碑记》云：（任氏）夫人微时，以四月十九日见一僧坠污渠，为濯其衣，顷刻百花满潭，因名曰百花潭。

任氏，佚名，成都人，剑南西川节度使崔旰之妾，娴弓马骑射。唐代宗大历三年（768年）春，崔旰奉诏入朝，命其弟崔宽留守成都。泸州兵马使杨子琳率精骑数千乘虚突袭成都。崔宽抵抗不及，撤离成都东部之大城，退守西部之少城。杨子琳进占大城，纵兵四出抢掠，民众惶恐。任氏出家财十万募敢死队千余人，亲自率领出击。杨子琳败走，成都得以保全。任氏护卫成都有功，朝廷封其为冀国夫人，成都人奉其为守护神，称浣花夫人。后在浣花溪畔兴建冀国夫人祠，又名浣花夫人祠。

从后蜀开始，每年四月十九日即浣花夫人诞辰，成都要举行规模盛大的"浣花大游江"，这一活动一直延续到南宋末年。北宋的成都知府、《新唐书》的主纂者宋祁，曾这样形容此日情景："浣花泛舟，满城欢醉。"

浣花夫人祠（位于成都杜甫草堂内）

《蜀中名胜记》关于百花潭得名的说法，明显是有问题的。唐肃宗乾元二年（759年）杜甫来到成都，卜居于浣花溪畔，即有"万里桥西一草堂，百花潭水即沧浪""万里桥西宅，百花潭北庄"的诗句。而任氏保卫成都发生在代宗大历三年（768 年），已是十年之后。至少在任氏募兵之前十年，百花潭之名已经出现。先有浣花溪、百花潭之名，成都人感激任氏，又将这个诗意的名字附会到她的身上，这在地名文化中是十分常见的现象。

古百花潭，应该是浣花溪某段的一处江湾深潭。浣花溪一带，古时是一片湿地，草木繁茂，百花盛开。暮春时节，落英缤纷，飘零水面。江中回水的深潭，常常落红漂浮。如此情景，正好紧扣"浣花"与"百花"。浣花溪和百花潭之名，最初可能便由此而生。同一段水面，又名溪，又名潭，在南方很常见。重庆一带的长江边有许多回水潭，当地人常以"沱"名之。如李家沱、牛角沱等。而这一带江面，也同样被称为"沱"。浣花溪和百花潭之命名，应当出于同一习惯。因此，宋代地理书《太平寰宇记》（卷七十二）就说："浣花溪在成都西郭外，属犀浦县，一名百花潭。"在后来一些人的诗文中，浣花溪与百花潭成了同一地名。那一段江流，有人称为浣花溪，有人称为百花潭。

传说任氏夫人为病僧浣衣的古百花潭，应当在今杜甫草堂西南的龙爪堰附近，现已为陆地。今天的成都城西南西郊河与锦江交汇处有一百花潭，已辟为公园，还立了一块题有"古百花潭"的石碑。这个百花潭并非唐代的百花潭，是晚清任成都知府的黄云鹄寻访古百花潭旧址时，听信当地人随口所言而树碑误定的。

浣花溪是一个诗意的名字，一个婉约的名字。一段蜿蜒的河流，一条条小溪，落花漂浮其中，随浪一洄一荡，十里清香，自有襟袖生凉的感觉。这样的环境，这样的意境，很容易使人联想到香草美人。于是，在浣花夫人传奇之外，又留下了薛涛隐居浣花溪畔，以溪水制笺的传说。薛涛制笺，是书香成都的一段风雅，后面有专文述及。

二、万里桥西一草堂

唐宋时期的成都，是一座富丽的古典都会。如果说，锦江所积淀的是成都流光溢彩的繁华，那么，人们从浣花溪体会到的，则是成都清新幽远的雅韵。这种雅韵，首先来自诗圣杜甫。

唐肃宗乾元二年（759 年）杜甫携妻子避安史之乱来到成都。到达成都之后，杜甫一家暂时借住在浣花溪畔的草堂寺。草堂寺是座古寺，大约在南齐就有了。上元元年（760 年）初，杜甫在浣花溪畔选择了一块有林塘幽趣的地方营建草堂。朋友们有的出钱，有的出各种材料、树苗，草堂很快建成，起初的面

杜甫草堂正门

积大约只有一亩多，但久经颠沛的杜甫已经很满意了，于是怀着欣慰之情写了一首《堂成》：

> 背郭堂成荫白茅，缘江路熟俯青郊。
> 桤林碍日吟风叶，笼竹和烟滴露梢。
> 暂止飞鸟将数子，频来语燕定新巢。
> 旁人错比扬雄宅，懒惰无心作解嘲。

在以后的岁月里，草堂逐渐扩充，先后开辟了桃园、竹林、桤木林、菜圃、荷池、药栏等。在浣花溪畔，杜甫和家人过上了久违的安定生活。直到代宗永泰元年（765年）离开成都，在浣花溪畔一共住了近四年。这是杜甫在乱世中得到的短暂安宁的一段日子。

在浣花溪畔的草堂，杜甫的心情经常都是安闲而满足的。下面两首诗，生动地表现出杜甫悠远而闲适的意趣：

浣花溪水水西头，主人为卜林塘幽。
已知出郭少尘事，更有澄江销客愁。
无数蜻蜓齐上下，一双鸂鶒对沈浮。
东行万里堪乘兴，须向山阴入小舟。

——《卜居》

清江一曲抱村流，长夏江村事事幽。
自去自来堂上燕，相亲相近水中鸥。
老妻画纸为棋局，稚子敲针作钓钩。
但有故人供禄米，微躯此外更何求。

——《江村》

清幽的草堂，悠闲的生活，使杜甫感到安宁。"茅屋还堪赋，桃源自可寻。"（《春日江村五首其一》）风景如画的浣花溪，成了避秦的桃花源，杜甫的诗兴也一发不可收拾。据粗略统计，不到四年的时间，杜甫共写诗260多首，被称为"成都诗"，其中田园、山水诗不下百首。这些诗歌中，写到浣花溪的就有40首之多，占其田园、山水诗的近半数。都是对自己的卜居生活，以及浣花溪一带自然景色和人文风情的白描和欣赏，表达出一种清新悠远和闲适从容的意趣，体现了杜甫诗歌风格的另外一个重要方面。

当代学者王兆鹏、孙凯云用数据统计的方法，从全部5万多首唐诗中选出100首唐诗名篇，其中杜甫以16首高居榜首（第二、三名分别为李白13首和王维8首）。在

"少陵草堂"碑亭

腾蛟起凤　金声玉振——文学艺术篇

21

这 16 首中，作于蜀中的共 7 首。而在蜀中所作的 7 首中，有 4 首作于成都，即《蜀相》《春夜喜雨》《茅屋为秋风所破歌》《丹青引赠曹将军霸》。（王兆鹏、孙凯云《寻找经典——唐诗百首名篇的定量分析》，载《文学遗产》2008 年第 2 期）按照该文的标准和比例，杜甫"成都诗"在他流传至今的 1500 多首诗作中，应该是高质量的。

自此，浣花溪这个名字就与杜甫紧紧地联系在一起。正如明人钟惺《浣花溪记》所说："然必至草堂，而后浣花有专名，则以少陵浣花居在焉耳。"杜甫离开成都后，在夔州（今重庆奉节）居住了三年，后买舟东下漫游荆湘。后人同样把诗人曾居住的东屯草堂保留下来，并把堂前的一条小溪东瀼也改名为浣花溪。

杜甫筑草堂，咏叹浣花风物，吸引着一代又一代的人们游赏浣花溪，瞻仰草堂，凭吊诗圣。清代以来，成都人逐渐形成"人日（正月初七）游草堂"的风俗。浣花溪江上游赏的盛况早已不再，而人日游草堂的习俗则流传至今。

2020 年成都"人日游草堂"活动场景

杜甫离开成都后，草堂很快倾毁不存。五代前蜀时，诗人韦庄寻得草堂遗址，重结茅屋。至宋代又重建，并绘杜甫像于壁间，始成祠宇。此后草堂一直为人们所珍视，屡废屡兴，先后经过十三次大的修葺和重建。其中最大的两次重修，是在明弘治十三年（1500 年）和清嘉庆十六年（1811 年），基本上奠定了今日草堂的规模和格局。迁客骚人，多前来凭吊怀古，吟诗作赋。

南宋初年，陆游宦游成都，多数时间在幕府中任闲职，悠游岁月，写下大量吟咏成都风物的诗作。浣花溪是他时常流连的去处。宋代浣花溪一带，花木特别繁盛，其中又以梅花最盛。陆游平生最爱梅花，花开时节，常到浣花溪访梅，留下了许多梅花诗。

《偶过浣花感旧游戏作》中以几行诗句，写尽浣花溪的清丽悠远。

> 正月锦江春水生，花枝缺处小舟横。
> 闲倚胡床吹玉笛，东风十里断肠声。

《梅花绝句》，则是成都妇孺皆知的名篇：

> 当年走马锦城西，曾为梅花醉似泥。
> 二十里中香不断，青羊宫到浣花溪。

继杜甫之后，陆游为浣花溪营造了一种清新闲适的人文氛围，同时也为成都留下厚重的文化积淀。

杜甫一生到过很多城市，唯有成都与他关系至深。因为杜甫，成都在中国诗歌史上有了特殊的地位。追溯天府文化的历史本源与气质神韵，杜甫草堂无疑具有标杆意义。

三、杜甫与锦城风物

除了闲居草堂，杜甫经常在成都城内城外四处漫游。他到过城南的武侯祠，写出了著名的《蜀相》：

> 丞相祠堂何处寻，锦官城外柏森森。
> 映阶碧草自春色，隔叶黄鹂空好音。
> 三顾频烦天下计，两朝开济老臣心。
> 出师未捷身先死，长使英雄泪满襟。

他还在成都登城楼眺望，写出了对成都有着特殊意义的《登楼》。该诗作于唐代宗广德二年（764年），是杜诗的名篇：

花近高楼伤客心，万方多难此登临。
锦江春色来天地，玉垒浮云变古今。
北极朝廷终不改，西山寇盗莫相侵。
可怜后主还祠庙，日暮聊为梁甫吟。

此诗一出，"锦江春色""玉垒浮云"便成为成都风云变幻、世事沧桑最形象的比喻，为后人无数次引用。

成都曾为古蜀国之都，神秘的古蜀文化，常常使杜甫感到新鲜。其中最使杜甫惊奇的是大石文化遗物。

大石文化是古蜀先民自然崇拜的一种重要表现形式，《华阳国志》有这样的记载：

杜诗书影（成都杜甫草堂博物馆藏）

> 每王薨，辄立大石，长三丈，重千钧，为墓志。今石笋是也，号曰笋里。

大石文化在成都平原留下众多遗迹。其中最具特色的是分布于成都城内外的众多巨型独石。较为著名的有石笋、五担石、石镜、天涯石、地角石、五块石、支机石等。石笋是最著名的大石，原在成都城西门外，传说石笋是镇"海眼"的神物。诗人陆游在成都期间，曾亲眼看到过石笋，并记录在他的《老学庵笔记》之中。石笋今已不存，而今成都西月城街之南，原洗马河边还有石笋街。现在成都城内尚存的大石遗物还有两个，一个是天涯石，在今天涯石街；一个是支机石，在文化公园。

身为唐代人，杜甫自然是亲眼看到过石笋的，为此写了七言歌行体的《石笋行》：

> 君不见益州城西门，陌上石笋双高蹲。
> 古来相传是海眼，苔藓蚀尽波涛痕。
> 雨多往往得瑟瑟，此事恍惚难明论。
> 恐是昔时卿相墓，立石为表今仍存。

惜哉俗态好蒙蔽，亦如小臣媚至尊。
政化错迕失大体，坐看倾危受厚恩。
嗟尔石笋擅虚名，后来未识犹骏奔。
安得壮士掷天外，使人不疑见本根。

杜甫相信《华阳国志》的说法，认为石笋是古代"卿相墓"的墓志，而对
石笋镇水的传说十分不屑，将其比喻为媚惑圣主的"佞臣"。这表现了儒家"不
语怪力乱神"思想对杜甫的深刻影响。

另一个让杜甫深感兴趣的大石文化遗物是石犀。

《华阳国志·蜀志》记载，蜀守李冰曾"作石犀五头以厌水精。穿石犀溪于
江南，命曰犀牛里。后转置犀牛二头，一在府市市桥门，今所谓石牛门是也；
一在渊中。……西南石牛门曰市桥，下，石犀所潜渊也"。《蜀王本纪》和《水
经注》也有大略相似的记载。

厌，通压。水精，水怪或水神。犀牛化神镇水的说法，在蜀中自古相传。
因系李冰所制，石犀遂成为成都具有浓厚神秘色彩的古物，历代有关成都的史
乘笔记多有记载，以石犀为题的诗文更是多不胜数。

成都城南市桥门，因立有石犀，
又名石牛门。其地靠近原内江河道，
石犀即立于水滨。《水经注》云："西
南石牛门，曰市桥……桥下谓之石犀
渊。"晋代直到明末，此地一直为佛
寺。最初叫龙渊精舍，后名龙渊寺，
唐初改名空慧寺，唐宣宗大中元年
（847 年）改名圣寿寺，直至明末寺
毁。因寺内有石犀，又名石犀寺。石
犀形似牛，又俗称石牛寺。陆游在成
都也看到过石犀，他在《老学庵笔
记》卷五中说，成都西门圣寿寺东阶
下有石犀，"石犀一足不备，以他石
续之，气象甚古"。明天启《成都府
志·祠庙》："圣寿寺……中有秦太守
所凿石犀，今在殿前，俗称为石牛
寺。"清代，原石犀寺改为成都将军

杜甫雕像（成都杜甫草堂"大雅堂"前）

右司衙门，一头石犀还在后圃之内，外形已严重风化，仅存轮廓。民国，右司衙门改为省立第一中学，新中国成立后改为成都市第二十八中学。至20世纪50年代初，石犀已剥落不成形状，形似一块顽石。当时学校建教室，石工将其解为石条以砌阶沿，千年古物终不复存在。（《成都城坊古迹考·杂考篇》）

杜甫和岑参客居成都时，都曾见过石犀。两人各自以石犀为题赋诗一首。

杜甫《石犀行》也是七言歌行体：

> 君不见秦时蜀太守，刻石立作三犀牛。
> 自古虽有厌胜法，天生江水向东流。
> 蜀人矜夸一千载，泛溢不近张仪楼。
> 今年灌口损户口，此事或恐为神羞。
> 终借堤防出众力，高拥木石当清秋。
> 先王作法皆正道，诡怪何得参人谋。
> 嗟尔三犀不经济，缺讹只与长川逝。
> 但见元气常调和，自免洪涛恣凋瘵。
> 安得壮士提天纲，再平水土犀奔茫。

同《石笋行》一样，杜甫质疑石犀镇水的传说，诅咒神祇。他歌颂的是"众力"，是"人谋"。认为像石犀这样的"诡怪"应该让它随江水漂去。

岑参诗名《石犀》：

> 江水初荡潏，蜀人几为鱼。
> 向无尔石犀，安得有邑居？
> 始知李太守，伯禹亦不如。

在诗中，岑参由衷地歌颂石犀，歌颂李冰，认为李冰功绩超过了夏禹。在岑参笔下，石犀就是李冰的同义词、李冰的化身。与其说岑参相信石犀能镇水，不如说他更景仰李冰治水的万世功业。

枇杷门巷女校书
——薛涛与"薛涛制笺"

一、枝迎南北鸟，叶送往来风

成都城东锦江之滨，有一座望江楼公园。公园的主体建筑，是一组修建于清光绪年间的亭台楼阁。主楼崇丽阁，得名于西晋左思《蜀都赋》的名句"既丽且崇，实号成都"。但成都人很少称呼它崇丽阁，一直把它叫作望江楼。一百多年来，这座楼阁一直是成都最知名的地标建筑。望江楼选址于此，濒临锦江便于登临眺望是一个原因，但更重要的因素，是传说这里曾经为成都历史上最著名的女诗人薛涛起居、行吟和埋骨之处。

成都多美女，而难能可贵的是，成都的美女之中又多才女。两千年来，蜀中的才女中，薛涛从身世、际遇到才情，都最具传奇色彩，也是最杰出的。薛涛是中国文学史上最著名的女诗人之一。在古代，堪与蔡文姬、李清照齐名。在唐代，她与刘采春、鱼玄机、李冶并称唐代四大女诗人。在蜀中，则与卓文君、花蕊夫人、黄娥并称蜀中四大才女。卓文君，是大文豪司马相如的夫人。花蕊夫人费氏，是后蜀主孟昶的宠妃。黄娥，是明代大才子杨慎（号升庵）的夫人。

薛涛（约768—832年），字洪度，长安（今西安市）人，幼年随父薛郧宦游成都，父死家贫，遂流寓成都。薛涛幼而聪慧，传说她八九岁时，一日与父亲在庭院消闲，薛郧指着井边梧桐吟诵了两句诗，示意她对句：

庭除一古桐，耸干入云中。

薛涛脱口对出：

枝迎南北鸟，叶送往来风。

腾蛟起凤 金声玉振——文学艺术篇

薛郧听后，惊异女儿的才华，继而一想，又觉不祥。确实，这敏捷的对句，仿佛预示了薛涛日后沦入风尘迎来送往的悲剧人生。

锦江之畔的崇丽阁，成都人称之"望江楼"，长期以来一直是成都的城市标志（曾德仁提供）

二、枇杷门巷女校书

薛涛长成后，姿容美艳，辩慧工诗，通晓音律，有林下风致。德宗贞元（785—805 年）中，韦皋任剑南西川节度使。传说韦皋上任之初，听闻薛涛貌美而才高，遂召其至宴会，命她即席赋诗。薛涛略一思忖，写下了《谒巫山庙》：

乱猿啼处访高唐，路入烟霞草木香。
山色未能忘宋玉，水声犹是哭襄王。
朝朝夜夜阳台下，为雨为云楚国亡。
惆怅庙前多少柳，春来空斗画眉长。

这是一首怀古诗，全诗透出一种苍凉高致的气概，全然不似出自一个风尘女子之手。年仅十六岁的薛涛从此堕入乐籍，做了官伎，为韦皋所宠爱。据说她经常出入韦皋的府第，还为韦皋起草公文，被称为"女校书"。韦皋镇蜀二十一年，幕府中人才济济，薛涛与他们唱和往来，诗名大著。此后数十年间，薛涛与先后出镇成都的十一任西川节度使以及游历成都的著名诗人白居易、元稹、刘禹锡、张籍、王建、杜牧、武元衡、裴度、李德裕、段文昌等均有诗酒唱酬。

薛涛被称为"女校书"的另一个版本，据说是当过宰相、号称美男子的武元衡所为。唐宪宗元和三年（808 年），武元衡为剑南节度使，喜爱薛涛才貌，曾表奏薛涛为"校书郎"，这种奏请艺伎为朝廷命官的荒

望江楼公园竹林中的薛涛塑像

唐请求自然没有得到朝廷批准，薛涛却因此得了"女校书"的雅号。"女校书"也因此成为后世对妓女的雅称。

与薛涛同时的诗人王建（768—835 年），有《寄蜀中薛涛校书》诗，现在立在成都望江楼公园"薛涛井"旁的诗碑刻有此诗：

> 万里桥边女校书，枇杷花里闭门居。
> 扫眉才子知多少，管领春风总不如。

元稹，是中唐与白居易齐名的著名诗人，传说他与薛涛有过一段倾心相爱的情缘。据唐末范摅《云溪友议》，宋代计有功《唐诗纪事》等笔记诗话记载，元和四年（809 年）三月，元稹以监察御史出使东川查案，经友人撮合，薛涛专程前往梓州（今四川三台）与元稹相见。此时薛涛已四十二岁，且长元稹十一岁，但二人仍迅速坠入情网，难分难舍。薛涛曾作《池上双鸟》诗：

> 双栖绿池上，朝暮共飞还。
> 更忆将雏日，同心莲叶间。

元稹公事既毕回到长安，二人鱼雁往来，书信不绝，下面这首诗，是元稹回长安后寄赠薛涛的：

> 锦江滑腻峨眉秀，幻出文君与薛涛。
> 言语巧偷鹦鹉舌，文章分得凤凰毛。
> 纷纷辞客多停笔，个个公卿欲梦刀。
> 别后相似隔烟水，菖蒲花发五云高。

然而，这场情缘最后还是无疾而终。

薛涛在北宋时有《锦江集》传世，后佚，传世诗仅九十余首，多五言、七言绝句，大多为酬答赠别一类唱和之作，篇章短小而情致俊逸清丽，细腻柔婉，形象地展示了女诗人的生活世界和感情经历。

正如李清照有"花自飘零水自流。一种相思，两处闲愁"，也有"至今思项羽，不肯过江东"，薛涛除了清词丽句，也有气概不让须眉，掷地有声的作品，如上述《谒巫山庙》。另有一首《筹边楼》，最为人们所称道：

平临云鸟八窗秋，
壮压西川四十州。
诸将莫贪羌族马，
最高层处见边头！

成都望江楼公园风光（曾德仁提供）

当时蜀中对吐蕃战事频繁，李德裕任剑南西川节度使，于唐文宗太和四年（830年）建筹边楼于节度署之侧，楼上四壁绘边区地图，经常在此筹划边务。薛涛在诗中表现了对时局的关心，显示出不凡的才情和气概。

传说，薛涛在一次宴会中酒醉争掷骰子，误伤韦皋侄儿，被韦皋罚去边地松州。薛涛有感于边塞形势和征戍战士的艰苦，写了《罚赴边有怀上韦令公二首》（一作《陈情上韦令公》）：

闻道边城苦，今来到始知。
羞将门下曲，唱与陇头儿。
————其一
黠虏犹违命，烽烟直北愁。
却教严遣妾，不敢向松州。
————其二

二诗有汉魏之风，后人评价很高。明人钟惺《名媛诗归》云："二诗如边城画角，别是一番哀怨。"明杨慎《升庵诗话》更说此诗"得诗人之妙，使李白见之，亦当叩首，元、白流纷纷停笔，不亦宜乎？"

传说薛涛上此二诗，打动了韦皋，获释。归成都后即赎身脱去乐籍，此后终生未嫁。传说她晚年定居浣花溪畔，常"着女冠服"（道姑服装），制松花小笺。传说，薛涛制笺以木芙蓉皮作原料，加入芙蓉花汁，制成深红色精美的小彩笺，用于写诗酬和。浣花溪水清质滑，所造纸笺光洁精致，纸面上呈现出不

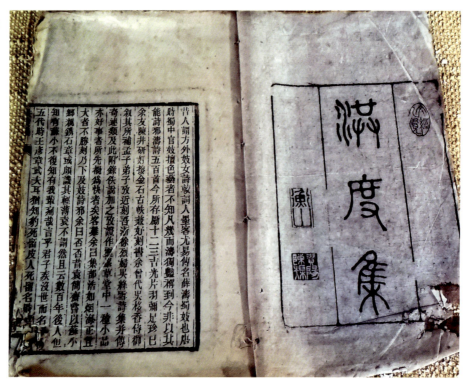

薛涛《洪度集》书影

规则的松花纹路，清雅别致。人们把这种纸笺称为"松花笺"或"薛涛笺"，因产于浣花溪，又名"浣花笺"。李商隐《送崔珏往西川》诗："浣花笺纸桃花色，好好题诗咏玉钩。"薛涛笺在当时已为文人所乐道。后世，薛涛笺更成为千金难求的珍品。

对于成都来说，"薛涛制笺"早已不仅仅是造纸业上的一段历史，更是一个内涵十分丰富的文化形象和标志。长期以来，一直是文学、绘画、工艺美术的重要题材。

三、薛涛与蜀中海棠

薛涛曾久居成都西郊，晚年迁居城内西北隅之碧鸡坊，与城东似乎没有什么瓜葛。

薛涛晚年筑楼居于成都城西碧鸡坊，死后其墓亦在城西。晚唐诗人郑谷

（约851—约910年）有《蜀中》诗云：

> 渚远江清碧簟纹，小桃花绕薛涛坟。
> 朱桥直指金门路，粉堞高连玉垒云。

"金门"即唐代成都西门金雁门，城头可遥望玉垒山。可见薛涛墓应当在成都老西门外，这是旧时成都人士的共识，但究竟在何处，已无迹可考。今天的成都城西已无任何有关薛涛的遗迹，而从明代以后，薛涛的有关遗迹却移到了城东的锦江之畔。这样一个"错误"，是源于望江楼下的一口古井。在明代以前，这口井名为"玉女津"，水清冽。成都的造纸制笺业本来在西郊浣花溪一带，到了明代，浣花溪淤积，水质不佳，蜀王府便在"玉女津"旁设立作坊，用井水仿制"薛涛笺"样式名笺二十四幅，以十六幅进贡京师，井旁建有堂室数楹，有士卒守护。时间一长，"玉女津"被人们讹传为"薛涛井"。清康熙三年（1664年），成都知府冀应熊书"薛涛井"三字，刻石碑立于井侧。一些文人亦来此凭吊题咏。此地遂成薛涛在成都的纪念地。

大约就在"薛涛井"得名前后，在其附近也出现了一座"薛涛墓"。从一开始，人们就认定这是一座衣冠墓。此墓后来并入四川大学校园内，至20世纪60年代前，坟堆尚有十多米高，前立刻有"薛洪度之墓"的石碑。现在四川大学体育馆背后的一个院落里，还能见到一个被杂草包围的土堆，有人认为那就是"薛涛墓"，但多数人认为原来的"薛涛墓"已经被毁。

为纪念薛涛，四川省薛涛研究会于1994年10月在望江楼公园竹林深处复建薛涛墓，2003年又建墓表。薛涛墓由墓碑、墓体、墓基平台及墓表组成，墓碑上刻"唐女校书薛洪度墓"，由四川省著名书法家刘秉谦先生题写。碑背面有"重建薛涛墓碑记"，由四川省薛涛研究会副会长刘天文撰写。墓四周围以石墙，并

望江楼公园内的薛涛墓

配以草坪、小桃花、翠竹。

清嘉庆十九年（1814年），四川布政使方积等人在薛涛井旁营造风景，修竹曲径，小亭疏篱，并立有诗碑，后逐渐废圯。清光绪中，四川总督刘秉璋倡议重建，成都富商马长卿带头捐资，在原址重建楼阁。光绪十五年（1889年）建成崇丽阁，阁高39米，四重檐，下面两层四方飞檐，上面两层八角攒尖，每层的屋脊檐角都饰有精美的禽兽泥塑和人物雕刻，朱柱碧瓦。阁顶为鎏金宝顶，丽日之下，金光闪闪。崇丽阁立于江边，与江水浑然一体，构成一幅美丽的图画，长期以来一直是成都颇具代表性的文化地标。至光绪二十五年（1899年），崇丽阁周围先后建成吟诗楼、浣笺亭、濯锦楼，新建五云仙馆、枇杷门巷等。至此，一组完整的以纪念薛涛为主题的楼、井、亭、馆形成，望江楼从此与薛涛结下不解之缘。

望江楼成为薛涛的纪念地由附会而致，类似的附会，在中国的名胜古迹中数不胜数。

还有一件关于薛涛的附会，与蜀中名花海棠有关。

蜀中海棠之盛甲于天下，而蜀中之有海棠，据说全因为薛涛。民间传说，蜀中本无海棠，李德裕出任剑南西川节度使时，从洛阳带来海棠树苗赠予薛涛，薛涛悉心栽培，成都才开始广植海棠。

不过这个说法可信度是很低的，薛涛本人就写过一首《海棠溪》：

> 春教风景驻仙霞，水面鱼身总带花。
> 人世不思灵卉异，竟将红缬染轻沙。

溪谷两岸，海棠花烂漫盛开，灿若云霞，没有长时间的栽培不会有此盛况。李德裕出任剑南西川节度使在文宗太和四年（830年），此时距薛涛去世只有两年时间。所以上面的传说并不靠谱。不过，这样的传说即使是假的，也是美好的附会。"名花倾国两相欢"，名花附会美人，是美好的联想，这样的佳话，自古以来多不

西蜀海棠

胜数。人们不会去计较这样的附会，因为其中蕴含的，是值得永远珍视的文化

积淀。

如今，成都望江楼的亭阁还留下这样两副对联盛赞薛涛，一副是清人伍生辉所撰：

> 古井冷斜阳，问几树枇杷、何处是校书门巷？
> 大江横曲槛，占一楼烟月、要平分工部草堂。

一副为成都"五老七贤"之一的刘咸荥所作：

> 此间寻校书香冢白杨中，问他旧日风流，汲来古井余芬，一样渡名桃叶好；
> 西去接工部草堂秋水外，同是天涯沦落，自有浣笺留韵，不妨诗让杜陵多。

薛涛与杜甫，可谓"同是天涯沦落人"，然而居然将"女校书"与"诗圣"相提并论，也只能说是成都人对家乡才女的偏爱了。

诗人，在蜀中流连
—— "自古诗人例到蜀"

一、行吟诗人的惆怅

衣上征尘杂酒痕，远游无处不消魂。
此身合是诗人未？细雨骑驴入剑门。

　　这首《剑门道中遇微雨》，是南宋大诗人陆游的名篇。宋孝宗乾道八年（1172 年）十一月，陆游自南郑（属今陕西汉中市）赴成都，途经天险剑门关，触景伤情，吟出了这首著名的小诗。

　　南郑是抗金前线，宋孝宗乾道五年（1169 年）三月，参知政事（副宰相）王炎任四川宣抚使，加强前线战备，图谋进取关陇。王炎聘陆游为幕僚。然而三年过去，一事无成，王炎内调回京，陆游也改任成都府路安抚司参议官，离开了前线。恢复中原壮志难酬，诗人黯然神伤，愤懑夹着惆怅：

　　难道我此生合该就是个诗人（而不是指挥若定的儒将）吗？也在这蒙蒙细雨中骑驴入了剑门。

陆游雕像（成都杜甫草堂"大雅堂"内）

陆游这句牢骚，引起了一个话题：

凡是诗人，大多会穿过剑门来到蜀中。这是宿命，还是一条规律？

才情非凡的清代诗人李调元对此作了解答：

猿啼万树褒斜月，马踏千峰剑阁霜。
自古诗人例到蜀，好将新句贮行囊。

"自古诗人例到蜀。"诗人，照例是要入蜀的。这是一个确凿的事实。自唐
代开始，诗人们总是络绎不绝地来到蜀地。

蜀中奇绝瑰丽的山水，繁花似锦的都市，迥异于中原的地域文化，脍炙人
口的人文传奇，千百年来一直令人神往，更对喜好漫游的诗人们产生着强烈的
吸引力。从唐初至南宋，当时负有盛名的诗人，绝大多数都曾不畏蜀道之难而
前往蜀中及成都游历，"采江山之俊势，观天地之奇作"（王勃《入蜀纪行诗
序》）。

唐代诗人中，开唐诗风气之先的"初唐四杰"王勃、杨炯、卢照邻、骆宾

"初唐四杰"中的王勃、杨炯、骆宾王雕像（成都浣花溪公园诗歌大道旁）

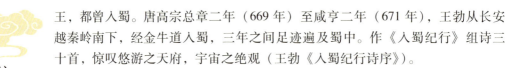

王，都曾入蜀。唐高宗总章二年（669年）至咸亨二年（671年），王勃从长安越秦岭南下，经金牛道入蜀，三年之间足迹遍及蜀中。作《入蜀纪行》组诗三十首，惊叹悠游之天府，宇宙之绝观（王勃《入蜀纪行诗序》）。

盛唐的田园诗人孟浩然，边塞诗人高适和岑参，都曾到过成都。中唐以后中原衰落，而成都繁华更盛，吸引着众多的诗人，白居易、元稹、刘禹锡、张籍、司空曙、李商隐、王建、贾岛、温庭筠、陆龟蒙、郑谷等也都或游宦，或游历于蜀中。

杜甫诗云："西蜀地形天下险，安危须仗出群材。"唐中后期，剑南地区的战略地位进一步提升，朝廷往往以朝中重臣甚至宰相出镇巴蜀为剑南节度使，如严武、韦皋、李德裕、高骈等，这些人大多也是诗人。诗人们在成都诗酒唱酬，流连忘返，留下了大量描述蜀中山川形胜、市井风情和历史传说掌故的诗篇。这些诗篇给成都文化增添了异彩，使之更加绚烂。

二、诗人笔下的成都

蜀中的江山胜景，成都的城池形胜、民俗风物，是诗人们最喜欢的题材。诗人们流连于锦江之畔，万里桥边，酒肆帘招，蜀茶新上，蜀酒飘香。远望新雨初霁，绿水烟波，山头岭畔，荔枝初红。如此意境，让人对成都的繁华市井油然而生向往。

> 锦江近西烟水绿，新雨山头荔枝熟。
> 万里桥边多酒家，游人爱向谁家宿？
> ——张籍《成都曲》

晚唐诗人刘驾来到成都，早晨未及梳洗，就迫不及待登临成都迎春阁，写下这样的诗句：

> 未栉凭栏眺锦城，烟笼万井二江明。
> 香风满阁花满树，树树树梢啼晓莺。
> ——《晓登迎春阁》

成都自古多美人，成都的美酒也让人陶醉。文人墨客说起成都，说起成都

书香成都 SHUXIANG CHENGDU

的美酒佳肴，首先想到的，是相如涤器，文君当垆：

> 锦里多佳人，当垆自沽酒。
> 高低过反坫，大小随圆瓴。
> 数钱红烛下，涤器春江口。
> 若得奉君欢，十千求一斗。
> ——陆龟蒙《酒垆》

李商隐任职剑南东川节度使幕府，到成都公干之余出席宴会，描绘了在锦里宴饮如梦如幻的场景：

> 人生何处不离群，世路干戈惜暂分。
> 雪岭未归天外使，松州犹驻殿前军。
> 座中醉客延醒客，江上晴云杂雨云。
> 美酒成都堪送老，当垆仍是卓文君。
> ——李商隐《杜工部蜀中离席》

"堪送老"译成白话就是"足以在此度过余生"。套用一句成都人经常引用的广告词，叫作"来了就不想离开"。成都的美酒就足以伴人度过一生了，何况当垆卖酒的还是文君一样的佳人呢！美酒在前，佳人当垆，这样的温柔之乡，实在是终老的最佳去处。这是对成都富庶休闲生活最贴切的表述。它不仅适用于古典时代的成都，同样适用于现在的成都。

蜀锦是成都最著名的手工业产品。织造蜀锦的作坊自古以来聚集在成都城南的检江两岸。据说，"成都织锦既成，濯于江水。其文分明，胜于初成。他水濯之，不如江水"（谯周《益州志》）。织成的蜀锦放到江中漂洗，色彩会更加鲜艳。检江因此被称为"濯锦江"或"锦江"。中唐诗人刘禹锡的《浪淘沙》就描绘了锦水濯锦的旖旎风光：

> 濯锦江边两岸花，春风吹浪正淘沙。
> 女郎剪下鸳鸯锦，将向中流匹晚霞。

对于成都城池来说，高骈是个里程碑式的人物。公元前310年，秦相张仪主持修筑了成都大城和少城。大城在东，少城在西，二城并肩而立，称为"秦

张籍

令狐楚

李商隐

严绶

张祜

裴度

游历成都的中唐诗人群像（成都望江楼公园薛涛纪念馆壁画）

城"。"秦城"的面积很小，城垣大约东至今青石桥、鼓楼街一线；西至今长顺街一线；南至今上南大街、文庙后街一线；北至今东门街以南一线，城垣周长十二里（秦尺）。这种城池格局一直持续到唐朝末年。当时，西南的南诏国与唐关系紧张，成都城曾被南诏军队攻破，财帛民畜被掳掠。唐僖宗乾符元年（874年），高骈任剑南西川节度使，对成都城垣进行了大规模扩建，新筑的城垣称为"罗城"，周长二十五里（唐尺），城区面积比原来的"秦城"扩大了六倍左右。城墙内外皆用砖包砌，墙高二丈六尺，上宽一丈，城上建有楼廊五千零八间，城池防御能力大为增强，西南局势得以稳定。

诗人顾云为此作诗《筑城篇》：

三十六里西川地，围绕城郭峨天横。
一家人率一口甓，版筑才兴城已成。
役夫登登无倦色，馔饱觞酬方暂息。
不假神龟出指踪，尽凭心匠为筹画。
画阁团团真铁瓮，堵阔巉岩齐石壁。
风吹四面旌旗动，火焰相烧满天赤。
散花楼晚挂残虹，濯锦秋江澄倒碧。
西川父老贺子孙，从兹始是中华人！

"罗城"的修筑是成都城池史上的一大变迁，此后历五代、宋、元、明、清直到20世纪中叶，成都城池一直保持着"罗城"的格局。

"罗城"的修筑还改变了成都城池的格局。"秦城"时代，成都"二江"——检江和郫江从城南并肩流过，"双流"因此而得名。修筑"罗城"时，在城西北筑糜枣堰（在今城西北九里堤），截断郫江使之改道，绕城北、城东而流。又在西垣外开凿"西濠"（今西郊河），成都城从此有了完整的护城河。成都的城池格局也由"秦城"时期的"二江珥市"变成了"二江抱城"。

可以想象，下面这首《锦城写望》，应该就是高骈站在新落成的罗城城楼之上，放眼四望，城上城下繁花似锦，锦似繁花的景象：

> 蜀江波影碧悠悠，四望烟花匝郡楼。
> 不会人家多少锦，春来尽挂树梢头。

郑谷（约851—约910年），唐朝末期著名诗人，其诗多写景咏物之作，风格清新通俗。他笔下的蜀锦，是那样的绚丽多彩：

> 布素豪家定不看，若无文彩入时难。
> 红迷天子帆边日，紫夺星郎帐外兰。
> 春水濯来云雁活，夜机挑处雨灯寒。
> 舞衣转转求新样，不问流离桑柘残。

> 文君手里曙霞生，美号仍闻借蜀城。
> 夺得始知袍更贵，著归方觉昼偏荣。
> 宫花颜色开时丽，池雁毛衣浴后明。
> 礼部郎官人所重，省中别占好窠名。
>
> ——郑谷《锦二首》

王建（768—835年），中唐重要诗人，与张籍友善，其乐府诗与张齐名，号称张王乐府。下面这首《织锦曲》就是乐府体裁，笔下的织锦女，令人同情：

> 大女身为织锦户，名在县家供进簿。
> 长头起样呈作官，闻道官家中苦难。
> 回花侧叶与人别，唯恐秋天丝线干。

红缕葳蕤紫茸软，蝶飞参差花宛转。
一梭声尽重一梭，玉腕不停罗袖卷。
窗中夜久睡髻偏，横钗欲堕垂着肩。
合衣卧时参没后，停灯起在鸡鸣前。
一匹千金亦不卖，限日未成宫里怪。
锦江水涸贡转多，宫中尽着单丝罗。
莫言山积无尽日，百尺高楼一曲歌。
　　　　　　　　　　——王建《织锦曲》

　　海棠是蜀中名花。春日锦江两岸，几万枝海棠同时开放，娇柔红艳，有如晓天明霞，美不可言。以"苦吟"而知名的贾岛面对如此胜景，写出的诗歌，同样令人心醉。

昔闻游客话芳菲，濯锦江头几万枝。
纵使许昌持健笔，可怜终古愧幽姿。
　　　　　　　　　　——贾岛《海棠》

　　杜鹃也是蜀中名花，但因为其中蕴含了杜宇失国，化作杜鹃啼血的悲剧传说，所以擅写艳词的韩冬郎笔下，同样悲咽沉痛：

一园红艳醉坡陀，自地连梢簇蒨罗。
蜀魄未归长滴血，只应偏滴此丛多。
　　　　　　——韩偓《净兴寺杜鹃一枝繁艳无比》

　　成都的人文传奇、历史古迹，比如文翁教化的石室，司马相如的琴台和卓文君的酒垆，严君平的卜肆和支机石，先主庙和武侯祠前的古柏，诸葛亮送费祎出使东吴的万里桥，也都是诗人咏叹的对象。
　　卢照邻（约636—约680年），"初唐四杰"之一，少年时即被人誉为司马相如。唐高宗龙朔至乾封年间，调任新都县尉，任满后漫游蜀中，对蜀地文物古迹、岁时节令多有描绘，如《文翁讲堂》：

锦里淹中馆，岷山稷下亭。
空梁无燕雀，古壁有丹青。

槐落犹疑市，苔深不辨铭。

良哉二千石，江汉表遗灵。

武侯祠是成都最负盛名的古迹。入蜀文人多有题咏，且多杰作，流传最广的自然是杜甫的《蜀相》。而刘禹锡《蜀先主庙》和李商隐《武侯庙古柏》，也都是千古传诵的名篇：

天地英雄气，千秋尚凛然。

势分三足鼎，业复五铢钱。

得相能开国，生儿不象贤。

凄凉蜀故妓，来舞魏宫前。

　　　——刘禹锡《蜀先主庙》

蜀相阶前柏，龙蛇捧閟宫。

阴成外江畔，老向惠陵东。

大树思冯异，甘棠忆召公。

叶凋湘燕雨，枝拆海鹏风。

玉垒经纶远，金刀历数终。

谁将出师表，一为问昭融。

　　　——李商隐《武侯庙古柏》

刘备惠陵外围红墙

关于成都的人文古迹，著名的边塞诗人岑参值得特别写上一笔。岑参晚年宦游入蜀，最后客死于成都逆旅。在成都期间，他以诗记行、记游，写了很多歌咏成都山水美景、人文风情的诗篇，其中一组凭吊古迹的五言诗，分别写了李冰石犀、文翁讲堂、司马相如琴台、扬雄草玄台、先主武侯庙、君平卜肆、升仙桥、万里桥、张仪楼等，成都最著名的人文胜迹几乎囊括其中。这些诗篇，文字朴实、感情真挚，寄托了诗人对成都前贤深深的仰慕和追念。《张仪楼》一诗，咏怀秦相张仪创筑成都城和城楼：

传是秦时楼，巍巍至今在。

楼南两江水，千古长不改。

曾闻昔时人，岁月不相待。

贯休（832—912 年）是客蜀诗人中的一位特殊人物。俗姓姜，字德隐，婺州兰豁（一说为江西进贤）人，唐末五代著名画僧、诗僧，一生能诗善书，又擅绘画，尤其是所画罗汉，状貌古野，绝俗超群，在中国绘画史上有着很高的声誉。五代时，贯休从杭州骑驴入蜀，来到成都，献诗前蜀主王建。诗中有"一瓶一钵垂垂老，千水千山得得来"之句，情景贴切，属对工整，得到王建的礼遇，因此也被称为"得得来和尚"。

唐末中和元年（881 年），黄巢农民军攻陷长安，僖宗逃亡入蜀，驻跸成都。同年，在成都举行科举考试。中原统一王朝在偏僻的州郡开科取士，在中国历史上极其少见，在成都则是绝无仅有。诗人裴廷裕便是在此科取中进士。金榜题名之后，志得意满的他赋诗一首：

> 何劳问我成都事，亦报君知便纳降。
> 蜀柳笼堤烟蠹蠹，海棠当户燕双双。
> 富春不并穷师子，濯锦全胜旱曲江。
> 高卷绛纱扬氏宅，半垂红袖薛涛窗。
> 浣花泛鹢诗千首，静众寻梅酒百缸。
> 若说弦歌与风景，主人兼是碧油幢。
> ——《蜀中登第答李搏六韵》

富春，成都坊名，当时为进士考场。旧时，长安登第的新科进士，照例有"曲江赐宴，雁塔题名"的庆祝活动。当时这个活动改到了成都。新科进士的"曲江赐宴"改在濯锦江上。浣花溪上泛舟，是唐后期以来兴起的城市游乐活动。"雁塔题名"则由长安的大慈恩寺改到了成都的净众寺（诗中的"静众"当作"净众"），唐净众寺在成都西郊金仙桥侧，系新罗国僧人无相始建。平时清静幽远的佛寺，也是车水马龙，弦歌入云，达官贵人的碧油幢车，挤得水泄不通了。

三、蜀雄李杜拔

当然，入蜀诗人中最引人瞩目的还是杜甫。杜甫流寓蜀中八年多，其中在成都和夔州（今重庆奉节）的时间最长，留下的诗作最多，成就最高，许多脍炙人口的名篇都出自蜀中，如《蜀相》《春夜喜雨》《茅屋为秋风所破歌》《丹青引赠曹将军霸》《闻官军收河南河北》《登高》《旅夜书怀》《秋兴八首》《咏怀古迹五首》等。正是在蜀中，杜甫的诗歌技巧特别是七言律诗，终臻化境，成为后人难以逾越的高峰。

南朝的文学评论家刘勰，在其《文心雕龙》里提出了"江山之助"的说法。韩愈也曾有"蜀雄李杜拔"的诗句，都是说诗文可以得益于山水风物的启示和帮助。在蜀地瑰丽奇特的地理环境中，不仅蜀中走出来的司马相如、扬雄、李白、苏轼成为一代文坛领袖，入蜀的杜甫终成"诗圣"。宋代大诗人黄庭坚贬谪黔州（治今重庆彭水）、戎州（今四川宜宾），此后诗风一变，"句法尤高，笔势放纵，实天下之奇作。自宋兴以来，一人而已矣"（胡仔《苕溪渔隐丛话》）。

再说陆游。钱锺书先生在其《宋诗选注》中，于陆游《剑门道中遇微雨》诗后这样批注："杜甫和黄庭坚入蜀以后，诗歌就登峰造极，……入蜀道中、驴子背上的陆游就得自问一下，究竟是不是诗人的材料。"

陆游用事实作了回答。在蜀中的几年，成为他一生诗歌创作的黄金期，他传世的诗篇超过万首，而受到后世高度评价的多为蜀中所作，在当时便盛传海内。而他本人亦特别珍惜在蜀中的岁月，故将其全部诗集命名为《剑南诗稿》，以作纪念。

崇州罨画池中的陆游祠

腾蛟起凤 金声玉振——文学艺术篇

45

"精妙冠世"的大慈寺壁画

　　唐代是古代成都文化发展的巅峰时期，也是成都绘画艺术史上的一个精彩纷呈的时代。蜀地山川奇险秀丽，物产富庶，自古以来一直吸引着众多翰墨名家。有唐一代，中原发生了"安史之乱"和黄巢起义两场重大变乱，唐玄宗和唐僖宗两位皇帝都曾入蜀避乱。众多文人士大夫亦先后避难来到蜀地，其中有不少知名画家。这些名家大师来到成都，也和成都结下了不解的翰墨缘。

东坡手书"精妙冠世"（成都大慈寺照壁）

　　对于世界各民族来说，宗教故事往往是绘画最重要的题材。唐朝是佛教在中国传播和发展的重要时期，佛教寺院在各地都有很大的发展。成都的代表，就是大慈寺。成都大慈寺始建于东晋南朝之间，被誉为"震旦第一丛林"。唐高祖武德年间，玄奘大师在大慈寺律院受戒和深研佛法，并常在大慈寺讲经。唐玄宗幸蜀，见大慈寺僧人英干在成都街头施粥，救济贫困百姓，并为国家祈福，深受感动，乃为英干敕书"大圣慈寺"匾额，赐田一千亩。并钦点云游至蜀的原新罗国（今韩国）三太子无相禅师亲自督建大慈寺规模宏大的扩建工程，建成后全寺共96院，房8542间。韦皋镇蜀期间，扩修大慈寺普贤阁，又开凿解玉溪流经寺前，使大慈寺环境更趋完美。在唐宋极盛时，大慈寺占有成都东城之小半，成为蜀中影响最大的佛教圣地和游览名区。据前人考证"寺极盛时，西抵今锦江街、江南馆街、金玉街、棉花街一带（商业场及红旗剧场附近，曾发现卧佛头像，如为大慈寺物，则寺址亦曾达其地）；北至天涯石北街、四圣祠、庆云庵街；东抵城垣一线；南至东大街。"（《成都城坊古迹考》）规模宏大的大慈寺，为聚集成都的画家们创作壁画提供了极佳的场所和空间。唐宋时期成都的知名画家，几乎都在大慈寺留下了壁画佳作。据宋代李之纯（曾任成都知府）《大圣慈寺画记》记载："举天下之言唐画者，莫如成都之多；就成都较之，莫如大圣慈寺之盛。"当时的大慈寺有壁画千余堵，留下作品的知名画师达六七十人。据说，号称"画圣"的吴道子曾在大慈寺画有十幅壁画。此外的知名画家还有唐代的赵公佑、卢楞伽、常重胤，五代的黄筌、李升等。当时的不少名人都参观过大慈寺的壁画并题词。其中卢楞伽其人其画，颇能说明大慈寺壁画在当时的影响。

成都大慈寺壁画

卢楞伽，长安（今陕西西安）人，生卒年不详，大约活动于公元 8 世纪。为"画圣"吴道子弟子。画风细致，咫尺间山水寥廓，形象精备。尤擅佛像、经变，画过许多壁画。曾在长安庄严寺壁画神像，极臻微妙，吴道子看后惊叹："此子笔力，常时不及我，今乃相类，是子也，精爽尽于此矣。"后入蜀，曾在大慈寺作《行道高僧像》壁画数堵。书法家颜真卿来游大慈寺，专门于此画上题字，被时人称为"二绝"。宋人赵希鹄说他曾见卢画《十六罗汉图》，其线条的功力甚至超过了号称"宋画中第一人"的李公麟。宋仁宗至和三年（1056年）苏轼与其弟苏辙夜游大慈寺，专门来看卢楞伽的壁画并作题记："至和丙申季春二十八日，眉阳苏轼与弟辙来观卢楞伽笔迹。"

遗憾的是，被苏东坡盛赞为"精妙冠世"的大慈寺壁画，全部毁于后世的兵火，无一幅留存于世。

摩诃池、宣华苑、花蕊夫人

一、东坡笔下的千古风流

  在中国文化史上，苏东坡是一座难以逾越的高峰。他在文学艺术方面堪称全才。其文豪放恣肆，明白畅达，与欧阳修并称欧苏，为唐宋八大家之一；其诗清新豪健，善用夸张比喻，独具风格；又以文为诗，将纵横透辟的议论、博大精深的才学和喷薄欲出的感情熔于一炉，代表了宋诗的新转变。其词风格多样，或豪气万丈，或柔情似水，天马行空，绝世独立，"无意不可入，无事不可言"，扩大了词的题材，丰富了词的艺术表现力，对后世影响深远；其书法自创新意，用笔丰腴跌宕，有天真烂漫之趣，与黄庭坚、米芾、蔡襄并称宋四家。

苏东坡雕像（杜甫草堂"大雅堂"内）

苏东坡生于蜀中，一生四处颠沛，始终不忘曾经读书和游历过的成都。在他的诗词文赋之中，成都的文采风流，常常令人神往。下面这首词，颇能说明问题。

> 冰肌玉骨，自清凉无汗。水殿风来暗香满。绣帘开，一点明月窥人；人未寝，欹枕钗横鬓乱。　　起来携素手，庭户无声，时见疏星渡河汉。试问夜如何？夜已三更，金波淡，玉绳低转。但屈指西风几时来？又不道、流年暗中偷换。

——《洞仙歌》

这是一首脍炙人口的绝妙好词，吟咏的是后蜀皇帝孟昶和他的宠妃花蕊夫人夏夜在成都摩诃池上纳凉的故事。

该词手笔高超，情思清婉，将绮丽的深宫艳事描绘得清新脱俗。使人亲临其境地体会到蜀宫夏夜摩诃池上的清凉气息和花蕊夫人冰清玉洁的体态与气质。结尾"屈指西风"两句则语带双关，夏夜大热之际，人为思凉，无不渴望秋风早到，送爽驱暑。然而谁又想到，夏逐年消，人随秋老，美景纵来，事亦随变。如此循环，永无止息，而流光不待，在人的无尽追求中偷偷消逝。既暗讽孟昶追求享乐，终致江山易手，人事全非，又在不知不觉之间，道出一则耐人寻味的人生哲理，表现出东坡诗文特有的情趣与风格。

词前有一个小序：

> 仆七岁时，见眉山老尼，姓朱，忘其名，年九十余。自言尝随其师入蜀主孟昶官中。一日，大热，蜀主与花蕊夫人夜起，避暑摩诃池上，作一词。朱具能记之。今四十年，朱已死久矣，人无知此词者，独记其首两句。暇日寻味，岂《洞仙歌令》乎？乃为足之云。

序文说，东坡七岁时，曾见过一位九十多岁的眉山老尼，说她曾进过蜀主孟昶的后宫，记下了孟昶所作的一首词。四十年过去，东坡也只记得词的头两句了。一日有暇，反复吟咏，恍然悟出这是一首《洞仙歌》，于是提笔将全词补足。

其实，东坡是否见过眉山老尼，听过她所记录的孟昶词，可能和他在诗文中叙述的梦见杜甫，梦见孔明一样，纯系杜撰。诙谐风趣的坡公，常常这样借古人之口说出自己的见解。这种玩笑当年曾开到他的考官欧阳修面前。后来有好事者，又来接续东坡的故事。

腾蛟起凤　金声玉振——文学艺术篇

南北宋之交，突然出现一首注名为孟昶所作的《玉楼春》，全词如下：

> 冰肌玉骨清无汗，水殿风来暗香满。
> 帘间明月独窥人，欹枕钗横云鬓乱。
> 三更庭院悄无声，时见疏星渡河汉。
> 屈指西风几时来，只恐流年暗中换。

这首《玉楼春》，文字与东坡的《洞仙歌》基本相同，但已完全没有坡公之词飘逸的神韵和令人怅然的意会。

此事于是成为文学史上的一桩公案。有人认为苏词是根据孟词改编的，但多数人的意见是好事者改编东坡的词，托名于孟昶。在笔者看来，以东坡的才华与性情，绝对不可能去拾前朝一个三流文人（尽管是个"皇帝"）的牙慧再加以改写，哪怕这个改写可以称为"点铁成金"或者"化腐朽为神奇"。正如浦江清先生在《花蕊夫人宫词考证》里说："倘东坡知此《玉楼春》全词，何必更作《洞仙歌》，倘不知之，何能暗合古词如此乎？"

《洞仙歌》咏叹的花蕊夫人和摩诃池，是成都历史上最具传奇色彩的风流人物和去处。

二、从摩诃池到宣华苑

自秦代张仪创筑成都城后，两千多年来，成都的城垣有过几次扩建。其中一次，是隋代蜀王杨秀修筑"子城"。原来，张仪所筑之城后世称为"秦城"，由"大城"和"少城"两个部分组成，"大城"在东，"少城"在西，两城并联。这种格局古人称为"层城"或"重城"。东晋，大将桓温伐蜀灭"成汉"，平夷了"少城"城垣。成都城的面积少了一小半。隋文帝统一全国，封其四子杨秀为蜀王，出镇成都。杨秀到成都后，见到成都城池狭小，决定扩建成都城垣，在秦"大城"以西，原"少城"的位置增筑"隋城"。"隋城"又名"子城"，"通广十里"，比秦"大城"还大。修筑"隋城"城垣时，在城中就地取土，形成了一个巨大的土坑，积蓄雨水成为大池。传说有一位胡僧来到池边，见水面宽阔，即念了一句梵语"摩诃宫毗罗"，意为"龙宫之池"，摩诃池由此得名。摩诃池形成后，杨秀在池畔建造楼阁园囿，游宴取乐，楼名"散花"。这就是成都旧时著名的"散花楼"。

唐代，人们将流经城西的郫江水引入城中，摩诃池的水量变得十分充足。唐时的摩诃池，池周树木阴翳，幽静自然，野趣横生，是文人墨客和都人士女荡舟游赏的去处。杜甫、高骈、薛涛等人都曾在池上游赏并留下诗篇传世。

> 湍驶风醒酒，船回雾起堤。
> 高城秋自落，杂树晚相迷。
> 坐触鸳鸯起，巢倾翡翠低。
> 莫须惊白鹭，为伴宿清溪。
> ——杜甫《晚秋陪严郑公摩诃池泛舟》

> 画舸轻桡柳色新，摩诃池上醉青春。
> 不辞不为青春醉，只恐莺花也怪人。
> ——高骈《残春遣兴》

> 昔以多能佐碧油，今朝同泛旧仙舟。
> 凄凉逝水颓波远，惟有碑泉咽不流。
> ——薛涛《摩诃池赠萧中丞》

唐朝末年，王建在成都称帝，史称"前蜀"。王建修建的宫城，在今天府广场一带，摩诃池改名为龙跃池，纳入皇宫内苑。王建去世后，其子王衍继位，大兴土木，环池兴建宫殿亭榭，并将其改名为宣华苑。用了近三年时间，在当年的摩诃池上建成延袤十里，土木之功穷尽奢巧的皇家别苑。前蜀亡于王衍，孟氏后蜀兴起后，宣华苑仍然为皇宫后苑。

宣华苑早已灰飞烟灭，今天我们还能比较详细地了解这座园林的基本格局、建筑内容和后宫情况，是因为流传下来的花蕊夫人所作百首《宫词》。《宫词》全面记述了宣华苑的状况，因此又被称为《宣华宫词》。这些诗篇，是研究成都城市格局、建筑和园林的珍贵史料。

前蜀和后蜀，一共出了两位花蕊夫人，而且都姓徐。前者是前蜀主王建的宠妃、王衍的生母小徐妃；后者就是《洞仙歌》所咏的孟昶慧妃徐氏（一说姓费）。

小徐妃是成都人徐耕之女，自幼聪慧过人，有藻思，善诗文，与其姊皆有国色，一同被王建纳入后宫。王建称帝，姊为淑妃，时称大徐妃；妹为贤妃，生太子王衍，时称小徐妃。小徐妃才色俱佳，深受王建宠爱，赞为"花蕊夫人"。传世的《宫词》一百首，被称为《花蕊夫人宫词》。宋代以来，学者多认为《宫词》的作者是后蜀主孟昶的花蕊夫人。20世纪中叶，文学史家浦江清先生经考证，认为《宫词》的作者主要是王建的小徐妃，其中也杂有孟昶的花蕊夫人和其他人等的少数作品。《宫词》集中反映了宣华苑的状况和后宫生活，如其中一首：

> 三面宫城尽夹墙，苑中池水白茫茫。
> 亦从狮子门前入，旋见亭台绕岸旁。

短短四句，勾画出宣华苑总貌。"三面宫城"，谓三面临夹城，东连宫阙，苑在宫西。苑南有正门，名瑞兽门，与皇宫正门神兽门（即狮子门）左右相当。从神兽门外可经瑞兽门进入宣华苑，苑西另有门直通后宫。苑中主殿为池东的韶光殿，苑北有凌波殿、太虚殿等。

后唐同光三年（925年），后唐大将郭崇韬率兵灭前蜀。不久，后唐大将孟知祥割据巴蜀地区称帝，史称"后蜀"，传二主。孟知祥称帝仅一年后就去世，其子孟昶继位，有国三十二年。

三、王建永陵及"二十四伎乐"石刻

旧时成都老西门外，三洞桥边，平畴绿野之上，千余年来一直矗立着一座高大的封土堆。故老相传，说它是西汉大文豪司马相如的"琴台"。也有人说它是蜀汉丞相诸葛亮抚琴之处。总之，它被公认为一座"琴台"。清代以来，人们把这座荒丘称为"抚琴台"，侧畔的小街，也命名为抚琴台街。

抗战之中的1942

成都永陵大门

年，人们在"抚琴台"挖掘防空洞时，发现这座荒丘并非什么"琴台"，而是前蜀主王建的陵墓。此事成为当年中国最大的考古发现。著名考古学家冯汉骥先生主持了王建陵墓的发掘和整理。永陵早年经过盗掘，但仍然保留了不少珍贵文物。出土的王建石像、玉大带、哀册、谥册、谥宝等，件件可称稀世奇珍。不过，只有王建棺床石雕，才称得上顶级的文化遗珍。

王建棺床处于陵墓中室，高 0.84 米，长 7.54 米，宽 3.35 米。棺床东、西两侧列置 12 位圆雕天将（又称力士）。据考证，这 12 位天将分别为，东侧的腾蛇、朱雀、六合、勾陈、青龙、天一，西侧的天后、太阴、玄武、太常、白虎、天空。天将均为半身雕像，身着铠甲，戴盔或束发。股以下埋于土中，面向棺床，各以手置于棺床下做抬棺动作，神态沉着刚猛，似乎将其全身力量集结到雄健的臂膀和手腕之上。

汉白玉仿制的永陵出土王建谥宝

棺床南、东、西三面一共有 24 幅浮雕，是其最璀璨的瑰宝。这是一组乐舞伎石刻，其中 2 幅为舞伎，22 幅为乐伎，分别手持不同的乐器，其中既有华夏传统的笙、筝、箫、篪、笛等，更有西域地区传入的琵琶、箜篌、觱篥、羯鼓等。其中有的乐器如竖箜篌，唐代诗文中多有描写，但是早已失传。石刻留下了乐伎弹箜篌的生动形象，再现了这一传奇乐器的形制。乐舞伎石刻组合，就是一支大型的胡、汉杂糅的混合乐舞队，它真实地再现了早已失传的中国唐代宫廷乐舞组合。这是中国音乐史上绝无仅有的实物图像，对于研究唐代音乐史和中西文化交流史所具有的价值，无论怎样估计都不过分。1979年，王建墓正式对外开放，1990年成立成都王建墓博物馆，1998年，正式更名为"成都永陵博物馆"。

为渲染和弘扬永陵蕴含的珍贵文化价值，有关部门在永陵大门外东侧修建了"永陵二十四伎乐"小广场，广场中央，是一个巨大的汉白玉仿制的永陵出土王建谥宝，按照棺床浮雕制作的二十四座乐舞伎雕像，分别高踞在一个个石台之上，分列于谥宝周围。一支唐代宫廷乐舞队，生动地再现于今日蜀都。

"永陵二十四伎乐"小广场

今日的永陵，已成为一处清幽典雅的游览胜地。一带红色宫墙，包围着静静的陵园。进入大门，方砖甬道直通陵墓。甬道两侧，陈列着石兽、石马和石翁仲。周遭松柏苍翠，林木蓊郁，冬梅秋桂，四时花繁。甬道右侧有一尊青史雕刻的翁仲，本是永陵的原物，于1973年3月在墓南偏西400米左右，地表90厘米之下发现。造像朴拙敦实，线条简练粗犷，抱笏佩剑，静静地守卫着昔日的主人。

四、香消玉殒的花蕊夫人

孟昶的花蕊夫人，青城（今四川青城县）人，姓徐（一说姓费），美而有才，诗清词丽，姿容绝世，深受孟昶宠爱。孟昶即位之时，上距前蜀王建亡国不过十年，前一位花蕊夫人的盛名仍腾播蜀人之耳。孟昶因此用王建爱妃之号来称呼自己的宠妃，亦叫花蕊夫人。后世蜀人将她与卓文君、薛涛、黄娥并称蜀中四大才女。

花容月貌的花蕊夫人，还娴于骑射。平时婉约婀娜，柔美多姿；而戎装结束，也轻捷矫健，别具韵味。孟昶眷念其姿色文采，朝暮依伴。《宫词》中有几首反映了后蜀宫中的生活情景，也折射出她自己的影子：

> 罗衫玉带最风流，斜插银篦幔裹头。
> 闲向殿前骑御马，挥鞭横过小红楼。
>
> 薄罗衫子透肌肤，夏日初长板阁虚。
> 独自凭阑无一事，水风凉处读文书。

这些诗篇，将她戎装的飒爽英姿和后宫的慵懒无聊描绘得明白如画。

相传花蕊夫人最爱牡丹花和红栀子花。牡丹在唐代盛于洛阳，此时引入蜀中。孟昶命官民人家大量种植牡丹，并宣称：洛阳牡丹甲天下，今后定要成都牡丹甲洛阳。他派人前往各地选购优良品种，在宫中开辟出了一所"牡丹苑"。孟昶与花蕊夫人常常召集百官，君臣同乐，共赏牡丹。宣华苑中的牡丹名种很多，如正晕、倒晕、重台、合欢等。还有一种檀心如墨，发出异香，五十步外亦可闻到。自古牡丹有色无香，此一品种可谓绝品仙花。因此宣华苑又被称为仙花苑。苑内的凌波殿，孟氏改名为水殿。东坡《洞仙歌》所咏的风流逸事，就发生在此处。

孟昶在位期间，注意保境安民，蜀中三四十年无战乱，人民乐业，文教兴盛，府库充盈，蜀地富庶知名海内。全盛时期的成都城，斗米三钱，家家弦管，处处歌筵，可与唐玄宗开元年间的长安城媲美。"锦江春色来天地"的三四月间，浣花溪畔珠翠绮罗与名花异卉竞相争妍，迷离五色，馥郁十里，恍若仙境。而"落叶满长安"的深秋季节，孟昶创筑的羊马城四十里城垣之上，芙蓉却开得如火如荼，灿若锦绣。传说孟昶怕风雨无情，鲜花早谢，曾下令以锦幔覆盖城上的鲜花。成都的蜀锦有所谓"锦上添花"，而此时的成都却真是"鲜花着锦"，名锦鲜花，上下辉映，把成都装扮成名副其实的锦城。

孟昶本人雅好文学，据《茅亭客话》《蜀梼杌》等书记载：每年岁末，孟昶命学士题桃符贴于寝宫门上，后世认为这就是春联的起源。孟昶亡国之前一年除夕，学士辛寅逊奉命撰联，孟昶看了不满意，索性亲自提笔撰写了一联：

> 新年纳余庆，嘉节号长春。

这就是流传至今的中国第一副春联，它的诞生是中国民俗文化史上的一段佳话，也是书香成都的又一次开创之举。

然而命运弄人。孟昶的春联，竟然一语成谶。第二年，也就是 965 年，宋灭后蜀，任命的第一位成都地方长官，叫作吕余庆。上联"新年纳余庆"，就变成了"新年迎来了吕余庆"。皇帝生日，往往被国家立为极其重要的法定节日，现在仍然有不少国家保持这样的习俗。当时，大宋皇帝赵匡胤的生日刚刚被朝廷定为"长春节"。"嘉节号长春"，那就意味着把自己当成赵匡胤的臣民，在向主子恭贺生日。第二年，宋太祖赵匡胤起两路大兵，分别从蜀道和长江伐蜀。大将王全斌率领的北路主力，仅六十六天就兵临成都城下，孟昶亡国被俘，被押解到东京，亲自给大宋皇帝祝寿去了。

花蕊夫人满怀亡国哀愁，洒泪离开宣华宫苑，伴随孟昶北上赴东京。据说，一路杜鹃声啼，凄切哀伤，花蕊夫人情不自禁地在驿馆墙上挥毫写下了半阕《采桑子》。词云：

> 初离蜀道心将碎，离恨绵绵，春日如年，马上时时闻杜鹃。

词未完篇，就被催逼上路。
后来有好事之徒续了下半阕：

> 三千宫女皆花貌，妾最婵娟。此去朝天，只恐君王宠爱偏。

虽然语涉轻佻，但这位无聊的续作者却道出了自古以来亡国后妃的宿命。大宋皇帝已经特命对花蕊夫人单独护送，加意扶持，其意不言而喻。

花蕊夫人刚到东京不久，就被赵匡胤召见。对于这位才貌双全的绝代佳人，赵匡胤早有耳闻，只是亲见后，才发觉其气韵风华远胜传闻。为验证花蕊夫人的诗才，赵匡胤命她即兴赋诗一首。神色悲凉的花蕊夫人略加思索，口占一绝：

> 君王城上竖降旗，妾在深宫那得知？
> 十四万人齐解甲，更无一个是男儿。

　　这首后世名为《奉召作》的小诗，又名《口占答宋太祖述亡国诗》，悲愤婉转，不卑不亢，表达了一个有气节的亡国之女深沉的悲哀。宋太祖有感于花蕊夫人的故国之思，封其为贵妃，宠冠后宫。而孟昶，则在入东京七天后，便一命呜呼，死因不问可知。

　　孟蜀灭亡后，宫殿多被拆毁，梁柱木材多用为木筏，运送府库物资东下。未拆之屋宇，宋官吏也不敢居住，恐有僭妄之嫌。摩诃池上昔日的繁华，变成一片荒凉。北宋著名诗人宋祁，晚年曾知成都府，有诗《览蜀宫故城作》，对蜀宫的凋零颓败有细致的描写。

> 国破江山老，人亡岸谷摧。
> 鸳飞今日瓦，鹿聚向时台。
> 故苑犹霏雪，荒池但劫灰。
> 赪遗糊处壤，阃记数残枚。
> 恨月窥林下，悲风觅陇来。
> 依城狐独速，失厦燕裴回。
> 废社才存柳，阴垣自上苔。
> 有情惟杜宇，长为故王哀。

又有《过摩诃池》：

> 十顷隋家旧凿池，池平树尽但回堤。
> 清尘满道君知否？半是当年浊水泥。

　　到了南宋，摩诃池仍然是成都的游宴胜地。陆游客居成都，有《水龙吟》记春日游摩诃池：

> 摩诃池上追游路，红绿参差春晚。韶光妍媚，海棠如醉，桃花欲

暖。挑菜初闲，禁烟将近，一城丝管。看金鞍争道，香车飞盖，争先占、新亭馆。　　惆怅年华暗换。黯销魂、雨收云散。镜奁掩月，钗梁拆凤，秦筝斜雁。身在天涯，乱山孤垒，危楼飞观。叹春来只有，杨花和恨，向东风满。

又有诗《摩诃池》，感叹古今兴亡：

> 摩诃古池苑，一过一销魂。
> 春水生新涨，烟芜没旧痕。
> 年光走车毂，人事转萍根。
> 犹有宫梁燕，衔泥入水门。

元代，摩诃池仍然是成都的游赏胜地，诗人胡祗遹有《江城子·夜饮池上》咏叹：

> 摩诃池上水风情，露零零，月华明。玉簟铢衣，清影照闲情。
> 一曲洞仙歌未阕，霜叶满，凤凰城。
> 　　醉魂轻举上青冥。冈仙扃。堕沧溟。散作秋香，无语话三生。安得青莲同把酒，挥醉墨，问枯荣。

明代兴建蜀王府，将摩诃池大半池面填平，残存部分作为王府内苑池塘。明人曹学佺有《蜀府园中看牡丹》诗："锦城佳丽蜀王宫，春日游看别苑中。水自龙池分外碧，花从鱼血染来红。"清代在蜀王府旧址上建贡院。贡院严肃堂西北隅，尚残存一片池水。民国三年（1914年），池塘被完全填平作为军队操场。古池摩诃池从此完全消失，无迹可寻。

五、摩诃池苑重现

承载着丰富文化积淀的摩诃池，其风貌本以为只能从文献中寻访和遥想嗟叹了，谁知世事难料，昔日的摩诃池居然再现于今人眼前。

2014年5月，成都市体育中心南侧的一处工地里，工人发掘出一段超过七米深的沟壑，沟壑两侧是散落的石块、砖块，还有用于堆砌城墙的红色方条石。

据考证，这条沟壑属于明代蜀王府东府及其苑囿区，石块和砖块就是当年摩诃池水岸。在发掘区中部、摩诃池东南岸清理揭露出一处唐代院落遗址，为近年来成都地区首次发现保存较完好的唐代建筑。从发掘现场看，摩诃池畔，坐落一座座院落，天井、下水道、十字小径等生活设施也出现其中。在发掘现场，还出土有瓦当、陶器、瓷器等物品。瓦当或素面，或雕刻花草吉祥图案。现场有两条用鹅卵石铺就的小径，宽约一米，弯曲延伸，一条用不同色彩的鹅卵石铺就，另一条则以不同大小、不同颜色的鹅卵石做成了花朵造型。考古分析认为，不同色彩鹅卵石铺就的出自唐代，而采用小石拼花的出自宋代，这里可能属于当时的休闲纳凉区，是摩诃池的东南边界。

2016 年，又在成都市第三人民医院综合楼工地上发现了摩诃池的西北边界，还出土了大量唐宋至明代的瓷器等生活用品，以及古代的瓦当、滴水等建筑材料，对复原古代摩诃池的方位、范围、面积、周边建筑的分布情况、使用和回填的历史面貌都有重要价值。综合历次的考古发现，推测成都市第三人民医院这个地方，基本可以断定为摩诃池的西北角，摩诃池的南界应该在今天府广场西侧，成都博物馆新址一带，摩诃池的东南界应该不超过四川大剧院；摩诃池的北界大约在今羊市街、西玉龙街一线，因为这条控制线以北的街道走向与唐宋时期成都城市的方向（北偏东 30 度左右）基本保持一致。摩诃池的西界，大约在今东城根街一线，定位理由与北界相同。摩诃池鼎盛时期的最大面积约1200 亩，正与宋人宋祁的诗句"十顷隋家旧凿池"相互印证。

摩诃池遗址重见天日，如何处理好这一处优秀的文化遗产，成为摆在成都人面前的一道重要课题。

"黄家富贵"与"徐熙野逸"

花鸟画是中国画的三大画科之一。文献记载,到六朝时期已出现不少独立形态的花鸟绘画作品,至唐代,花鸟画已独立成科,见于著录的花鸟画家有80多人。著名者如薛稷画鹤,曹霸、韩干画马,韦偃、韩滉画牛,李泓画虎,边鸾画花鸟等,并有作品传世至今。不过,花鸟画的臻于成熟,则要推迟到五代十国时期。成熟的标志,是花鸟画技法两大流派的形成。这两大流派,被后人称为"黄家富贵"和"徐熙野逸"。所谓"黄家",是指五代后蜀至宋初的黄筌、黄居寀、黄居宝父子,以他们为代表的工笔画派,一直是此后1000多年来中国花鸟画的主流。这是成都对中国翰墨艺术的重大贡献之一。

一、黄家富贵

晚唐至五代,虽然战乱频仍,军阀割据,但并未影响绘画艺术的继续发展。不仅如此,在割据的地方小朝廷中,绘画艺术甚至得到了君主特殊的爱护与扶持。后蜀广政元年(938年),蜀主孟昶在成都建立中国第一个皇家画院,主持画院的正是黄筌。

黄筌(约903—965年),字要叔,成都人,五代时前后蜀画院的宫廷画家。黄筌自幼聪慧,13岁时即师从大师刁光胤学画花鸟,兼工人物、山水、墨竹,终撷诸家之萃,脱去格律而自成一派,但最擅长的还是花鸟。17岁时即以画供奉内廷,后任翰林待诏,主持画院。任前后蜀宫廷画师40余年。历仕前蜀、后蜀,官至检校户部尚书兼御史大夫。蜀亡后入宋,任太子左赞善大夫,不久去世。

作为宫廷画家,黄筌的作品多写宫苑中的珍禽瑞鸟,奇花怪石。所画禽鸟造型准确,骨肉兼备,形象丰满,赋色浓丽,勾勒精细,画成逼肖其生。宋人沈括评价说:"诸黄画花,妙在赋色,用笔极精细,几不见墨迹,但以五彩布成,谓之'写生'。"这种技法,就是后世所谓的"工笔"。"写生"一词由此而生。据记载，孟昶广政七年（944 年），南唐送来仙鹤六只，孟昶命黄筌画于偏殿壁上。分别以唳天、警露、啄苔、舞风、梳翎、顾步六种姿态展现，再衬以白露苍苔、蓝天白云。画成，"精彩体态，更愈于生"，由于画上的仙鹤形神兼备，惟妙惟肖，常常使得那些真鹤将画中的鹤当成同伴，跑去立在画侧。孟昶惊叹有加，因此改殿名为六鹤殿。"由是蜀之豪贵，请于图轴者接迹。时谚云：'黄筌画鹤，薛稷减价。'"（宋・郭若虚《图画见闻志》）薛稷为唐代著名的画鹤高手，意为有了黄筌画鹤，薛稷的身价自然降低了。广政十六年（953 年），新建八卦殿，黄筌在殿四壁画四时花竹兔雀。当年地方进贡白鹰上殿，白鹰误以为壁上画雉为真雉，"连连擘臂，不住再三"。黄筌的神技受到孟昶的激赏，称黄筌为当世奇笔，并吩咐翰林学士欧阳炯撰写《壁画奇异记》以旌扬此事。

　　黄筌确立的工笔画法，被时人称为"黄家富贵"。所谓"富贵"，不仅在于他所画的珍禽异卉，更在于其画勾勒精细，赋色秾丽，彰显出逼人的富贵之气。这种画法在他的儿子黄居寀、黄居宝手中发扬光大。宋灭蜀，黄筌父子均入宋翰林图画院。黄筌大约在入宋的当年即去世，而他的儿子居寀、居宝却成为皇家画院的主流画家。其画派称为"黄家体制"，为北宋翰林图画院优劣取舍标准，被称为"院体"，垄断北宋官府画坛近一个世纪。两宋时期，花鸟画一直是画坛最重要的题材，南宋画院一半以上的画家画花鸟。著名的"丹青皇帝"宋徽宗本人，就有多幅花鸟画作传世。两宋时期的花鸟画，因此成为中国花鸟画发展史上一个高峰，而这个高峰的形成，首先要归功于"黄家体制"。此后的一千多年来，历代花鸟画家多受黄氏画法影响，直至今日，工笔画法仍然是花鸟画的正宗。

二、徐熙野逸

　　在黄筌的时代，中国的绘画艺术有两个中心，除了前后蜀的成都，另一个就是南唐的金陵（今江苏南京）。代表人物是一位布衣画家徐熙。

　　徐熙出身"江南名族"，生于唐僖宗年间，一生未曾仕宦，性情宁静淡泊，志节高迈，常游山林园圃，细察动植物情状，擅长画江湖间汀花、野竹、水鸟、鱼虫、蔬菜、水果。笔法质朴简练，用粗笔浓墨，草草写枝叶萼蕊，略施杂彩，给人以朴素纵逸之感，人称"落墨花"。沈括《梦溪笔谈》称其画"以墨笔为之，殊草草，略施丹粉而已，神气迥出，殊有生动之意"。

　　徐熙的画风，显然与黄筌父子大异其趣，时人将两个画派形容为"黄家富

腾蛟起凤　金声玉振——文学艺术篇

贵，徐熙野逸"。黄筌传世的作品有《写生珍禽图》，是典型的工笔花鸟画，而徐熙及南唐诸家的真迹却未能流传下来，因而对于"徐熙野逸"的作风和技法，竟无从考证。大抵而言，黄家画派是工笔，重在形似；而"徐熙野逸"类似于后世的"写意"，重在神似。

徐熙与黄筌，社会地位不同，环境与生活习惯不同，审美情趣也不同，各自形成独特而鲜明的绘画风格。后人称之为"徐黄异体"。但北宋的大部分时间，黄家画派都在画院占据绝对优势，徐熙的画风受到排斥，以致徐熙之孙徐崇嗣、徐崇矩虽然能入画院，但不得不仿效黄家画风以求生存。

"徐熙野逸"的画风，与中国士大夫的趣味更为相投，更有"书卷气"，深受后主李煜的欣赏，在南唐就受到广泛的重视，当时有"江南花鸟，始于徐家"之说。入宋，最先看重徐熙的是宋太宗赵光义，曾说过："花果之妙，吾独知有（徐）熙矣，其余不足观也。"著名书法家、大画家米芾则说："黄筌画不足收，易摹；徐熙画不可摹。"对徐熙推崇备至。撰于北宋末年的《宣和画谱》则称："黄筌神而不妙，赵昌妙而不神，神妙俱完，舍熙无矣。"北宋以后，"徐熙野逸"的画风受到越来越多的重视，后世花鸟画的所谓"没骨花卉"和写意花卉，应该就是徐熙画风的延续或发展，这种写意风格最终成为中国士大夫绘画的主流。

"黄家富贵，徐熙野逸"，代表了五代至两宋中国花鸟画的新水平、新气象。这两大流派，共同促进了中国花鸟画走向成熟。后世花鸟画纵然有新的发展，但从基本技法和风格来说，终究未能逸出黄、徐二家的绳墨之外。

只为海棠，也合来西蜀
——陆游、赵抃、范成大与成都

一、东亭、东阁、罨画池

> 东阁官梅动诗兴，还如何逊在扬州。
> 此时对雪遥相忆，送客逢春可自由？
> 幸不折来伤岁暮，若为看去乱乡愁。
> 江边一树垂垂发，朝夕催人自白头。

上面这首七律，是杜甫的一首著名的咏梅诗。杜甫避安史之乱入蜀，寓居成都城西浣花溪。友人裴迪，在蜀州刺史府中做幕僚，与他时有唱和。蜀州就是今天的成都崇州市。唐肃宗上元元年（760年）至上元二年（761年）的岁末年初，裴迪写了一首《登蜀州东亭送客逢早梅》寄给杜甫，表示思念之情。杜甫感于情意，写诗作答。

梅花开在岁末年初，正是家家团圆欢聚之时，最易引起游子的乡思。因而梅花诗多为思乡之作。杜甫此诗，婉转深致，通篇以早梅伤愁立意，领联就"忆"字感谢故人对自己的思念，颈联和尾联围绕"愁"字抒发思乡情怀。诗歌大抵以写情为第一要义，咏物诗也须物中见情。杜甫

崇州罨画池

腾蛟起凤　金声玉振——文学艺术篇

此诗正契合这一要义，历来被推为咏梅诗的上品，明代王世贞更有"古今咏梅第一"的赞誉（见仇兆鳌《杜少陵集详注》卷九引）。

诗的题目很长，叫作《和裴迪登蜀州东亭送客逢早梅相忆见寄》。其中有个地名"东亭"，是蜀州的一处名胜。中国的官僚士大夫多喜爱园林之胜，往往在官署之中营建园林，从而使中国的园林有了一个分类：衙署园林。蜀州东亭因为有杜甫此诗，遂成知名衙署园林。

宋代以前的东亭，具体景色已不得而知。入宋以后，东亭的面貌发生重大变化，这个变化，是因蜀州的地方官赵抃而起。

赵抃（1008—1084 年），字阅道，号知非子，衢州西安（今浙江衢州市柯城区）人。宋代名臣，有"铁面御史"之称，也是四川历史上的重要人物，一生五任蜀职，其中四次都在成都：第一次知江原县事，第二次益州路转运使，第三、第四次皆为知成都府事。清人窦启瑛曾经将他与此前的文翁、诸葛亮、张咏并称为四大治蜀名臣。赵抃治蜀，关心民生疾苦，常深入民间访察，注意节约民力，不用严刑峻法，而重在感化勉励。赵抃为官廉洁，已成佳话。相传其入蜀，行装简单，随身仅带一琴一鹤（另一说法还有一龟）。《宋史·赵抃传》记载，宋神宗曾对赵抃说："闻卿匹马入蜀，以一琴一鹤自随；为政简易，亦称是乎！""一琴一鹤"，从此成为比喻为官清廉的成语。据说赵抃任成都知府时，一次经过湔江，看到江水清澈，遂起誓道："吾志如此江清白，虽万类混淆其中，不少浊也。"后人因此称湔江为"清白江"（《天启新修成都府志》卷二）。20 世纪 50 年代末，为配合四川化工厂和成都钢铁厂的建设，成都市决定将金堂县和新都县部分地区划出建立新区清白江区，上报文件将"清白江"误作"青白江"，从此将错就错，而赵抃以江之一清二白明志的精神则载入史册，为后世所传诵。

赵抃第一次入蜀是担任江原知县。江原县隶属蜀州，即现在的崇州市。赵抃在任时，大兴水利，顺便引水入东亭并开凿湖池蓄水，还将开凿所得的土石在池中堆成人工岛，以作起居观游之用。宋嘉祐二年（1057 年），赵抃作了一首《蜀倅杨瑜邀罨画池》：

占胜芳菲地，标名罨画池。水光菱在鉴，岸色锦舒帷。
风碎花千动，烟团柳四垂。巧才吟不尽，精笔写徒为。
照影摇歌榭，分香上酒卮。主人邀客赏，和气与春期。

这是目前所知"罨画池"一名的最早记载。此后，苏辙族孙苏元老任江原

罨画池风光

知县，继续营建罨画池，造景更为丰富。

现在的罨画池，周遭亭阁掩映，古朴典雅，曲径通幽，花木扶疏，其中尤以梅花最为繁盛，这是因为两位大诗人的缘故。这两位大诗人，一位是写蜀州"东阁官梅"诗的杜甫，另一位，就是"何方可化身千亿，一树梅花一放翁"的陆游。因为陆游的身影，曾经在罨画池畔徘徊了一年多时间。

二、范成大与陆游

陆游与成都，有着十分特殊的关系。

陆游自乾道六年（1170年）入蜀，至淳熙五年（1178年）离蜀，计在蜀中九年。其间前后在成都住过六年，有一年多时间任蜀州（今崇州）通判兼摄（代理）蜀州知州，就居住在罨画池南岸的恰斋，罨画池也成了他的后花园，在蜀州期间，陆游写了120余首描写当地风物的诗作，其中30余首与罨画池相关，对罨画池的描写非常详致。

陆游能够在成都一待就是五六年，同范成大有直接关系。

腾蛟起凤 金声玉振——文学艺术篇

范成大（1126—1193年），字至能，号石湖居士，平江吴县（今江苏苏州）人。南宋名臣，官至参知政事（副宰相），与杨万里、陆游、尤袤合称南宋"中兴四大诗人"。其诗自成一家，平易浅显、风格清新。其诗题材广泛，尤以反映农村社会生活内容的作品成就最高。晚年所作《四时田园杂兴》为其代表作，被钱锺书评价为中国田园诗集大成者。范成大与陆游同负盛名，清代有"家剑南而户石湖"的说法，"剑南"，指陆游诗集《剑南诗稿》，"石湖"指范成大诗集《范石湖集》。

范成大担任四川制置使期间，创作了大量歌咏成都人情风物的诗文，如《三月二日北门马上》，流畅明快地刻画了当时成都的繁华景象：

　　新街如拭过鸣驺，芍药酴醾竞满头。
　　十里珠帘都卷上，少城风物似扬州。

范成大之于陆游，有如严武之于杜甫。范成大与陆游是老朋友。淳熙元年（1174年），范成大任四川制置使兼知成都府，为四川最高军政长官。到任后，如同严武表奏杜甫为工部员外郎一样，聘任陆游为制置使府参议，虽然是个闲职，而待遇优厚。陆游在成都的几年，其诗歌创作进入黄金时期，其诗受到后世高度评价的多为蜀中所作。从某种角度，可以说范成大成就了陆放翁。

三、陆游与成都名花

蜀中的生活相对安定，山水奇丽，社会繁荣富庶，空怀热忱却报国无门的陆游拥有许多闲暇，索性裘马轻狂，诗酒颓放。《宋史·陆游传》载："范成大帅蜀，（陆）游为参议官，以文字交，不拘礼法，人讥其颓放，因自号'放翁'。"他遍游成都及附近州县，有时登高望远，有时徘徊禅院。更多的时候流连于成都城内外的名胜古迹、歌楼酒肆。

杜甫的成都诗歌，有许多成都风物的描写。陆游一生最喜梅花，在成都写了很多梅花诗。成都城南十五里的合江园，原来是后蜀孟氏的故苑，园中芳华楼下的梅花最盛。每年梅花时节，官府在此宴饮赏花，花自初开，便有监官天天报告花信。花开至五分，府主就遍邀客人游宴。陆游常常陪范成大来芳华楼赏花。当时城西的青羊宫到浣花溪，是一片梅花的海洋，花盛时陆游天天来此饮酒赏梅。下面这首《梅花绝句》，就是花中放翁的真实写照：

崇州城内的陆游雕像

当年走马锦城西，曾为梅花醉似泥。
二十里中香不断，青羊宫到浣花溪。

陆游虽然喜爱梅花，但他蜀中的海棠诗却超过了梅花诗。这是因为，蜀中海棠之盛为天下之最，引发了放翁的激情。成都的海棠以城西南隅的碧鸡坊和张氏海棠园为第一。碧鸡坊有王氏亭馆，海棠尤其繁盛。此外著名的海棠去处还有燕宫、范希元园等。陆游晚年回忆成都海棠之美之盛，写过一首著名的《海棠歌》：

我初入蜀鬓未苍，南充樊亭看海棠。
当时已谓目未睹，岂知更有碧鸡坊。
碧鸡海棠天下绝，枝枝似染猩猩血。
蜀姬艳妆肯让人，花前顿觉无颜色。
扁舟东下八千里，桃李真成奴仆尔。
若使海棠根可移，扬州芍药应羞死。

风雨春残杜鹃哭，夜夜寒衾梦还蜀。
何从乞得不死方，更看千年未为足。

又有《张园海棠》，亦是咏海棠的名篇：

洛阳春信久不通，姚魏开落胡尘中。
扬州千叶昔曾见，已叹造化无余功。
西来始见海棠盛，成都第一推燕宫。
池台扫除凡木尽，天地眩转花光红。
庆云堕空不飞去，时有绛雪萦微风。
蜂蝶成团出无路，我亦狂走迷西东。
此园低树犹三丈，锦绣却在青天上。
不须更着刀尺裁，乞与齐奴开步障。

海棠花信时节，陆游每日城东城西，应接不暇，写了《花时遍游诸家园》组诗十首，其中前二首最为脍炙人口：

看花南陌复东阡，晓露初干日正妍。
走马碧鸡坊里去，市人唤作海棠颠。

为爱名花抵死狂，只愁风日损红芳。
绿章夜奏通明殿，乞借春阴护海棠。

此时的放翁，已经如癫似狂，甚至为诗圣惋惜起来："老杜不应无海棠诗，意其失传尔。"蜀中海棠如此之美，杜甫不应该没有海棠诗，想来是失传了。于是在这里又引出一件文学史上的公案：杜甫旅蜀十年，为何没有一首海棠诗？

杜甫"五载客蜀郡"（《去蜀》），在成都写了大量的田园诗，从田野风光到各种花卉燕雀，凡所际遇，无不吟咏，可是独独没有一个字涉及海棠。

最早提出这个问题的，是晚唐诗人郑谷（约851—约910年）。其诗《蜀中赏海棠》：

浓淡芳春满蜀乡，半随风雨断莺肠。
浣花溪上堪惆怅，子美无心为发扬。

自注："杜工部居西蜀，诗集中无海棠之题。"

问题一经提出，就有了各种解释。

南宋诗人杨万里的说法是："岂是少陵无句子，少陵未见欲如何？"杜甫流寓成都，比薛涛早，据说那时成都还没有海棠。唐太和四年（830年），李德裕出任西川节度使，从洛阳带来海棠树苗赠给女诗人薛涛，经悉心栽培之后，成都才开始广植海棠。照此说法，诗圣在成都时，海棠尚未移栽到蜀中。既然看不到海棠，自然也没有海棠诗。这个说法并不靠谱，前文已经涉及。然终究不失为一桩风流公案。

还有一种解释，以宋代诗人王禹偁为代表，认为杜甫母亲崔氏闺名海棠，杜甫不咏海棠，是为了避讳。这个说法，为大多数人所接受。

素来喜欢写翻案文章的苏东坡，岂能放过这个机会。他的说法最有趣。宋人陈岩肖《庚溪诗话》引宋周昭礼《清波杂志》记载这样一件逸事：

苏东坡贬官黄州（在今湖北黄冈市），经常以游戏笔墨的诗作送人。当地有位官妓名叫李琦，色艺双绝。其他官妓都因伺候筵席而得到东坡赠送的诗句词曲，而李琦因不善言辞，从不敢请东坡赠诗。后来东坡即将离开黄州，李琦鼓起勇气，于苏轼酒酣时请求赠诗。东坡遂微笑着口吟一绝：

> 东坡居士文名久，何事无言及李琦？
> 恰似西川杜工部，海棠虽好不吟诗。

诗的大意是，虽然东坡我扬名已久，但面对李琦姑娘如花似玉的美貌，看到眼里就足够了，何必再费尽心思用笔墨描摹呢。就像当年西川的杜工部看到绝艳的海棠，却不知道如何下笔吟咏，是一样的道理。东坡的解释显然是灵机一动的调侃，看到美貌的李琦，突然想到杜甫无海棠诗的问题，顺手拈来，作了一番解说。

清代的大学者赵翼也有诗谈到这个问题：

> 少陵不赋海棠红，留与他年陆放翁。
> 君看剑南诗稿上，张园吟过又燕宫。

当年杜少陵看到美丽的海棠，却止笔不写，是把这个任务留给了后人陆放翁。所以放翁才这样痴迷，吟了张园又写到燕宫。原来他是要完成双倍的使命。

蜀中海棠的盛景，同样使范成大目眩神迷，他的一首《醉落魄》词，道出了对海棠的深深迷恋。

> 马蹄尘扑。春风得意笙歌逐。款门不问谁家竹。只拣红妆，高处
> 烧银烛。　　碧鸡坊里花如屋。燕王宫下花成谷。不须悔唱关山曲。
> 只为海棠，也合来西蜀。

古往今来，海棠诗无数，最受推崇的，是苏东坡的《海棠》：

> 东风袅袅泛崇光，香雾空蒙月转廊。
> 只恐夜深花睡去，故烧高烛照红妆。

范氏词即典出东坡诗句，以及唐人孟郊的"春风得意马蹄疾，一日看尽长安花"。春风之中的范成大，也像当年狂喜的孟郊和痴迷的东坡，虽春风得意马蹄疾，一日也看不尽蓉城海棠，只好高烧银烛，夜以继昼。

梅花、海棠之外，今彭州市的天彭牡丹也颇负盛名。淳熙四年（1177 年）清明，范成大以高价购得花大径尺的天彭牡丹数百苞，用快马运到成都，花上露水未干。当晚，范成大约陆游在制

海棠照水

置府北西楼下夜宴赏花。入夜，国色天香的牡丹与烛花相映，繁丽动人。陆游感慨万端，为此写了《天彭牡丹谱》。先写到牡丹花名由来、等级及形、色等，然后由天彭牡丹联想到"牡丹王国"——洛阳，最后发出感叹：

> 嗟乎！天彭之花，要不可望洛中，而其盛已如此。使异时复两京
> （洛阳、开封），王公将相筑园第以相夸尚，予幸得与观焉。其动荡心
> 目，又宜何如也！

四、"琴鹤梅花"陆游祠

成都风物，良辰美景、先贤遗迹，使得陆游深深爱上了蜀土，"乐其风土，有终焉之志"。后来东归故乡，其诗作也"多道蜀中遨游之盛"。晚年他在山阴写的《成都书事》，生动地描写了成都城郭江河的秀丽和物产的丰饶，像对故乡一样抒发着对成都的热爱之情：

> 剑南山水尽清晖，濯锦江边天下稀。
> 烟柳不遮楼角断，风花时傍马头飞。
> 莼羹笋似稽山美，斫鲙鱼如笠泽肥。
> 客报城西有园卖，老夫白首欲忘归。

悠游岁月的陆游，心底其实从未忘怀国家的安危。一日他登上成都北门城楼，面对晚秋萧条的景象，不禁感从中来：

> 幅巾藜杖北城头，卷地西风满眼愁。
> 一点烽传散关信，两行雁带杜陵秋。
> 山河兴废供搔首，身世安危人倚楼。
> 横槊赋诗非复昔，梦魂犹绕古梁州。
> ——《秋晚登城北门》

陆游晚年所撰《老学庵笔记》，有许多关于成都古迹、民俗的见闻。这些诗文除了其文学价值，也是今天人们了解和研究那个时代成都城市面貌、人文古迹、市井风情乃至生态物种的珍贵资料。

陆游在成都的几年，正是他一生诗歌创作的黄金期，他传世的诗篇超过万首，而受到后世高度评价的多为蜀中所作。陆游的蜀中诗篇在当时便盛传海内，而他本人亦特别珍惜在蜀中的岁月，故将其全部诗集命名为《剑南诗稿》，以作纪念。

两千多年来，有无数诗人到过成都，很多人也同成都结下不解之缘。但是，成都最为珍视的客人只有两位，便是杜甫和陆游。

杜甫草堂的工部祠中，至今立有陆游和另一位宋代诗人黄庭坚的塑像，作为"诗圣"的配祀。堂前有对联云:"荒江结屋公千古,异代升堂宋两贤。"

当年赵抃开凿,陆游住过的罨画池,千百年来一直受到崇州人的珍视。明代,地方官府在罨画池畔修建了赵陆公祠,后改称"二贤祠"。祠门悬"琴鹤梅花"四字匾额,以彰显颂扬赵抃、陆游二公的情操。现改为"陆游祠"。从此之后,罨画池园林便以赵陆二人为立意,建筑与景点多用赵陆二人的典故或诗文命名。明洪武年间,在罨画池南又修建了崇庆州文庙建筑群。如今的罨画池,已经被列入全国重点文物保护单位。

罨画池陆游祠

唯美主义的"花间词"

一、《花间集》的问世

两汉以下的各个时代，文学的代表性体裁各不相同，这就是后人总结的汉赋、魏晋骈文、唐诗、宋词、元曲、明清小说。除了汉赋和唐诗之外，成都对文学体裁产生发展做出的重要贡献，就是五代前、后蜀时期对"词"的集成和传播。

词，是唐代产生并逐渐发展起来的一种文学形式。最初被称为"曲子""曲子词"。在诗高度繁荣的唐代，填词仅仅是少数文人偶尔为之的余兴，被称为"诗余"。至唐末五代，填词风气逐渐浓厚，词作为一种文学体裁，已做好准备正式登上文坛。这是中国词发展史上的一个重要时刻，它的标志就是中国第一部文人词集《花间集》的问世。

唐末五代，北方兵连祸结，而地处西南的前、后蜀则保持相对稳定，文人为避乱纷纷入蜀，填词风气也由中原带入蜀地。当时，国内填词风气最盛的地方首推后蜀，次为南唐。当时的成都，聚集了一批优秀文人，他们喜爱填词，作品之多，为天下最。

《花间集校注》书影

后蜀广政三年（940年）卫尉少卿赵崇祚在成都辑唐、五代词为《花间集》十卷，词作五百首，作者共 18 人，他们是：温庭筠、韦庄、皇甫松、和凝、孙光宪、薛昭蕴、牛峤、张泌、毛文锡、牛希济、欧阳炯、顾夐、魏承班、鹿虔扆、阎选、尹鹗、毛熙震、李珣。一千多年来，《花间集》一直被认为是中国最早的词选集。这批词人，被后人称为"花间派"。

《花间集》得名于"花间派"词人张泌的词句"还似花间见，双双对对飞"。集中作品内容多写上层贵妇美人日常生活和装饰容貌。美人素以花作比喻，写女人之美的词集称为"花间"，最贴切不过。

二、温庭筠与韦庄

《花间集》所收 18 位作者，除二人外，均与成都直接相关，其中以温庭筠、韦庄的成就最为突出。温、韦二人同时也是晚唐著名的诗人。温词浓艳华美，韦词疏淡明丽，代表了"花间词"的两种风格。

温庭筠，原名岐，字飞卿，世称"温八叉"，精通音律，诗词兼工，是晚唐诗坛的重要人物，与李商隐齐名，史称"温李"。在晚唐词家中，又与韦庄齐名，史称"温韦"。温庭筠才华横溢，《唐才子传》说他"少敏悟，天才雄赡，能走笔成万言。善鼓琴吹笛，云：'有弦即弹，有孔即吹，何必爨桐与柯亭也！'"其诗抒写个人遭际，吊古行旅之作，往往感慨深切，气韵清新。如其代表作《商山早行》：

> 晨起动征铎，客行悲故乡。
> 鸡声茅店月，人迹板桥霜。
> 槲叶落山路，枳花明驿墙。
> 因思杜陵梦，凫雁满回塘。

温庭筠是文学史上第一位大量作词，词名掩盖其诗名的作家，正是在温庭筠手中，词终于在题材、风格上与诗分道扬镳，进而分庭抗礼。他上承南北朝齐、梁宫体余风，下启花间派艳体，是民间词转为文人词的重要标志。温庭筠的词，大多写女子闺情，风格绮靡，语言工练，声律和谐，具有很高的艺术性和鲜明的特色，在词的发展史上占有极其重要的地位。名列《花间集》卷首的《菩萨蛮》，最能代表温词风格：

> 小山重叠金明灭，鬓云欲度香腮雪。懒起画蛾眉，弄妆梳洗迟。
> 照花前后镜，花面交相映。新帖绣罗襦，双双金鹧鸪。

又如《望江南》：

> 梳洗罢，独倚望江楼。过尽千帆皆不是，斜晖脉脉水悠悠。肠断白蘋洲。

赵崇祚编选的《花间集》，第一卷便是温庭筠词五十首，使他当之无愧地成为"花间鼻祖"。词这种文学形式，到了温庭筠手里才真正被人们重视起来，随后的五代十国与宋代的词人竞相为之，终于使词成为与诗并驾齐驱的文学体裁。温庭筠对词的贡献，具有里程碑式的意义。后世的李煜、欧阳修、柳永、晏几道、李清照、陆游等重要词人，都十分推崇温庭筠，并受到他的一定影响。

韦庄（约836—约910年），字端己，长安杜陵（在今陕西西安市）人，晚唐诗人、词人，中唐诗人韦应物的四世孙，在前蜀官至宰相。在蜀中，韦庄曾于成都浣花溪畔杜甫旧居重建草堂作为住所，在此地创作了大量的词。

韦庄与温庭筠同为花间派的代表性作家。温、韦词在内容上没有多大差别，多为男欢女爱、离愁别恨、流连光景。韦词偏重作者情感的抒发。如代表作之一的《菩萨蛮》：

> 人人尽说江南好，游人只合江南老。春水碧于天，画船听雨眠。垆边人似月，皓腕凝霜雪。未老莫还乡，还乡须断肠。

此词情致缠绵，意象鲜明，堪称咏"江南春色"诸多词作中罕见之佳作。风格上，韦词不像温词那样浓艳华美，而善于用清新流畅的白描笔调，表达真挚、深沉的感情。有些词还接受了民间词的影响，用直截决绝之语，或写一腔愁绪，或写一往情深。如《思帝乡》：

> 春日游，杏花吹满头。陌上谁家年少，足风流。　　妾拟将身嫁与，一生休。纵被无情弃，不能羞。

又如《女冠子》：

> 四月十七，正是去年今日。别君时：忍泪佯低面，含羞半敛眉。不知魂已断，空有梦相随。除却天边月，没人知。

王国维《人间词话》认为，韦词高于温词：

> 温飞卿之词，句秀也。韦端己之词，骨秀也。

花间词人除了温、韦之外，其他如皇甫松、牛峤、毛文锡、欧阳炯、魏承班、孙光宪、李珣、鹿虔扆等都有佳作传世。受温庭筠的影响，花间词人大都以婉约的表达手法，写女性的美貌和服饰以及她们的离愁别恨。正如"花间派"词人欧阳炯为《花间集》所作的序中所说：

> 绮筵公子，绣幌佳人，递叶叶之花笺，文抽丽锦；举纤纤之玉指，拍按香檀。不无清绝之词，用助娇娆之态。

这些词作，构图华美、刻画工细。注重文字、音韵的锤炼，从而形成了迷离幽深的美学意境。

《花间集》中也有一些"另类"的作品。除了描写男女恋情之外，还吟咏史事古迹、民俗风物、边塞往事、山水花鸟等。

如牛峤的《定西番》：

> 紫塞月明千里，金甲冷，戍楼寒，梦长安。乡思望中天阔，漏残星亦残。画角数声呜咽，雪漫漫。

该词表现塞外荒寒，征人愁苦，风格苍凉悲壮，是声情并茂的早期边塞词，陆游誉其为盛唐遗音。

又如李珣的《南乡子》，表现南国渔村的风俗人情，词风清疏质朴：

> 渔市散，渡船稀，越南云树望中微。行客待潮天欲暮，送春浦，愁听猩猩啼瘴雨。（其九）

《花间集》中还有一些咏史怀古词，咏怀的对象包括吴王夫差、西施、隋炀帝、陈后主、唐玄宗等。

孙光宪的《河传》，讽咏隋炀帝荒淫无度，虐民亡国：

> 太平天子，等闲游戏，疏河千里。柳如丝，偎倚渌波春水，长淮

风不起。　　如花殿脚三千女，争云雨，何处留人住？锦帆风，烟际红，烧空，魂迷大业中。（其一）

薛昭蕴《浣溪沙》咏西施与春秋霸业，抒发历史兴替、物是人非之叹：

　　倾国倾城恨有余，几多红泪泣姑苏，倚风凝睇雪肌肤。　　吴主山河空落日，越王宫殿半平芜，藕花菱蔓满重湖。（其七）

三、关于"花间词"的是非

以"绮罗香泽"为主要题材的"花间词"，受到后人大量的批评。特别是经历了宋代理学"存天理，去人欲"的说教，无论是"正统"儒家观点，还是20世纪五六十年代的"无产阶级文学观"，都对"花间词"持鄙薄的态度。这些词作对生活美学的充分的、细腻的展现，统统成为"正派学者"诟病的证据。由此，中国文学史上最为细腻唯美的《花间集》，成了中国文学史上最被低估的一部古典文学作品集。

这样的评价，对《花间集》是不公平的。

文学风格是多样的，有阳刚的美，也有阴柔的美，谁能够把不同的美表现到极致，谁就是最高明的作家。

南宋俞文豹《吹剑录》载：

　　东坡在玉堂日，有幕士善歌，因问："我词何如柳七？"对曰："柳郎中词，只合十七八女郎，执红牙板，歌'杨柳岸，晓风残月'。学士词，须关西大汉，铜琵琶，铁绰板，唱'大江东去'。"

这是一则著名的词话。故事的本意是赞赏东坡词的"豪放"，但同时也并未贬低柳永词的"婉约"。"慷慨悲歌"固可以傲视千古，"浅斟低唱"亦可以动人心扉。作为审美的不同侧面，本无优劣高下之分，重要的是作者能否把不同的美刻画得恰到好处。《红楼梦》里薛宝钗所说的"杜工部之沉郁，韦苏州之淡雅，温八叉之绮靡，李义山之隐僻"，也是说不同的文学风格，各有千秋，并无高下。

著名学者叶嘉莹认为,《花间集》"端己(韦庄字)用情切至,每一落笔亦自有一份劲直激切之力喷涌而出",正好说明了这个问题。

事实上,"花间词"唯美主义的追求和成就,使《花间集》被宋代大多数词家奉为正宗与圭臬,以自己的作品能上逮"花间"为最高追求。

美学大师朱光潜十分推重《花间集》,将其列为"最爱的16部古典文学作品"之一。曾说"词"类选本,第一推荐《花间集》。

昔日的偏颇正在得到纠正。《花间集》已经成为当代中国高校中文系必读书目,具有文学、史学和美学的综合价值。

在词的发展史上,《花间集》是一块里程碑,标志着词被称为"诗余"的时代即将结束,词已正式登上文坛,要分香于"诗国"了。

能攻心则反侧自消　不审势即宽严皆误
—— 文化名人与成都楹联

新年纳余庆，嘉节号长春。

上面这副对联，传说是后蜀皇帝孟昶所撰。据说，蜀未归宋之前一年岁除日，孟昶令群臣在"桃符板"上题写对句，以贺新春。群臣奉旨"填词"，一一呈上，皇上却一篇也看不上眼，遂亲自提笔，写了这副对句。后人公认，这是中国第一副对联。

以此，成都被公认为"对联故乡"。这是书香成都的一份荣耀。

明清是中国对联的兴盛时期，留传的佳作不胜枚举。作为国内一流的历史文化名城，成都保留了为数众多的古迹名胜，题写在这些风流胜迹上的楹联，与胜迹相得益彰。楹联的书写者往往是书法名家。胜迹、名联、墨宝，珠联璧合，启人心智，悦人耳目。这是名联最为引人入胜的缘故。

著名楹联总是和文化名人联系在一起的，成都历史文化遗迹众多，名联佳联更不胜枚举，为成都这座历史文化名城平添了几缕书香。

一、"攻心联" 与赵藩

成都最著名的古迹当推武侯祠和杜甫草堂。在这里留下楹联和墨宝的名人特别多。武侯祠孔明殿前的"攻心联"，堪称成都第一联：

能攻心则反侧自消，从古知兵非好战；
不审势即宽严皆误，后来治蜀要深思。

对联作者赵藩（1851—1927 年），云南剑川县人，字樾村，一字介庵，白族，学者、诗人和书法家，曾长期在四川活动，晚清时历任西阳知州，盐茶道、永宁道、按察使等官职。后参加辛亥革命、护国战争和护法运动，曾任民初国会众议员，南方军政府交通部长。赵藩在书法上造诣颇深，为清代滇中四书家之一。

上联"攻心"二字出于《三国志·马谡传》，诸葛亮常与马谡谈论用兵之道。马谡"用兵之道，攻心为上，攻城为下；心战为上，兵战为下"的观点，受到诸葛亮的激赏。事实上，诸葛亮治国和用兵的基本宗旨就是"攻心为上"，这在他"南征孟获"中体现得格外充分。下联言诸葛亮审时度势，以严峻之法成功治理蜀地，受到百姓的拥戴。全联以诸葛亮成功的用兵及治国之道，告诫后人不能盲目一味用严或用宽，应当根据当时形势来决定。

这副对联的广为人知，与毛泽东有密切关系。1972 年，广州军区政委刘兴元调任四川省委书记、成都军区政委，毛泽东在接见刘时专门要他到成都武侯祠去看这副对联，领会其中深意。此事因为上了中央文件而在当时尽人皆

成都武侯祠孔明殿前的"攻心联"

知。此后，上至政界要人，下至普通爱好者，到成都必赴武侯祠观赏。此联遂成中国名联中的名联。

二、顾复初与成都名联

武侯祠刘备墓前，还有一副值得称道的对联，署名为成都将军完颜崇实：

> 一抔土尚巍然，问他铜雀荒台，何处寻漳河疑冢；
> 三足鼎今安在，剩此石麟古道，令人想汉代官仪。

刘备陵墓至今巍然于锦官城外，而当年曹操所建大名鼎鼎的铜雀台，还有

他煞费心机修筑在漳河之畔的"疑冢"，却已无迹可寻。当年的三分割据已成如烟往事，只有墓前古道和两旁的石麟石兽，令人神往大汉的赫赫威仪。自《三国演义》行世以来，"尊刘抑曹"深入人心，以蜀汉为正统本不足奇，而联文用典贴切，意味深长，思古之幽情，令人神往。

关于这副对联的作者，有两种说法。一说系完颜崇实所撰。完颜崇实自咸丰十一年（1861年）至同治十年（1871年）任成都将军，其间还两次代理四川总督，也有些文才。最初挂出的木刻

刘备惠陵前的对联

抱柱联上，字迹也确实是崇实用汉八分书所书，说该联为崇实所撰，有一定道理。另有一说，是清末客居成都的大名士、江南才子顾复初所撰。

说到成都楹联，顾复初是一个值得大书特书的人物。

顾复初（1800—1894年，其生卒年各家考订不一），字幼耕，又字子远，号罗曼山人，长洲（属今苏州）人，拔贡出身。顾复初多才多艺，通辞章，擅对联，其书法精于汉隶，气势遒劲厚重，光绪年间被推崇为"蜀中第一书家"。咸丰初年（1852年左右），顾应四川学政何绍基之邀到成都，参与校对试卷，后捐赀为官，曾任权（代理）贡井知县。顾氏流寓蜀中四十年，其主要经历是担任四川封疆大吏的幕宾，连续三任的四川总督吴棠、丁宝桢、刘秉璋都当过顾复初的"东翁"（旧时幕宾对主人的尊称）。他的另外一位"东翁"，就是成都将军完颜崇实。为东翁代拟应酬的诗文对联，是幕宾的主要职责之一，因此有了此联为顾复初所撰的说法。

顾复初擅长对联，有口皆碑。至今有不少对联留于成都古迹，而且无一不精。在笔者看来，就文采、意韵、气度而言，此联不仅不输于"攻心联"，甚至或有过之。没有过人的才华，拟不出如此精彩的联文。因此多数人认为该联是

顾复初所撰。现在悬挂在刘备墓前的楹联，是刘孟伉先生于1957年补书，并明确说明联文为顾复初撰，完颜崇实所书。刘孟伉早年参加中国共产党，新中国成立后曾任四川省文史研究馆馆长、四川省政协文史资料研究委员会副主任，精通文史，著述甚多，说起成都掌故，如数家珍。他的说法，应该是可信的。

刘备墓前这副对联的作者问题，成为成都文化的一段公案。李劼人先生在其小说《大波》中，也借书中人物，谈了一番自己的看法：

> 范淑娟好像故意似的，把悬在殿柱上一副黑漆金字木刻抱联，朗朗地念道："一抔土，尚巍然！问他铜雀荒台，何处是漳河疑冢？三足鼎，今安在？对此石麟古道，令人想汉代官仪！……"不但念，还喊着小胖子问道："同九哥，这真是崇实撰的楹联吗？你说好不好？"
>
> "岂止我一个说好，许多大名公都作过定评的。自然不是崇实将军撰的，谁也知道是他的幕友，江南名士顾复初顾子远，又号道穆，又号潜叟代笔的。你莫光欣赏联语，你再看看这笔字，写得何等好法。"

按照书中人物林同九的说法，当时的刘备墓联，连书写也是顾复初一并代劳。

顾复初的楹联，几乎遍及成都的人文古迹、祠庙楼阁。除刘备墓联外，最有名的当数杜甫草堂中的这一副：

> 异代不同时，问如此江山，龙蜷虎卧几诗客；
> 先生亦流寓，有长留天地，月白风清一草堂。

"异代不同时"，引杜甫诗《咏怀古迹》之二"怅望千秋一洒泪，萧条异代不同时"句。诗为伤悼宋玉之作，遥相寄怀，视宋玉为异代师友。顾复初凭吊诗圣遗踪，踵继前贤，心生共鸣，寓含自况。"龙蜷虎卧"，古代以龙虎比喻英雄豪杰，此处言杜甫穷愁困顿，怀才不遇，如蛟龙之蜷局不能腾飞，猛虎之伏卧不能驰跃。作者联系杜甫的遭遇及自己的身世，发出古今同慨之叹。古往今来，茫茫天地之间，如龙虎之才俊代不乏人，然而又有几人能像杜甫这样于艰难困厄之中成为诗圣？

"有长留天地"，引自杜甫赞扬李白的诗句"诗卷长留天地间"。"月白风清"，出自苏东坡《后赤壁赋》中"月白风清，如此良夜何"，赞美草堂风光，谓杜甫诗篇与草堂必将长留世间，永为圣地。作者以自己与杜甫同为流寓之客，天涯沦落，异代同心，在景仰诗圣之余，也流露出几分自负。

综观全联，气势豪放，深沉勃郁，格调高逸而又含蓄典雅，有杜诗沉郁顿挫之风。杜甫草堂是中国文化的圣地，前来瞻仰参拜，题诗撰联者不计其数，佳作亦有不少，但在笔者看来，无一副能高过顾氏此联。

正是这个原因，今日的杜甫草堂，同时在两个地方悬挂着顾氏此联。一处在工部祠前，由前清进士、中央文史研究馆原馆员邵章书，联旁跋语为四川省文史研究馆原副馆长、蜀中耆旧向楚所题，跋文云："此联旧刻于光绪中，长洲顾复初撰书。顾氏工汉隶，老年势益遒厚，原刻久轶，今为邵章补书。乙未夏，向楚旁记。"乙未为1955年。

另一副挂在草堂大门，由郭沫若夫人、著名书法家于立群书写，郭氏旁题长跋云：

成都杜甫草堂前的顾复初联
（于立群书）

> 杜工部草堂旧有清人顾复初长联，句丽词清，格高调永，脍炙人口，翔翔艺林，曾为名祠平添史料。惜原刻木联已毁，今凭记忆嘱内子于立群同志重为书出。用自首都，寄归锦城……顾氏此联隐隐以已为工部继承者，亦可见其自负不凡也。

郭氏跋文且不论，单说于立群所书联文，字如大碗，筋骨坚韧，雄浑苍茫，与联文相得益彰，是难得一见的佳作，也是草堂最为引人瞩目的一副楹联。

一处名胜，同时悬挂两副联文相同的楹联，虽书家不同，也是极其罕见的，这足以证明顾氏此联的确非同凡响。

锦江之畔的望江楼，一百多年来一直是成都市的标志性建筑。清光绪十五年（1889年），四川总督刘秉璋倡议，蜀中士绅筹集资金在原回澜塔旧址上修建了一组园林式建筑。主楼取左思《蜀都赋》中"既丽且崇，实号成都"之句，名崇丽阁，因位于锦江之畔，成都人俗称"望江楼"。崇丽阁及附属建筑亦多楹联，其中主楼崇丽阁前的一副对联最为人称道，也出自顾复初之手：

> 引袖拂寒星，古意苍茫，看四壁云山，青来剑外；
> 停琴伫凉月，予怀浩渺，送一篙春水，绿到江南。

自汉末王粲作《登楼赋》抒发乡思，登楼往往为思乡之作。顾复初生在江南，宦游成都，最后终老他乡，莼鲈之思，无时或忘。如今月夜登楼远眺，看四面群山云雾环绕，怀乡思绪随锦水滚滚东去，不禁想起梦中的故乡，感慨系之。联文中"青来剑外""绿到江南"，可称神来之笔。

　　崇丽阁西侧的濯锦楼，悬有一副对联，也是顾复初的作品：

　　　　汉水接苍茫，看滚滚江涛，流不尽云影天光，万里朝宗东入海；
　　　　锦城通咫尺，听纷纷丝管，送来些鸟声花气，四时佳兴此登楼。

　　汉代成都的织锦户常把织好的锦放入锦江中濯洗，使锦颜色更加艳丽，濯锦江、濯锦楼因此得名。楼两层三间，呈船形，据说是蕴含女诗人薛涛在船上为密友元稹践行时的依依惜别之情。

　　顾复初还精于庭院假山营造，清朝末年的成都私家园林，若是由顾氏营造，主人便可无比自豪。李劼人小说《大波》中的人物黄澜生家花园中有一座假山，黄澜生每有拜候的生客，必要引到过厅以内的庭院，指着假山说：

　　　　这是我们江南大名士顾子远的手笔呀！你别看它只是用灌县石头堆起的，如其胸中没有丘壑的人，哪能堆得如此玲珑剔透？有人说，大抵是从苏州狮子林脱胎来的。

　　顾复初流寓蜀中四十年，最后终老蜀中，未能回到魂牵梦萦的故乡江南。晚年与新繁龙藏寺高僧雪堂交厚，因长居龙藏寺。清光绪二十年（1894年）病卒于成都，死后与亡妻范娟（号菱波女史）合葬于龙藏寺侧，墓碑上刻有他生前所作自挽联：

　　　　美人名士一抔土；
　　　　西蜀东吴万里魂。

三、草堂人日我归来

　　诗圣杜甫，千年以来一直为中国文人士大夫所崇拜。历代文化名人到此，多留下对联、画作和墨迹，杜甫草堂博物馆所藏杜甫诗意画和杜诗书法，几乎囊括了中国近现代所有大家，画家如张大千、齐白石、徐悲鸿、吴湖帆、傅抱石、刘海粟、李苦禅、潘天寿等，书法家如吴昌硕、章太炎、于右任、谢无量、沈尹默、林散之……可以列出一个长长的名单。草堂各处亭馆堂榭的楹联，副副都为名家所作所书，以下试举几例：

工部祠居中悬挂的楹联，由清代著名书法家何绍基自撰并书，是杜甫草堂现存作者自书联文中最早的一副。

> 锦水春风公占却；
> 草堂人日我归来。

"人日"，正月初七。人日游草堂，来自杜甫与好友高适的诗文唱和。杜甫流寓成都，高适也恰巧在蜀州（今崇州）刺史任上，经常资助杜甫。上元二年（761 年）正月初七，高适《人日寄杜二拾遗》寄赠杜甫，诗中有"人日题诗寄草堂，遥怜故人思故乡"的句子。几年之后，杜甫偶翻书帙，重新读到高适这首诗时，高适已经亡故，睹物伤情，杜甫遂写下《追酬故高蜀州人日见寄》一诗以寄托哀思，诗云："自蒙蜀州人日作，不意清诗久零落。今晨散帙眼忽开，迸泪幽吟事如昨……"高、杜"人日"唱和的故事从此传为佳话。人日游草堂，也成为成都岁时节令的一个风俗，从晚唐一直流传至今。

何绍基（1799—1873 年），湖南道州（今道县）人，字子贞，号东洲居士。道光十六年（1836 年）进士，咸丰初曾任四川学政。何氏精通金石书画，以书法著称于世。咸丰四年（1854 年）年初，时任四川学政的何绍基在果州（今四川南充）考核秀才，返程中作了这副对联，考虑到"人日"典故，特意安排在邛州（今邛崃）过年，一直等到初七，才赴草堂题就此联。追慕先贤，情景交融，今日读之仍令人感慨。

杜甫号称"诗圣"，其诗歌是难以逾越的高峰。因此，到草堂撰写对联的人大多不敢班门弄斧，而是选摘杜甫诗句集为对联，这是杜甫草堂楹联的一个鲜明特色。

下面是诗史堂前的一副名联：

> 诗有千秋，南来寻丞相祠堂，一样大名垂宇宙；
> 桥通万里，东去问襄阳耆旧，几人相忆在江楼。

上联用杜甫诗句"丞相祠堂何处寻""诸葛大名垂宇宙",赞扬杜甫如同诸葛亮一样名垂宇宙,流芳百世。下联用诸葛亮送费祎出使东吴:"万里之路,始于此桥。"用杜甫《忆昔》诗中"伤心不忍问耆旧,复恐初从乱离说"句,感叹杜甫与诸葛亮都是客居蜀乡,最后借用晚唐诗人杜荀鹤"几人相忆在江楼"诗句,慨叹杜甫晚年故交零落,只能空怀思念。对于杜甫漂泊湖湘,晚景凄凉给予深深的同情。

这副对联的著作权亦有不同说法。一说为清四川总督丁宝桢与其幕僚合撰。一说颇为离奇,说上联为四川学政朱肯夫所撰,但下联总是不满意,不久朱卸任离开成都,临行前将上联写给成都府学官,并留下纹银五十两征集下联。后来锦江书院有三位学生一起续成了下联。这副集体合成的楹联就镌刻在草堂的木柱上。原联因民国初年军阀驻兵草堂被毁。现在草堂这副对联,由中央文史研究馆副馆长叶恭绰先生补书,悬挂在诗史堂前。

杜甫草堂还有一副王闿运撰的楹联。

> 自许诗成风雨惊,将平生硬语愁吟,开得宋贤两派;
> 莫言地僻经过少,看今日寒泉配食,远同吴郡三高。

"自许诗成风雨惊",语出杜甫《寄李十二白二十韵》:"笔落惊风雨,诗成泣鬼神。"以杜甫比喻李白。杜甫诗对后世,尤其对宋人的影响很大。宋人学杜者很多,约有两派。一为黄庭坚、陈师道、陈与义等,人称"江西诗派",以形式为重;一为王安石、陆游、文天祥等,以内容为重。下联"莫言地僻经过少",典出杜甫《宾至》诗:"幽栖地僻经过少,老病人扶再拜难。"此处反用。寒泉、配食、祭祀之事,此处指黄庭坚、陆游被后人塑像配祀于工部祠。"三高",即江苏吴江县三祭祀的范蠡、张翰、陆龟蒙三位高士。上联赞杜诗之影响,下联言后人对杜甫之尊崇。

四、成都佛寺名联

佛寺对联,是楹联的一个特殊门类。这类楹联有一个特色,文字浅显,而含义深刻,非学养高深,有大智慧者不可得。正如禅宗的机锋,常常如当头棒喝,醍醐灌顶,启人心智,因此广为传诵。

新都宝光寺大雄宝殿前的这副对联,流传很广。

世外人，法无定法，然后知非法法也；

天下事，了犹未了，何妨以不了了之。

传说毛泽东喜爱成都三副对联，其一为武侯祠"攻心联"，其二为杜甫草堂顾复初所作"异代不同时"，其三就是宝光寺这一副。

此联上联谈一个"法"字，下联谈一个"了"字。上联涉及佛教的根本教义，下联涉及处世的根本态度。

上联大意：人活在世上，待人接物，为人处世其实并没有什么固定的法则，如果明白这一点，你就会懂得：没有固定法则其实就是最好的法则。

下联大意：天下事不如意者十常八九。烦心事了结，又似乎没有了结。既然烦恼总是无穷无尽，又何不把不了作为了结的方法呢？

顺其自然，才能得到人生的大自在。世间没有什么是规定下来必须如何的。既然如此，就不用规定的东西去框住自己。天下之事连绵不断，好像完结，又没完结，不妨不去理会。它自然就会完结或通顺下去。

所以，任其自然，一切随缘，是解决问题的最好态度。

对联的作者何元普，金堂人，号麓生，咸丰初中秀才为廪生，捐赀授户部员外郎，后入左宗棠幕下，随左西征新疆，曾任甘肃甘凉道。何元普性格狷介，独持见解，不为上司和同僚所容，乃于同治十年（1871年）辞官，居于成都城西槐树街"篁溪别墅"，常与新繁龙藏寺高僧雪堂大和尚谈禅论诗。此联撰于光绪十四年（1888年），一出即广为传诵，成为天下名联。

宝光寺还有一副名联，作者是撰武侯祠"攻心联"的赵藩。

试问世间人，有几个知道饭是米煮？

请看座上佛，亦不过认得田自心来。

上联用反问方式，提出问题，而答案自在其中。世人多知饭好吃，却不知饭是米煮。这看起来是句毫无意义的大白话，其实是一个比喻。所喻的本体，是佛家所谓"人人皆可成佛"。其精义即为："饭是米煮，佛是人做。"

下联采用示现手法，直道成佛者，不过就是明心见性而已。《六祖坛经》中有段语录："惠能启和尚，弟子自心，常生智慧，不离自性，即是福田……"也就是"福田原是心田种"的道理。

赵藩的这副对联，充分体现了其佛学上的精深造诣。近于口语，却富有禅机，虽是两句白话，却启人深思。

始建于唐代的大慈寺，是成都著名的古刹。大慈寺藏经楼前，也有顾复初所题楹联，与宝光寺联有异曲同工之妙：

> 六根皆入菩提，行亦得、坐亦得，得无所得乃为真得；
> 万善同归极乐，生不来、灭不来，来者非来是名如来。

新都区新繁镇龙藏寺，顾复初晚年在此寓居，死后亦埋骨于此。龙藏寺大门至今有顾氏所题对联：

> 立不二法门，只履西来，传衣南去；
> 住大千香界，岷山北峙，沱水东流。

五、那些不见踪迹的楹联

成都一些消失的庙宇楼阁、公馆学校，曾经悬挂的名人名联，一直为后人传诵。

成都新华大道德盛路以南，有一条马王庙街，清代建过一座供奉马王菩萨的马王庙。顾复初曾为此庙题过一副对联：

> 卜王道其昌乎，歌天马来自西极；
> 此房屋之精也，有苍龙见于东方。

风神庙，也是旧时成都供奉各路神仙的小庙之一，现在已不见踪迹，只留顾复初为小庙所撰的楹联，让人去想象风神令人敬畏的威仪，和发怒时惊天动地的景象：

> 怒者谁耶？看九天云垂，四海水立；
> 灵之来兮！有冕旒秀发，旌旆飞扬。

清末民初的成都骆公祠街，有著名藏书家严雁峰、严谷孙父子的藏书楼"贲园书库"，藏书既丰且精，被誉为蜀中"天一阁"。严雁峰曾为"贲园"撰联一副：

> 无爵自尊，不官亦贵；
> 异书满室，其富莫京。

"莫京"，"莫大"之义。这副对联，显示着严氏父子高远的精神追求。对联由国民党元老、有"当代草圣"之称的于右任书写，严氏书香，于氏墨宝，珠联璧合，令人神往。

清末成都尊经书院，是成都近代最著名的书院。书院大门曾经有大学者、大名士王闿运集《昭明文选》成句所撰的一副对联：

> 考四海而为隽；
> 纬群龙之所经。

上联出自左思《蜀都赋》，下联出自班固《幽通赋》，均收集在《昭明文选》中。大意为：尊经书院的学生，都是四海难觅的卓越人才；你们在书院的学业，就是要博古通"经"，成就将来的辉煌。这是王闿运对帐下弟子的期许。

尊经书院后来与成都锦江书院、中西学堂合并为四川通省大学堂，后更名为四川省城高等学堂，该校首任校长胡峻亦将这副对联奉为圭臬，悬挂于校内视作校训。四川省城高等学堂后来演变为四川大学。因此，这副对联亦可作四川大学的校训。

笔者以为，这副对联理当高悬于今日四川大学的大门，以训示和激励会聚川大的四海隽才，成就群龙经天之辉煌事业。

作为湖南人的王闿运，还曾经为成都湖南会馆题联：

> 少年裘马锦江游，喜整顿重来，秋稻屡丰兵气靖；
> 高会簪缨华堂敞，愿英贤继迹，甘棠留荫后人看。

上联自述两度来成都的情景，写所见战乱已平，稻谷丰收，突显一个"喜"字。下联是对在四川任职的湖南籍官员的期许。"甘棠留荫"，用周召伯勤政爱民之典，突出一个"愿"字。

维新志士，"戊戌六君子"之一的杨锐，曾经就读于成都尊经书院，是王闿运的高足。杨锐就义后，家乡绵竹为他建祠祭祀。王闿运为杨锐祠所撰一联，

书香成都 SHUXIANG CHENGDU 90

堪称佳作：

> 丹心报国死何辞，恨未血溅帝衣，明臣非罪；
> 青史垂名期不朽，果能书宗董狐，做鬼亦雄。

　　司马相如是成都人引以为自豪的大家，成都西郊的王建墓，多年来一直被成都人称为相如"抚琴台"。为纪念文豪同乡，20世纪80年代成都人修建了一条"琴台路"。路北口建有"琴台故径"牌坊，上有四川大学教授缪钺先生所撰并亲笔书写的对联：

> 乘兴上高台，看玉垒浮云，古今多变；
> 闲来泛溪水，接草堂遗迹，风雅长存。

　　上联引用杜甫诗句"玉垒浮云变古今"，感慨古今沧桑。下联赞美杜甫草堂遗迹，谓《风》《雅》精神还在草堂遗迹中熠熠闪光。联语文辞雅致，意韵幽远，是当代成都楹联中的佳作。

琴台故径牌坊对联（四川大学教授缪钺撰书）

"中国的左拉" 李劼人

一、"菱窠" 即景

成都东郊沙河堡，有一个幽雅的去处。古色古香的院门上方挂一匾额，上刻隶书"菱窠"二字，为著名书法家黄稚荃女士所题。门上挂一楹联：

> 极尽四时之所乐；
> 自成一家以立言。

显示着主人意趣之非同寻常。进得院来，有一方大约一二亩的池塘，碧绿的池水上，漂浮着三角形的菱叶，绿叶间夹杂着白色的小花。池边柳条下垂，满园翠绿。水塘右侧有游廊，廊柱上有旧主人自书的对联：

> 历劫易翻沧海水；
> 浓春难谢碧桃花。

水边黄桷树下，横卧一方汉白玉石，上刻"椽笔扬波"四个大字。庭院中央，是一座一楼一底的瓦顶木楼，小青瓦、翘屋角、白山墙、水磨石地、红漆立柱和

菱窠大门

围栏。这就是菱窠的主体建筑，李劼人先生的居所。

"椽笔扬波"，如椽大笔扬起滔天"大波"，这是对李劼人先生一生事业的贴切比喻。

李劼人（1891—1962年），四川成都人，原名李家祥，中国现代具有世界影响的文学大师，也是中国现代重要的法国文学翻译家，知名社会活动家和实业家。

故居小楼前的李劼人先生塑像（雕塑大师刘开渠作）

1911年，年仅20岁的李劼人参加四川保路同志会，并经历了辛亥革命的全过程。五四时期加入"少年中国学会成都分会"。1919年赴法勤工俭学。1924年回国，先任《川报》主编，后执教于国立成都大学，又曾创办实业。成都解放后，历任成都市副市长及四川省文联副主席、作协四川分会副主席等职。

李劼人一生的主要活动是进行文学创作，共留有五六百万字著作和译作。他的长篇历史小说"大河三部曲"即《死水微澜》《暴风雨前》《大波》，是中国文学史上的一座丰碑。这三部小说既独立成篇，又相互连贯，跳脱出中国历史小说偏重描写重大历史事件和重要历史人物的传统模式，寓政治、军事、经济的变动于社会风俗史画面的勾勒，以世情小说手法书写历史进程，展现了甲午战后至辛亥革命前后中国十多年的社会生活发展变化的画面，从而开创了一种全新的历史小说创作模式。小说在将时代风云与人物命运紧密结合的同时，为读者贡献了一批栩栩如生的人物形象，其中女性形象尤为出色，如《死水微澜》中的蔡大嫂、《暴风雨前》中的伍大嫂、《大波》中的黄太太，显示出李劼人善于塑造个性鲜明、秉性泼辣的四川女性的特长，极大地丰富了中国文学宝库的女性形象。

二、"大河三部曲"及书中的成都风物

《死水微澜》，是"大河三部曲"中最为人推崇的一部。小说描写了19、20世纪之交的成都郊区天回镇上，杂货店老板娘蔡大嫂、彪悍豪侠的袍哥"罗歪嘴"和"绅粮"顾天成之间的爱恨纠葛。小说将时代风云与人物命运紧密地结合在一起，从而使小说具有史诗的分量。小说还细腻地描写川西平原小镇和农家的民情风俗、起居服饰、地方特产等，从而增强了历史的真实性，具有浓郁的地方色彩。

而在笔者看来，《暴风雨前》才是三部曲中最有分量的一部。该书场景主要集中在半官半绅的郝达三公馆，以郝达三与其子郝又三的活动及其上流社会亲友的交往，展现了《辛丑条约》签订后至辛亥革命爆发前，清末"新政"施行时期成都社会的各种新变化，如成都的新式警察、市政改良、维新派和革命党、民间的秘密会党红灯教、新式学堂教育、留学运动。小说在描写平庸简单而又慷慨善良的官宦子弟郝又三的同时，还塑造了一系列性格鲜明的人物形象，如新派官僚葛寰中、维新人士苏星煌、革命党人尤铁民、忧郁而敏感的郝家大小姐郝香芸、贫民妇人伍大嫂等。小说对社会生活的描绘广泛而细腻，从官宦世家的复杂矛盾，到贫民窟的畸形

长篇小说《大波》
民国二十五年（1936年）中华书局初版书影

生活；从新思潮、新观念对市民意识的影响，到对成都地方风俗的描绘，反映了当时成都社会生活的各个方面。

《大波》试图以恢弘的气度再现 1910 年、1911 年四川保路运动，辛亥革命至四川独立的整个过程，可以称为四川辛亥革命的一部宏大史诗和百科全书。遗憾的是，虽然作者对《大波》用力最多，但过多的历史线索的勾勒，太少的日常生活的描绘，造成小说文字和情节流于烦琐，艺术性减弱。小说写得最生动的是总督府幕僚黄澜生精明泼辣的太太，给读者留下了深刻的印象。

对于成都来说，李劼人的小说具有特殊的意义。浙江大学教授李杰曾经指出：

> 珍贵的是李劼人为成都、为中国所保存的这份记忆，是意象形态的记忆，而不是概念性的记忆。

德国著名汉学家冯铁（中文名）说：

> 李劼人的小说具有浓厚的乡土气息……对四川的社会习俗是一种逼真的还原。

李劼人的小说，结合人物塑造和情节推进，细腻而生动地描述了川西平原村镇和成都城市的民情风俗、起居服饰、餐饮小吃、地方特产等，以及重要街道、衙门学会、公馆园林。堪称文学形式的成都"清明上河图"。这是李劼人给成都留下的最为珍贵的文化遗产。

东大街是成都自唐代以来最重要的商业街，小说《死水微澜》里，有一大段关于东大街面貌的文字：

> 东大街是成都顶富庶的街道，凡是大绸缎铺，大匹头铺，大首饰铺，大皮货铺，以及各字号，以及贩卖苏广杂货的水客，全都在东大街。所以在南北两门相距九里三分的成都城内，东大街真可称为首街。从进东门城门洞起，一段，叫下东大街，还不算好，再向西去一段，叫中东大街和上东大街，足有二里多长，那就显出它的富丽来了；所有各铺户的铺板门枋，以及檐下卷棚，全是黑漆推光；铺面哩，又高又大又深，并且整齐干净；招牌哩，全是黑漆金字，很光华，很灿烂的。因为经过几次大火灾，于是防患未然，每隔几家铺面，便高耸一

堵风火墙；而街边更有一口长方形足有三尺多高盛满清水的太平石缸。……街面也宽，据说足以并排走四乘八人大轿。街面全铺着红砂石板，并且没一块破碎了而不即更换的。两边的檐阶也宽而平坦，一入夜，凡那些就地设摊卖各种东西的，便把这地方侵占了；灯火荧荧，满街都是，一直到打二更为止。这是成都唯一的夜市，而大家到这里来，并不叫上夜市，却呼之为赶东大街。

东大街曾经的辉煌，如在眼前。

开办于1902年的四川通省大学堂（年底改称四川省城高等学堂），是成都历史上第一所现代意义的大学，是四川大学的前身。校址在原尊经书院，今已不存。李劼人曾经在四川省城高等学堂就读。他的小说《暴风雨前》，对四川省城高等学堂的建筑格局、课程、校规，都有细致的描述：

高等学堂是就尊经书院旧址改办的。地点在南门文庙西街之西石牛寺。迎面全是菜圃，一片青绿，百丈之远，即是整齐而崔巍的城墙。

大门很气派，还是原来书院大门。高等学堂的匾额是新的，而一副丈把长，朱漆黑字的木门榜，却还是第一批尊经高材生，王壬秋高足弟子之一，华阳名士，西蜀诗人，少有美人之称，曾为世妹垂青过的范于宾范二老师的手笔。字有巴斗大，气魄很是磅礴，文则是集句："考四海而为隽，纬群龙之所经。"

进门，一条丈把宽的甬道，通过二门、三门、两重敞厅，一直达到建筑颇为雄伟的尊经阁下。两畔松柏花树，都已成荫了。

青年时代的李劼人

宿舍分为东南西北四斋，以及总理所住的竹林深院，多是书院旧有的。宿舍之南，便是新建的讲堂，全是玻璃窗。中间三行砖砌的房屋，是自习室。这与尊经阁后一座砖砌的礼堂，讲堂之南一座砖砌的理化室，算是最新的洋式建筑。……

……………

摇铃上课，摇铃下课，课毕自习，无故不在监学处请准，是不得进寝室的……

入夜摇铃进寝室，不一会又摇铃点名，不惮烦的监学先生如吴翘胡子，或不免又有一番话说。

铃声又响了，灭灯，即使一点瞌睡没有，也得睡在床上，并且不准说话。……

学堂内的起居如此受束缚，而出入更不容易。只要出大门，必先到监学处请假。请准了，将名牌连同假条拿到内稽查处挂上，方能出门。并且请的几点钟，必得按时而归。逾了限，要记过，要扣分。……

三、美食"小雅"

李劼人小说的爱好者最为津津乐道的，是他对成都餐饮小吃活色生香的描绘。李劼人本人就是个美食家，对烹调有独到的心得。1930年夏，身为国立成都大学教授的他因不满军阀对教育的摧残，追随校长张澜辞职。为了维持生计，借债三百元在其住宅附近的指挥街（在今春熙路南）118号开了一家"小雅菜馆"。餐馆由著名学者吴虞命名。"小雅"菜品不多，但独特而精致，李劼人夫妇亲自掌勺，所制菜肴不加香料，不用明油，不上色彩，原汁原味、自然本色，还在报纸上刊登菜品广告。因为店主的身份和名气，加之菜肴特色鲜明，因而声名远播，食客盈门。只得四张八仙桌大小的店内，总是高朋满座。"小雅菜馆"仅开了一年，便因李劼人的儿子被绑票而关门歇业。李劼人从此不再染指餐饮行业。但是"小雅"那些风味独特的菜名却流传下来：

豆豉葱烧鲫鱼、酒煮盐鸡、干烧牛肉、蟹羹、粉蒸苕菜、厚皮菜烧猪蹄、肚丝炒绿豆芽、夹江乳腐汁蒸鸡蛋、凉拌芥末宽粉皮……

这些菜名成为蜀中美食家心中无尽的追忆。

李劼人的小说中，有大量关于成都公馆菜、家常菜和小吃的描写，常常令读者齿颊生津，神往不已。如《死水微澜》中写到的城北天回镇的甜水面和素面：

> 那甜水面是挑着担担卖的，做面就在担前两尺不到的木板上揉和面团，分张做成工艺程度很细致的甜水面。调料呢，要用正府街一家酱园铺特做的红酱油和熟油辣子，并加上麻酱花椒油伴以蒜泥；秋末冬初季节里，还要把川西特有的豌豆尖烫熟加进去，使人感觉清香诱人。

再如《大波》中，总督府幕僚黄澜生为宴请宾客，同所请厨师小王商讨虾仁做法的一段文字：

> "……今天的虾仁，用点什么佐料？——一味的清炒，也吃腻啦！"
>
> "早已想到得变个样儿啰。"小王的瘦削脸上已露出一种自负的得色，"我是这样打算的：在虾仁里揉一点南糟豆腐乳水和胡椒末，别的啥都不用，热油一爆就起锅。黄老爷，你看怎么样？"
>
> 黄澜生凝神一想，不由拿手在小王的膀膊上一拍道："还有什么说头，自然鲜美绝伦呀！……呃！呃！想得妙！想得妙！像你这样能够用心思，若是做了官，还了得。"

在这里，厨师固然高明，吃客也深得个中三昧，堪称知音互赏。如此文字，令人对"吃在成都"四字，得出更深的理解。

有人说："北京幸而有老舍，凤凰幸而有沈从文，成都幸而有李劼人。"诚哉斯言。

随着时代进程的推进，李劼人的"大河三部曲"受到世人越来越多的重视。最早给予李劼人高度评价的是郭沫若。郭沫若赞誉李劼人是"中国的左拉"，《大波》是"小说的近代《华阳国志》"。他说：

> 古人称颂杜甫的诗为"诗史"，我是想称颂劼人的小说为"小说的近代史"……上海有些朋友在悼叹"中国为什么没有伟大的作品"，我

腾蛟起凤 金声玉振——文学艺术篇

觉得这问题似乎可以消解了，似乎可以说，伟大的作品，中国已经是有了的。

　　著名学者曹聚仁对李劼人作品的价值给予了更高的评价，认为"现代中国小说家之中，李劼人的几种长篇小说，其成就还在茅盾、巴金之上"。同为中国文学巨匠的巴金曾在李劼人故居前叹道："只有他才是成都的历史家，过去的成都都活在他的笔下。"

菱窠小楼

　　李劼人故居"菱窠"是成都市唯一保存完好的、纪念近现代文化名人的省级文物保护单位。1938年，日军飞机首次轰炸成都，李劼人从城内疏散到郊外沙河堡乡间，后来在此建筑了以黄泥筑墙、麦草为顶的栖身之所，门前面临一口堰塘名"菱角堰"，因取名"菱窠"，意为菱角堰畔之窠巢。最初的"菱窠"是一座土墙草顶的房子。1959年，李劼人用稿费将菱窠翻建成一正一厢带阁楼的格局。他在此一共生活了二十多年，直至1962年去世。随着中国现代文学研究的深入和李劼人作品文学价值的不断发掘，"菱窠"已成为成都又一处文化圣地。

齐白石与成都

一、"儒将"王缵绪

齐白石的艺术人生，有两个坐标点，一为故乡湖南，一为古都北平，其间曾数次外出游历，而最远的一次，就是到远在西南的成都。

齐白石与成都的翰墨缘，最初是由成都"胡开文"笔墨店牵线搭桥。

"胡开文"是全国知名的徽州墨业老字号，1920 年，安徽桐城商人李陶泊在成都青石桥开设"徽州胡开文笔墨庄"，专门经营纸、笔、墨、砚文房四宝，1926 年迁至新建的春熙路。为了结纳文人名士及在文化界中有影响的人物，"胡开文"又为金石、书画家代收润格。随着齐白石影响的日益扩大，成都书画爱好者纷纷请求通过"胡开文"购求齐白石墨迹。经北平"胡开文"的联系沟通，齐白石同意通过成都"胡开文"为买家书字作画。齐白石与成都的翰墨之缘，开始结成。

1936 年 4 月，齐白石偕侧室胡宝珠从北平动身到汉口，溯长江而上，经丰都、重庆，到达成都，在成都居留了三个月。白石大师这次游历蜀地，与一个军人有密切关系，此人就是王缵绪。

王缵绪（1886—1960 年），川军将领，字治易，别号至园居士，四川西充人。1908 年考入四川陆军弁目学堂，成为职业军人，1926 年起先后任国民革命军第二十一军第五师师长、第二师师长、第四十四军军长等职。抗战时期先后任第二十九集团军总司令、第九战区副司令长官、重庆卫戍总司令等职，抗战初期曾被国民政府议决为四川省主席，因四川军人群起反对而未能就职。王缵绪幼年束发受教，是川军将领中少有的两位秀才之一（另一位是田颂尧），因而有"儒将"之称，喜作律诗绝句，书法习颜体，好收藏图书典籍。1923 年，王缵绪在上海与于右任先生等创办了"海上停云书画社"，是第一批成员之一，与张大千、黄宾虹、谢稚柳等书画家均有交往。20 世纪 20 年代末，王缵绪兼任国民政府财政部四川盐运使和四川盐运缉私局局长，驻守重庆，从当地盐业贸易中获取大量赀财，这就为他广收名家金石书画奠定了雄厚的物质基础。在他的家中，常年聘有门客为其鉴定、整理收藏。

20世纪30年代初，齐白石已成大名，但尚未达到如日中天的地步，而王缵绪对他的关注，却异乎寻常的热切。王缵绪对齐白石的关注，最初因为其两位门客曾默躬和姚石倩的推荐及牵线搭桥。

曾默躬出生于成都的一个中医世家，热爱金石书画，艺术造诣很高。1930年后，曾默躬为王缵绪推荐古董书画，并鉴定、整理其收藏。曾对齐白石推崇备至，多次向王缵绪赞誉齐白石："近日海内，白石大家而巨擘，但性僻年迈，浮云蔽日，他日死去殆成绝调矣。"建议王趁齐白石健在（此时齐已年过七旬），多多收藏其作品。

姚石倩，安徽桐城人，客居成都，曾于1917年北上拜于齐白石门下，学成后返回四川，长期住在王缵绪的重庆公馆之中，为其所购藏的金石书画整理编目。在姚的牵线之下，王缵绪与齐白石开始结交。王多次请求齐白石为其治印作画，还请齐白石为其所集印谱题记。王给齐白石的书画润笔也十分大方，有时竟高达千金，还曾专门赠送一名"磨墨小婢"侍奉齐白石。齐白石对此深为感动，曾将王缵绪比作礼贤下士、慧眼识珠的"韩荆州"（李白《与韩荆州书》有"生不用封万户侯，但愿一识韩荆州"之句）。二人常有书信往来，"遂为万里神交"（齐白石语）。对于王缵绪的求画索印之请，不仅有求必应，还自谦："以老眼之技，不足为报……一技岂能酬答耶？"

1931年春天，王缵绪邀请齐白石前往四川游历，但齐"因时变未往"。1932年8月前后，齐白石为王缵绪作巨幅《山水十二条屏》，这是齐白石自"衰年变法"后极为罕见的山水巨制，堪称齐白石艺术成就最高水平的代表作之一。1932年8月13日齐白石致姚石倩的信中称："昨由北平寄上四尺整纸中堂幅十又二幅（七月十九日寄行），此聊报王将军一赐千金，磨墨小婢二事。"1951年，王缵绪将此组画捐赠西南博物馆（现中国三峡博物馆）。传世的齐白石《山水十二条屏》共两套，此即其中之一。另一套为私人收藏，2017年12月17日北京保利秋拍，以人民币9.315亿元成交，创下了中国艺术品拍卖成交价最高纪录。而齐白石为王缵绪所作《山水十二条屏》，一般论者均认为较前者更优，现藏于重庆中国三峡博物馆，被视为镇馆之宝。

二、齐白石在成都

1933 年，齐白石遣三子齐子如赴成都，并将自己和侧室胡宝珠的合拓印谱赠送王缵绪，并自题云："此四本乃璜与姬人手拓，不欲赠人。今儿辈游蜀，璜无所寄赠治园将军，检此令子如代呈。"并称王缵绪为"余未曾相识之知己"。另外，齐白石为王缵绪所作的《梦中蜀景》，上题《梦游重庆》："毋忘尺素倦红鳞，一诺应酬知己恩。昨夜梦中偏识道，布衣长揖见将军。"表达了他对王缵绪知遇之情的感激，也表达了他想入蜀一游的愿望。

1936 年 4 月，齐白石偕侧室胡宝珠由北平动身前往武汉，溯江而上到重庆，陪胡氏到丰都祭扫胡母之墓，然后与先期到重庆迎接的王缵绪一起，乘车于 5 月 28 日到达成都，下榻文庙后街王缵绪府第"治园"。

民国年间，成都的私家园林有"北李南唐"之称。"北李"即著名作家巴金故居（巴金原名李尧棠），位于城北正通顺街。"南唐"原为同治年间四川提督唐友耕的府第。其后人又卖与郫县富豪，同样姓唐的唐家驹。这里一直被称为"唐家花园"。后来唐家又将这座巨宅卖给王缵绪，王缵绪字治易，因此改名为"治园"。

唐家驹之孙唐振常，著名文史学者，毕业于燕京大学，解放后供职于上海市社会科学院。他的一篇散文《忆故居》，细致地描写了当时的"唐家花园"：

> 故居是四进大院，大小房屋不下六十余间。入大门，左右两个门房。天井内各有左右门，右门内是马房，左门通花园。……后花园极大，由前花园有长长的廊道相通，前花园尽处，有围墙与后花园相隔，数株大树，矗立后园的庭院之中……园中既有戏台、假山、水池，富中国园林之胜，复有西方园林的开阔的大草地。我们一房住在这个大花园里，住房宽舒之极，活动的天地极为广阔，有山可登，有洞可入，有水可涉，花木丛中鸟语花香，自然感到快乐。

抵达成都当晚，王瓒绪即在治园设盛宴为齐白石接风。四川省政要、名流熊克武、但懋辛、邓汉祥、刘文辉、邓锡侯、余中英等近百人出席。然齐白石却以身感不适而婉拒，让主人家初次领教了齐氏"山人"的刁钻古怪。

齐白石本人倒不以为意，次日一早，就不顾舟车劳顿，作巨幅《九秋图》。

腾蛟起凤 金声玉振——文学艺术篇

该画用三张四尺宣纸相连，上面画着秋菊、残荷、丹桂、红蓼、海棠、秋兰、老来红、鸡冠花和成都名花芙蓉共九种花卉，中间用蟋蟀、蝴蝶、蜻蜓、蜜蜂等交织穿插。此画现藏于四川博物院。

在成都的三个月，齐白石游览了新都桂湖，成都武侯祠、杜甫草堂及望江楼、薛涛井等处名胜。拜访了当地文化名人如"五老七贤"中的方鹤斋（方旭）、林山腴（林思进）等人，曾到四川艺术专科学校讲学。其余绝大多数时间都在"治园"住处为人作画治印。成都报纸《新新新闻》曾对齐白石成都之行作跟踪报道，称他："清晨作画或雕刻，午后一热便休息，作画与治的印成时，便为人取去，寓所里无余留，每日必画，从未间断。""一时蜀都石贵，传为美谈。"

齐白石不喜应酬，陌生人拜访多半会尝"闭门羹"，更不愿随便赴别人的宴会。他说："我靠我一双手，养活一家大小。要我画画或是刻印，只需照润格付款就行，不必多费周折。"当时齐白石作画治印的润格多由成都"诗婢家"和"胡开文"代收，画作也由这两家店代为装裱。齐氏在蓉鬻画三月，共得润笔四千余元，其中一半多由"胡开文"收转。

齐白石的画作，诗、书、画、印俱佳。因偏爱杜甫诗，所作杜甫诗意画亦颇得杜诗神采。1954年，成都杜甫草堂博物馆向他征集杜甫诗意画时，他欣然同意并精心绘制了四条屏寄予草堂，即《枯棕》《病桔》《田舍》《水槛遣心二首》之一。笔墨老辣，线条酣畅恣肆，墨色生动。据说，为画好这四幅画，白石老人反复推敲杜甫诗意，谋篇布局，耗时九天方才完成。为构思《枯棕》，齐白石彻夜不眠。待构思成熟后，通知画友来到画室。众人静立两旁，齐白石铺好宣纸，两眼发直，一言不发，手作运笔状，只用臂腕之力，行云流水，一气呵成。画成之后白石老人挺直腰板，对众人说："我画的是枯棕，不是死棕。"这幅画浓淡得宜，画中物非生非死而有枯意。画家陈子庄曾到杜甫草堂博物馆专门欣赏白石老人这四件作品，非常尊敬地说："这几幅画，是齐白石非常好的东西。他90岁后的东西都非常好。"齐白石还曾刻过一方《梦想芙蓉路八千》的印章，有人说这是寄托他对成都的怀念之情。也有人认为这是白石老人思念故乡湖南的乡思，湖南有"芙蓉国"之称。孰是孰非，且待见仁见智。

三、齐王失和，难解之谜

令人遗憾的是，齐白石与王缵绪的友谊未能善始善终。

1936 年 8 月，齐白石离开成都返回北平。还不到一个月的 9 月 21 日，齐白石就在致弟子姚石倩的书信中，愤愤不平地写了这样一段话：

> 此次予之出成都，大有容人之失信食言，倘执吾弟代王缵绪许赠三千之函说话，缵绪骗人三千元，吾弟从中难矣，吾爱吾弟，故一掷千金，足见君子与小人也。（转引自韦昊昱《峨眉春色为谁妍——齐白石与近代四川人文》）

旧时文人之间，均以字、号相称。谈及某人直称其名，往往表现出浓厚的不满、不屑甚至敌意。此前齐白石对王缵绪一直称其字"治易"，甚或尊称其为"治园将军"。如今直呼其名，随后又直斥其为"小人"。此外，齐白石在他的《蜀游杂记》中有多处涂抹，从前后文可以推断，抹掉的文字往往与王缵绪相关。就是说，他连"王治易""治园"之类的文字，都不愿意看到了。

1941 年，齐白石游蜀后的第五年，齐白石在《蜀游杂记》末页题道："辛巳冬十月十又八日，因忆在成都时有一门客，日久忘其姓名，翻阅此日记，始愧，虚走四川一回，无诗无画，恐后人见之笑倒也，故记数字。后人知翁者，翁必有不乐之事，兴趣毫无以至此。"此处的"门客"，即指王缵绪。"不乐之事"，是指他与王缵绪之间发生的不快，乃至交恶。

发生了什么事情，让齐白石与王缵绪这对"知己"（齐白石语）交恶至此，以致多年以后仍然耿耿于怀？

按照齐白石的说法，是王缵绪曾许诺齐白石来蓉，当赠送三千元。但齐白石离蓉，王缵绪却自食其言，仅送了四百元。

王缵绪之富有，川军将领中鲜有出其右者，三千元对他来说不过区区小数。为何要自食前言，让人百思不得其解。

齐白石与王缵绪失和，曾经流行一种说法，大意如下：王缵绪自诩"儒将"，喜玩古董书画，他本人以军阀发家，有权有钱，买的古书字画又多半为赝品，养着几个食客为他鉴定书画古玩，半吊子食客与古董商勾结，使王买了不少赝品，齐白石到来，王以其藏画求其鉴定。齐即指出其真伪，赝品居多。王始愕然，后不悦，二人之间出现裂痕。以后，有人向王献策，挑出赝品，由王出面请齐白石在假画上题词。齐受此横逆，几至晕厥，以后即称病推辞。殊不知王竟向白石提出，愿出重金，仍坚持请其在假画上写几笔，并求盖章，言下大有非办到不可的意思。白石受此凌辱，坐卧不安，不久即辞别王，乘舟东下，如脱牢笼。

腾蛟起凤　金声玉振——文学艺术篇

搓之情理，这种说法让人难以信服。

首先，王缵绪的收藏多赝品之说，乃不实之词。1951 年，时任川西文物保管委员会副主任的王缵绪将毕生所藏书画文物尽数捐献给当时的西南博物院（重庆中国三峡博物馆前身）和川西博物馆（现四川博物院）。其中川西博物馆获赠字画 23 件（套）；印章 100 余枚（其中有齐白石所刻多枚）；瓷器 8 件。其余字画 300 余件（套）捐于西南博物馆，当时接受捐赠的工作人员孔叔苑、何域凡曾在"捐赠目录"中特别注明"精品字画诸多"。根据后来的专家鉴定，其中一级文物 44 件，二级文物 96 件。精品中有唐人《妙法莲花经》卷、宋拓《韩琦墓志》、宋人院画册页、元人《仙山楼阁图》扇面、冒辟疆《草书诗文》轴、徐渭《草书诗文》轴、王铎《草书诗文》轴、傅山《草书诗文》轴、蓝瑛《疏林远岫图》轴、李复堂《秋葵图》轴、罗聘《研山图》卷等历代名家书画。

其次，文中所述"半吊子食客"，未指明何人。而至今所知的为王缵绪鉴定而整理书画的门客，有曾默躬和姚石倩，都是有为有守之士，且姚石倩还是齐白石的学生，这样的人断断不会做出勾结古董商买赝品之事。至于后面所述挑出赝品请白石题字，事情暴露后王缵绪还公然以重金请白石在明明白白的赝品上题词作伪，如此下作龌龊伎俩，连江湖黑道都不屑为之。这样的场面，绝对不可能出现在齐白石和王缵绪这种身份的人之间。因此，上述说法只能是一种臆想。

齐王失和之事，后人有过各种各样的考证或猜测，篇幅所限，不再赘言，总之都不能让人信服。看来，这段公案只能留待新的证据出现，方能做出定论了。

齐白石在成都的画作（赠川军将领邓锡侯）　　　齐白石在成都的画作（赠川军将领刘湘）

青山有幸识丹青

——张大千与青城山

一、归来百事都堪慰

千百年来，蜀中画坛巨匠代不乏人。在笔者心中，最为杰出者无过号称"五百年来一大千"（徐悲鸿语）的张大千。

大千居士虽为蜀人，而一生漂泊，羁旅不定，但无论走到哪里，都始终不能忘情故乡的山山水水，而最令人神往的，是他与青城山的翰墨缘。

徐悲鸿题"五百年来一大千"

1937年抗战全面爆发后，张大千困居北平，因与前清宗室画家溥心畲交好，暂居颐和园听鹂馆。为粉饰"大东亚共荣圈"，日本军部在沦陷区积极寻找文化名人为其背书，张大千自然成为重要目标。1938年4月，日本华北方面军总司令寺内寿一大将，发起组织"中日艺术协会"，未经本人同意就将张大千和黄宾虹等人列为发起人，并在报上公布。不久，又强逼张大千担任北平艺术专科学校校长，张大千固守民族气节，拒不从命。后借日本军部准许他到上海提取所藏古画之机，化装逃离北平，从天津坐船到上海与先期到达的夫人杨宛君及子女会合。10月，张大千携家人经香港，转道桂林，到达重庆。

1938年深秋，张大千携曾庆蓉、黄凝素、杨宛君三位夫人及众子女，以及弟子数人登上灌县青城山，寓居上清宫。上清宫位于青城山巅之阳，海拔1100多米，始建于晋代，唐玄宗时又加修建，五代前蜀王衍重建，明末毁于战火。

现存殿宇建于清同治年间（1862—1874 年）。

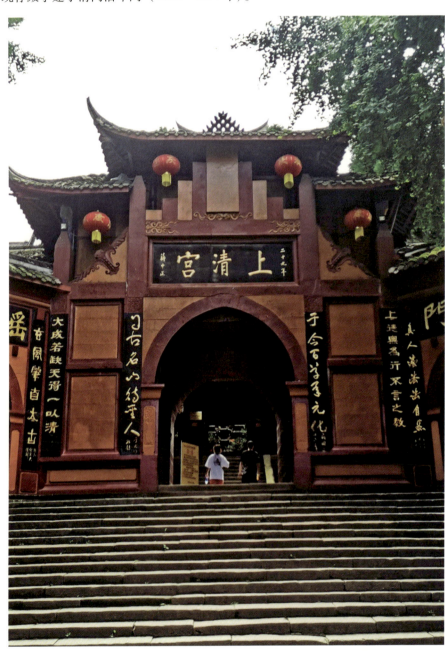

青城山上清宫

上清宫冯道长为张大千提供了极大的方便，考虑到他举家移居，而且需要清静的创作环境，专门将张氏一家安排在一所有十余间房屋的独院之中。这个院落至今保留完整，已辟为"张大千故居"供游人探访。

饱经国土沦丧之痛和颠沛流离之苦的张大千，终于得到一方可以安居的净土，不禁百感交集，写下一首《上清借居》借以抒怀：

> 自诩名山足此生，携家犹得住青城。
> 小儿捕蝶知宜画，中妇调琴与辨声。
> 食粟不谋腰足健，酿梨长令肺肝清。
> 劫来百事都堪慰，待挽天河洗甲兵。

二、看山还是故乡青

张大千在青城山，一住就是三年，为此他还自刻两方图章"青城客""上清寄居"。在此期间，他以青城山为基地，时而下山到成都探亲访友，曾南下峨眉，北上剑门，饱览胜景，为箧中增添了许多画稿。

山中岁月悠长。白日，大千或漫步山间小径；或闲坐观日亭下，远眺群峰；或与道士煮茶论道；或与山民闲话掌故。还曾率领家人、子弟，亲自在上清宫附近种植了许多红梅和绿梅，为青城山增添若许疏影暗香。入暮则挑灯作画，往往直至深夜。在青城山三年，大千创作画作千幅有余，平均每天创作一幅以上。

"幽甲天下"的青城山景色，为大千提供了丰富的创作灵感，青城山的奇峰秀谷，山涧流泉，青松翠柏，乃至八哥画眉，彩蝶蜂鸟，无不被他收入画幅。正如他在其《青城山红叶彩蝶图》上的题词：

> 青城山中蝶大如掌，绚彩伟于罗浮，而茂树蓊翳中，时有红叶，益令人思秋冬之际，霜叶满林，光艳如花，蝶梦为之栩栩也！己卯六月，（张目）寒弟折红叶为瓶供，小儿辈扑蝶多种，遂对影写此，以记一时笑乐。

这些，都使张大千这一时期的画作和诗词，呈现出清新雅丽的特点。

上清宫张大千故居

　　大千的山居岁月并不寂寞，亲友张目寒、易君左、黄君璧、熊佛西等，或时来拜访，或先后寓居上清宫，与大千一家比邻而居，为喜欢热闹的大千增添了许多快乐的时光。与此同时，他也没有忘怀灾难深重的祖国，他在上清宫创作的《长江万里图》长卷，卷首为都江堰渠首安澜索桥，卷尾是上海黄浦江景色，生动表达了对祖国壮丽山河的热爱。1940 年 8 月，他创作《铁崖苍松图》赠别青城道友彭椿仙，图上题诗云：

　　　苍岩铁削藏青葱，坚贞不受暴秦封。
　　　浩浩飒飒来天风，只恐旦夕成飞龙，骑龙顾盼君何雄！

敌忾同仇之气，充塞云间，令人动容！
　　张大千在青城山勤奋创作，有一个明确目的，就是办画展筹资赴敦煌考察。1941 年春，张大千携家人离开青城山，3 月初将近作运重庆展览。不出三天，展品全部售罄。从 1941 年 5 月至 1943 年夏，张大千携夫人杨宛君、儿子张心智及随行工作人员，在敦煌安营扎寨，对敦煌石窟的艺术宝藏进行全面的考察和临摹。
　　在敦煌的艰苦岁月中，青城风物常常浮现在大千的梦中。1941 年重阳前，茫茫大漠之中的张大千作了花鸟图一幅，名为《梦蝶》，题诗曰："广漠荒荒万里长，黄沙白草剧堪怜。从知蜂蝶寻常事，梦到青城古洞前。"又跋："辛巳夏来敦煌，忽忽四月矣。每思青城旧游，辄有梦为蝴蝶之感。"

1942年冬，张大千曾作《异鸟图》并题字曰："昔居青城，每霜叶红时，辄有异鸟翔集林间，鸣声闲婉，翅尾嫣红如燕支。询诸土著，多不识名。有老道士告予，此红衣画眉也。五代蜀王衍游青城，宫人衣服俱画云霞，飘然若仙。衍作甘州曲，述其仙状。上下山谷，衍常自歌，使宫人和之，鸟盖宫人所化也。壬午冬日，蜀郡张大千爰写于漠高山下。"

敦煌考察临摹工程完成后，张大千先后在兰州、成都、重庆等地举办了声势浩大的《张大千临摹敦煌壁画展览》。瑰丽多姿的敦煌艺术轰动全国。从此，尘封千年、默默无闻于河西大漠中的敦煌艺术宝库，广为国人所知。

1944年6月，张大千在重庆举办的临摹敦煌壁画展览结束后，旋即回到成都，重上昼思夜想的青城山，仍居上清宫。同年11月，张大千偕家人离开青城山，住成都沙河堡，从此再未回过青城山。

暌违多年，引发了张大千对青城空前的创作热情。这段时间，他创作了大幅《青城

张大千《红叶玉鸦》（作于青城山）

山十景》：《朝阳洞》《上清宫》《第一峰》《迎仙桥》《高简槽》《降魔石》《丈人峰》《大岩窝》《望坡岩》《观日亭》。此外还作了《宋人觅句图》《翠竹仕女图》《红叶小鸟图》《仕女图》《羽化登仙》《策杖高士》《红拂女》等著名画作。重上青城，张大千还为上清宫道观作《花蕊夫人像》，图上题诗云：

青城辇道尽荒烟，环佩归来夜袅然。
差胜南唐小周后，宋宫犹得祀张仙。

（一说该诗为成都"五老七贤"之一的林思进为大千所配）

花蕊夫人姓徐（一说姓费），后蜀主孟昶妃子。才貌双全，曾作《宫词》百首，为时人称许，名列"蜀中四大才女"（其余三人为卓文君、薛涛、黄娥），深得蜀主孟昶宠爱，封为贵妃，赐号花蕊夫人。后蜀为宋所灭，被俘至东京，宋太祖久闻其诗名，召其陈诗。花蕊夫人即席诵诗云：

> 君王城上竖降旗，妾在深宫那得知？
> 十四万人齐解甲，更无一个是男儿。

此诗后名为《口占答宋太祖述亡国诗》，态度不卑不亢，饱含对故国的怀念，更表现出亡国的沉痛和对误国者的痛切之责。"南唐小周后"，南唐李后主的宠妃，南唐灭后委身于宋太祖。在张大千的眼里，同是著名的才女，委身苟且的小周后是无法与花蕊夫人相提并论的。

此图经青城道士勒石立碑，现立于上清宫内。至今青城山各宫观所立张大千画作和书法的石碑还有"麻姑像""天师像""鸳鸯井""观日亭""天下第一峰""青城山上清宫"等。这些碑刻匾额，已经成为青城山珍贵的文化积淀。

三、魂牵梦萦"老人村"

20世纪50年代后，张大千游历世界。岁月推移，艺术造诣益发炉火纯青，声名如日中天，但故国之思亦无日无之，日下风物，海上群贤，江南烟雨，塞外大漠，无不让他肠萦九回，魂牵梦绕。然而，最让他无法忘情的，还是故乡的青山碧水。

在异国他乡，大千写了不少思念家国的诗句，其中倾注了一往深情的，无过于青城山："百本栽梅亦自嗟，看花堕泪倍思家。""万里故乡频入梦，挂帆何日是归年？""寰海风光笔底春，看山还是故山亲。平生结梦青城宅，蜡屐苔痕画里情！"

上清宫中的院落，宫前手植的梅花，山径青苔上的屐痕，让大千难以忘怀。

对于青城山，大千还留下了一个挥之不去的情结，这就是传说中的"青城老人村"。

"老人村"是青城山一段流传久远的传说。宋代的苏东坡、范成大，以及史学家、国学大师钱穆，都在他们的笔记中提到"老人村"。

张大千题"青城上清宫"匾额

最早提到青城"老人村"的是苏东坡。在他的《和桃源诗序》中有这样的文字：

> 蜀青城山老人村，有五世孙者。道极险远，生不识盐醯，而溪中多枸杞，根如龙蛇，饮其水，故寿。近岁道稍通，渐能致五味，而寿益衰，桃源盖此比也欤。

此文大意是：四川青城山有个老人村，据说村中长寿老人很多，很多人家都是五世同堂。去那里的道路极其危险遥远，当地居民不知道盐和醋，而且溪水旁有很多枸杞树，水中的根须虬曲如龙蛇，喝了溪水会长寿。近些年道路稍微通畅，逐渐能够接触到日常的盐醋等调味品，而寿命也逐渐减短了。

担任过四川制置使（四川最高军政长官）的南宋诗人范成大，在他的笔记《吴船录》中也提到青城"老人村"。他在文中写道：

> 今日山后老人村者耋妇子辈，闻余至此，皆扶携来观。村去此不远，但过数绳桥。俗称其村曰獠泽，余以为不雅驯，更名老宅。近来盐酪路通，寿亦减。

苏东坡的记载只表示他听说过"老人村"，而范成大的记载就明白宣示他到过"老人村"附近。"老人村"有一个称呼"獠泽"。范成大嫌太难听，改名为

"老宅"。

明太祖朱元璋第十七子朱权，曾著有《茶谱》一书，其中有"青城老人村杞泉水第一"的文字。这里的"杞泉水"，与苏东坡所记的"溪中多枸杞，根如龙蛇，饮其水，故寿"，有前后呼应的意味。

清朝初期的灌县知县马玑，有一首《灌阳十景》，"老人村"也被列入其中：

> 青城描不尽，客赏意何穷。
> 翠竹窝栖凤，寒潭卧伏龙。
> 离堆岚锁峡，洞口石生风。
> 晚渡江沙白，灵岩灯火红。
> 竹林飞夜雨，圣塔响晨钟。
> 老人村尚在，不见白头翁。

"老人村"浓烈的传奇色彩，自然会引起张大千的兴趣。1944年夏天，在青城山避暑的张大千准备下山了，但还有一桩心事未曾了却，那就是探访闻名已久的"老人村"。一天，他专门邀请数年来对他照料有加的易心莹道长前来喝茶赏画。说话间，张大千闲闲问道：听说青城山中有一处老人村，不知大师去过没有？易道长沉吟片刻后摇了摇头，对大千说："老人村"的大名他当然知道，但从未去过。青城山道路艰险，野兽出没，找到老人村机会渺茫，且有莫测的危险。还是丢开这念头为好。但是张大千下定决心，一定要了此夙愿。易道长拗不过他，只好在泰安场找到一位据说曾随父亲去过老人村的猎人为向导，张大千带着他的两位学生，配齐绑腿、麻鞋、砍刀等装备和干粮，一行四人就此出发探险。谁知几日转悠下来，风餐露宿之外，还曾迷失在山间。吃了不少苦头，最后无功而返。

"老人村"未能找到，张大千很不甘心，却不得不离开了。此后江山易代，大千漂泊在外，终生未再踏足青城。"老人村"就此成为一个心结，数十年未曾放下。

1959年，张大千以《青城老人村》为题，写了一首思乡的七绝：

> 十载投荒愿力殚，故山归计尚漫漫。
> 万里故乡频入梦，挂帆何日是归年。

张大千一度定居巴西，并修建了著名的"八德园"。大千将他对青城山的怀念和眷念倾注在"八德园"的景观设计中,"八德园"中处处体现了青城山的风景元素,其中就有青城老人村的梦想景致。

随着时间的推移,大千对青城山的思念愈发强烈,进入晚年后仍创作了大量以青城山为题材的画作。他明白此生难以再上青城山,更不要说再去寻访老人村,最后凭着对青城山的回忆和想象创作了大型国画《老人村》,了却他朝思暮想的老人村之梦。《老人村》在大千众多名作之中,并不显山露水,却凝聚了大千对青城山的无限热爱和眷念。

张大千《老人村》(作于晚年)

腾蛟起凤 金声玉振——文学艺术篇

113

就在张大千探访"老人村"不果的同一年，也许还是同一月，著名史学家、国学大师钱穆，却幸运地游历了老人村。抗战期间，钱穆应聘于成都齐鲁大学、华西大学、四川大学等高校。假期常到青城灵岩寺避暑。1944 年夏天，他在一个学生的指引下，游览了闻名已久的"老人村"，后来他在《八十忆双亲·师友杂忆》中详细记述了此事：

> 有西南联大一学生，今已忘其姓名，其家在老人村，距灌县西约二十华里，适来寺中，遇余，劝余往游。余闻老人村之名已久，欣然偕往。村沿一溪，溪之上源盛产枸杞，果熟多落水中。据云，村人因饮此溪水，故均得长寿。村中数百家，寿逾百岁者，常数十人。此村为自成都通西康雅安之要道，有一小市，常有人私携枪械过市，暂宿一两宵，遂赴西康贩卖，获大量鸦片返，复过此市，不法巨利，往返如织。村人除种田外，亦赖此生活优裕。村中山水风景极宽极幽，村民遂亦不喜外出，风俗纯朴。如某生远赴西南联大读书，乃为村中向外求学之第一人。余在老人村，借宿村边一小学内。暑假无人，独余一人居之。余偕某生尽日畅游，大为欣悦。越四五日，游览略尽，欲返灌县，生言不可。因村俗，一家设席款待，同席者必挨次设席。余初来即由某生一亲戚家招宴，因不知余即欲离去，遂于各家轮番招宴中，递有新人加入，迄今尚未逐一轮到。若遽言离去，则违背村俗，某生将负不敬之罪。恳余再留，嘱招宴者不再添请新人，俟同席者逐一轮到作一次主人，乃可离去。于是遂又留数日。临去之清晨，乃在某生家进早餐。某生之父言，先生来，即由某戚家设宴，吾儿未将村俗相告，遂致多留了先生几天，独我家未曾正式设宴，不胜歉疚之至。今此晨餐乃特为先生饯行。此餐采田中玉蜀黍作窝窝头，全摘新生未成熟之颗粒。故此窝窝头乃特别鲜嫩可口。尚忆余在北平时，颇爱此品，但从未吃过如此美味者。这一餐可算是主人家的大花费，惟有感其情厚，他无可言。(钱穆《八十忆双亲·师友杂忆》之十三"华西大学四川大学")

钱穆归来后，询问当地人，老人村之名几乎人人皆知，而实际到过老人村者，除他自己外几乎再无二人。他因此叹息道：

> 自忖余之游老人村，实如武陵渔人之游桃花源，虽千载相隔，而

情景无异也。

　　钱穆这段文字，可以说是《桃花源记》的现代版。但细细品味，却有读"齐东野语"的感觉。以其所述，村中有小学（不是传统的私塾），就应该与地方教育部门有关系。还是成都通西康雅安之要道，甚至有毒品交易的集市。地方当局就不可能不去调查。这样的地方，除了他居然无人去过，令人匪夷所思。钱穆先生是近代学术大师，他的回忆应该是可靠的，但已是耄耋老人的钱大师，偶尔有什么浪漫的诗意遐想，就不好说了。

　　那么，"老人村"到底是怎么回事，它到底在哪里呢？这里做一粗略的考证。

　　除了苏东坡、范成大和钱穆，南宋学者洪迈，以及宋以后的地理书、地方志也多提及这个神秘的村落。

　　宋人洪迈《夷坚丙志·卷四》有"青城老泽"条，开篇即说"老人村"在"青城县外八十里"，随后叙述了关寿卿等七八人造访老人村的奇遇。

　　南宋祝穆《方舆胜览》卷一亦有"老人村"和"獠泽"二条：

　　　　老人村，在大面山之北，如秦人之桃园，昔人避难居其中，多享年寿，故名。潜夫张不群因入山采药，浃旬不返，见一叟，致敬而问之，曰：吾族本丞相范贤之裔，范公知李雄之祚不永，挈吾辈居此，为终焉之计。

　　大面山即青城山。范贤是东晋十六国成汉的丞相范长生，"老人村"的人自称是他的后裔。

　　宋王象之《舆地纪胜》对"老人村"也有记载："大面山之北有老人村，人家其中，与外隔绝，子孙继世，如秦人之桃源……《图经》又云，即老泽也。在青城北百三十里，当年诸葛亮迁群獠于山下而故名。"

　　四川师范大学教授王文才主编的《青城山志》认为，所谓"诸葛迁獠"，说的是蜀汉后主延熙十三年（250年），涪陵郡豪强徐巨作乱，后主遣车骑将军邓芝讨平，遂迁当地豪强徐、蔺、谢、范等五千家于蜀郡。到了东晋，尚有后裔"千余家在（岷）江西，依青城山处士范贤自守，……后世犹称本族为范贤之后"。《青城山志》还记载："范长生……年百三十余乃卒……大面山北之老人村，传亦其遗裔也。"

　　笔者按，"獠"为多音字，一读为 lǎo，通"僚"，魏晋南北朝时期对南方少数族"蛮人"的蔑称，当时长江中游的巴郡地区（在今重庆市区域）有"廪君蛮""板楯蛮"等部族，均被称为"獠人"。上文所说的被迁徙到涪陵的徐、蔺、谢、范五千家，属于"板楯蛮"，亦为獠人。"獠""老"同音，年深日久，"獠人"被讹称为"老人"。范成大笔下的"獠泽"，与此处的"老泽"，音同而字异，就是"獠人"或曰"老人"聚居之地。同理可以推论，"老人村"，应为"獠人村"的同音异写。

既然有了"老人村"之名，类似《桃花源记》的景色和故事，以及各种各样的长寿传说，也就顺理成章地产生了。加之都江堰区域本来就是长寿之乡，这个现实中的长寿之乡，无形中又为传说中的长寿之乡"老人村"做了背书。

2004年10月15日，在首届都江堰·中国长寿文化节开幕式上，四川省人民政府正式向都江堰市授予"长寿之乡"称号。都江堰市人均预期寿命为77.1岁，比全国平均寿命71.4岁高5.7岁。都江堰市因此成为全国第一个由省级政府命名的"长寿之乡"。

"老人村"到底在哪里呢？文献记载有多个地方，今人的考证也各说不一。有人说在青城后山，有人说在青城前山。有的记载在青城北八十里，有的又在青城北百三十里。地方史专家余定夫先生则考证其在汶川的水磨镇。民国徐德先编《成都灌县青城游览指南》，也明确记载老人村在大面山的水磨沟、兴仁场附近（即今汶川水磨镇），"过索桥，山间有老人村，传范长生后裔卜居地。往古其地如秦之桃源，鸟鸣猿啼，村人多长寿。"

那么孰是孰非呢？笔者认为，既然"老人村"一名由"獠人村"音转而来，上述区域基本上就是当年"獠人"聚居之处。基于此，笔者认为，凡青城山区域，不论都江堰市，还是汶川县，各处"老人村"，都是言之有据的。这样说来，钱穆先生所到的"老人村"，可能还有一个具体的村名，因为村民为"獠人"后裔，所以又被当地人称为"老人村"了。

无人我相
见天地心

◎ 哲学宗教篇 ◎

"君平卜肆"与"支机石"

一、君平卖卜

卜卦，即占卜算卦，一种以蓍龟占筮术数推算命运或事件未来走向的神秘方术，在古代中国广泛流行。

卜卦的源头，一般认为是《易》。《易》，又称《易经》或《周易》，是儒家经典之一。其内容由六十四卦卦象及解释文字组成，是一部深奥玄妙、带有浓厚神秘色彩的著作。《易》由于深奥和神秘，受到儒家的高度推崇。儒家有所谓"六经"，即《诗经》《尚书》《仪礼》《乐经》《易》《春秋》。而《易》被奉为"六经之首"。自春秋战国以来，历代对《易》的解说、研究和阐发，形成"易学"，是一门探求宇宙万物变易规律的学问，被誉为"大道之源"，也是卜卦者必修的一门基础学问。

严君平画像

成都对于"易学"的发展做出过特殊的贡献，后世有"易学在蜀"的说法。对"易学在蜀"做出重要贡献的第一位成都学者，是严君平。

严君平（前86—10年），汉代杰出的哲学家、思想家。成都临邛（今邛崃市）人，本名庄遵，因避明帝刘庄讳而改名严遵，字君平。

古人有"大隐隐于市"之说，严君平就是此说的出处。据《汉书》记载，严君平"专精大《易》"，汉成帝时，卖卜于成都市中，替人预测吉凶祸福，无一不准，还以卦象开导众人行善。每天只接待几位顾客，得卦金百钱足以自养，便关门谢客教授弟子。因此，人们又把占卜算卦叫作"君平之术"。

严君平的弟子中出了一位高人，就是后来被称为"西道孔子"的扬雄。扬雄少时以君平为师，他称赞老师"不作苟见，不治苟得，久幽而不改其操，虽随、和无以加之"（《汉书·王贡两龚鲍传》）。

郫都区唐昌镇平乐村君平故里

据说君平晚年归隐郫县（今郫都区）唐昌镇（原新胜镇）附近的横山，死后也葬于此处。横山今名平乐山，取"君平所乐"之意。君平在此住了二十多年（一说四十多年），完成了他最重要的学术著作《老子指归》。该书着重论述认识的主体问题，对后世道家、道教思想都产生了很大的影响。东汉末年，张道陵在成都鹤鸣山创立道教，其宗教神学思想的核心内涵，便是由《老子指归》演变而来。道教兴盛之后，教徒尊严君平为"真人"，称为"严真"。因此，说起成都是道教的故乡，不仅要想起张道陵，更不能忘记严君平。还有一个传说，严君平在平乐山中写出了一条谶语："王莽伏诛，光武中兴。"时人不知所云，二十年后，一切方才应验。

"君平卖卜"在成都文化史上影响如此之大，以至传说他出生、游历、卖卜、授徒、著述之处，往往以"君平"命名。他的出生地有邛崃和彭州两种说法，如今分别叫南君平乡和北君平乡，他归隐之处的郫县有平乐山、君平墓等。不过，影响最大、传奇色彩最浓的遗迹还是在成都城中。

二、云藏海客星间石

严君平死后，他的故宅及卖卜之处一直被称为"君平卜肆"，晋代以后，这里建有"严真观"。今天的成都人民公园后面有"君平街"，街南有一条小巷叫"君平巷"，传说是当年的"君平卜肆"所在。2006年，市政当局在君平街上建了一座小游园"君平园"以资纪念。

君平园（位于成都君平街）

不过，据文献记载和学者考证，"君平卜肆"和严真观的确切位置，并不在现在的君平街或君平巷，而是在邻近宽窄巷子的支矶石街。清代建满城，此地为君平故宅和严真观所在，故命名为君平胡同。民国，君平胡同改名为支机石街。得名是因为这里有一块名为"支机石"的大石。

关于支机石的传说很多，从南北朝到明清，不绝于书。大抵是说这是天河之畔的一块神石，织女用来支她的织布机，而支机石的神秘来历，是严君平道出的。

南朝宋刘义庆《集林》："昔有一人寻河源，见妇人浣纱，以问之，曰：'此

天河也。'乃与一石而归。问严君平，云：'此支机石也。'"（《太平御览》卷八引）

在明人曹学佺文中，支机石有了一个完整的说法。曹学佺，福建侯官人，万历进士，曾任四川按察使。所著《蜀中广记》一百〇八卷。分名胜、人物、方物、风俗等十二门。征引渊博，搜罗宏富，蜀中掌故大略备具。对于书香成都来说，曹学佺也是一个不能忽略的人。

《蜀中广记》"人物记严遵"条，有这样一段记载：

> 初，博望侯张骞使大夏，穷河源，归舟中载一大石，以示君平。君平咄嗟良久曰："去年八月有客星犯牛、女，意者其君乎？此织女支机石也。"博望侯曰："然。吾穷河源至一处，见女子织锦，丈夫牵牛，吾问此何地？女子答曰：此非人间也，何以至此？因指一石曰：吾以此石寄汝舟上，汝还以问蜀人严君平，必为汝道其详。"君平曰："吾怪去年客星入牛、女，乃汝乘槎已到日月之旁矣！"

盛唐诗人岑参宦游成都，到过君平卖卜的"卜肆"，大约那个时候支机石尚未移到"卜肆"，因而没有看到。其《严君平卜肆》诗云：

> 君平曾卖卜，卜肆芜已久。
> 至今杖头钱，时时地上有。
> 不知支机石，还在人间否。

最晚从唐代开始，支机石就被供奉在严真观中。严真观毁，石仍立于原处。1958年，支机石被移往成都青羊宫隔壁的文化公园，供游客观赏。2006年，在支矶石街和同仁路交会之处新建了一个小游园，按文化公园支机石的原状复制了一个支机石，作为支矶石街的来历。

遗憾的是，目前成都的各种书籍、地图与公共标志，包括具有官方权威的《四川省成都市地名录》，甚至街名标牌都写作"支矶石"。"机"是织布机的意思。"矶"，则是指水边突出的巨岩或小山，如长江边的采石矶、燕子矶等。"支机"意思很明确，即"支撑织机"。而"支矶"，则不可解。关于这个问题，包括笔者在内的学者多次提出过。2017年新开通的成都地铁四号线"宽窄巷子站"的艺术墙上，"支矶石街"仍赫然在目，让人很是无奈。地名文化中常常发生的以讹传讹，这是一个典型例子。

无人我相　见天地心——哲学宗教篇

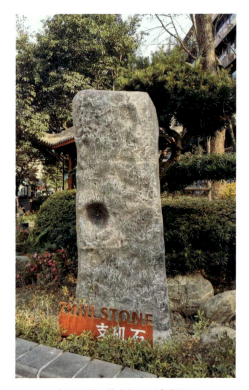

支矶石街口的支机石（复制品）

　　支机石的传说当然是神话。这块神秘的石头，其实是古代蜀人"大石文化"的遗存，成都城内外曾有过不少这样的大石，如"石笋""天涯石""地角石""五块石"等。现在大石已所剩无几。只剩下"支机石"和尚存城东的"天涯石"。21世纪初，市政部门将城西新建的一条东西向的干道分段命名为"大石东路"和"大石西路"，以此表达成都人对"大石文化"的珍视。

"西道孔子"扬雄

"南阳诸葛庐，西蜀子云亭。"

这是唐代诗人刘禹锡名篇《陋室铭》中的句子。"诸葛庐"，诸葛亮高卧隆中所居茅庐，在中国家喻户晓。"子云亭"能够与之相提并论，说明它的主人同样是中国文化史上举足轻重的人物。这个人就是扬雄。

国人素有拉名人为乡贤的风气，此风于今更甚。"南阳诸葛庐"如今有两处，一在河南南阳，一在湖北襄阳。20 世纪 80 年代，两处为争"正统"，曾打过一场轰动一时的笔墨官司，至今仍无定论。大概是因为"西蜀"这个概念比较模糊，不像"南阳"那么具体，"西蜀子云亭"就不止两处，而是四处林立。比较著名的就有成都、绵阳、犍为、剑阁等处。

扬雄（前 53—18 年），字子云，西汉蜀郡成都人，故乡在郫县（今郫都区）友爱镇。汉成帝时为侍郎。新莽时为大夫，校书天禄阁。扬雄本姓杨，特自标

郫县（今郫都区）友爱镇扬雄墓

无人我相　见天地心——哲学宗教篇

123

新立异，易姓为扬。少而好学，博览多识，在学术文化上有多方面的成就，在当时即有"西道孔子"的称誉。后世有论者认为扬雄是集汉代文化之大成者，确实不无道理。

扬雄影响最广的是文学。他酷好辞赋，尤服膺司马相如，"每作赋，常拟之以为式"（《汉书·扬雄传》）。其代表作《甘泉赋》《羽猎赋》二赋，模拟司马相如《子虚赋》《上林赋》而成。其他知名赋作还有《河东赋》《长杨赋》等。扬雄赋用辞构思华丽壮阔，与司马相如赋相类，是汉代顶峰性的文学作品，后世因此将二人并称"扬马"。扬雄还有几篇自述情怀的赋作，如《解嘲》《逐贫赋》和《酒箴》等，也很有特色，一直受到后人的喜爱和推崇。杜甫在成都所作《堂成》一诗，有"旁人错比扬雄宅，懒惰无心作《解嘲》"的句子，以扬雄自比。

对成都而言，扬雄的《蜀都赋》具有特殊意义。《蜀都赋》是我国最先以都市为题材的大赋。开启了汉晋都市赋的先声。《蜀都赋》对成都的地理、历史、风俗、物产等进行了详细的描绘，展现了成都的富饶、蜀中山水的壮美、蜀地人物的灵异。在文学成就之外，还有极高的史学价值，是认识、了解、研究汉代成都的最重要史料之一。

《蜀王本纪》是扬雄的一部重要史学著作，是后人研究古蜀历史文化最基本的材料。该书记载了古蜀历史和蜀王、李冰等名人事迹，始于"三代蜀王"蚕丛、柏灌、鱼凫，以及杜宇、开明两代王朝，迄于秦代。后世关于古蜀历史的记述，大抵本于《蜀王本纪》。

扬雄在语言文字方面也有很高成就。所撰《训纂篇》，是当时影响很大的文字训诂学著作。《輶轩使者绝代语释别国方言》，简称《方言》，全书汇集各地同义词语文字，统一诠释，是世界语言学史上第一部以活的语言为研究对象的语言学巨著。当时人就誉之为"悬诸日月，不刊之书"。

在扬雄的文化成就中，影响最为深远的还是哲学。扬雄是严君平的高足，他的哲学成就主要体现在对"易学"的研究上。扬雄最重要的哲学著作，就是仿《易》而作的《太玄》。扬雄"以为经莫大于《易》，故作《太玄》"。这是一部阐述天地人合一的哲学体系的著作，思想体系庞杂，其篇章布局仿效《易》，而主题和观察问题的出发点又不同于《易》。魏晋之际，对《太玄》的研究与《老》《庄》《易》相结合，直接推动和促进了魏晋玄学的形成和发展。在《易》学发展史上，《太玄》长期占有重要地位，以至被尊称为《太玄经》，上升到经典的地步。

扬雄还有仿《论语》而作的《法言》。全书共 13 卷，以语录体的形式，对哲学、政治、经济、伦理，以及文学、艺术、科学、军事乃至历史上的人物、事件、学派、文献等，都有所论述，内容极其广泛。后世《法言》大行于世，在某种意义上影响甚至超过《太玄》。

扬雄去世后，同时代人、著名思想家桓谭将他与道家的老子相提并论，予以高度评价，并认为他的成就将超过其他战国诸子：

> 今扬子之书文义至深，而论不诡于圣人，若使遭遇时君，更阅贤知，为所称善，则必度越诸子矣。（《汉书·扬雄传》）

后世儒家对扬雄的评价一直很高，唐代的韩愈和宋代的司马光的评论可为代表：

> 自秦焚书之后，孔子之学不绝如线，（扬）雄独起而任之，故韩愈以其与孟、荀并称。而司马光尤好（扬）雄学，且谓："孟子好《诗》、《书》，荀子好《礼》，扬子好《易》。孟文直而显，荀文富而丽，扬文简而奥。惟简而奥，故难知。"其与雄者，至矣！是《法言》者，为拟《论语》而作。（《四库全书荟要》）

后世儒家，常常将扬雄尊称为"扬子"，就像把韩愈称为"韩子"，把朱熹称为"朱子"一样。宋神宗元丰年间，朝廷颁诏，将扬雄与孟子、荀子、韩愈配享孔庙，这是对扬雄经学成就的最高层次的褒奖。

回到"西蜀子云亭"。"子云亭"其实就是"子云宅"，也就是扬雄的故居。扬雄是郫县人，郫县城西原有"子云阁"，始建年代不详，传为扬雄故里，明末清初被毁。清代在故址建岷阳书院，现为郫都区第一中学。

扬雄在成都居住过较长时间，两千多年来，其旧居屡圮屡建，故有多种说法。后世影响最大的扬雄故里，是成都城内的墨池（在今青龙街，已不存）。

秦代张仪筑成都城，取土之处形成多个巨大的水池，有龙堤池、千秋池、柳池、天井池等。晚唐以后，位于城北的龙堤池被指为扬雄的洗墨池。池畔建有"草玄堂"和"子云宅"。宋代，池北又建"准易堂"，池心筑台，台上有亭，名曰"解嘲"，均与扬雄的学术成就有关。（见何涉《墨池准易堂记》，载《全蜀艺文志·卷三十九》）此后，成都城多次兴废，而此地始终被成都作为扬雄的纪念地。宋人宋京有《扬子云洗墨池》诗云：

无人我相　见天地心——哲学宗教篇

125

君不见子云草玄西阁门，一径秋草闲朝昏。

何须笔冢高百尺，墨池黯黯今犹存。

　　清道光元年（1821年），四川学政聂铣敏在青龙街墨池旁购民房及空地，建墨池书院。至清咸丰年间，原在成都拐枣树街的芙蓉书院也迁至墨池之西。清末废书院兴学堂，光绪三十一年（1905年）成都士绅龚潘侯等筹议，将芙蓉书院和墨池书院改建为成都县立高等小学堂。1907年，成都县立高等小学堂改为成都县中学堂。1931年，改名成都县立中学校，1940—1950年间，由于抗战多次迁址。1946年抗战结束迁青龙街，之后两校合并，1952年改名为成都市第七中学，1954年迁至新南门外新校址（今成都七中林荫校区）。由教会学校"华西协合中学"更名的"成都第十三中学"则迁入校园。园中的墨池则日渐缩小，最后被填平，昔日弦歌不辍的校园矗立起入云的商厦。当年的风流遗迹荡然无存，只有《太玄》《法言》的书香不绝如缕，长久地沁润着成都人的心田。

张道陵　张鲁　范长生　杜光庭
——道教与成都

一、"天师"张道陵

道教是中国唯一的本土宗教，而道教的发源地便是成都，这是成都对中国文化的又一重大贡献。

东汉顺帝时期，沛国丰邑（在今江苏丰县）人张陵（一名张道陵）来到蜀中，学道于鹄鸣山（今大邑县鹤鸣山）中，造作道书。之后又游历名山修炼道术。晚年回到成都，在道家学说、原始巫术和地方文化的基础上，创立了道教。张陵创立的道教组织称为"正一道"，又称"正一盟威之道"。由于张陵自称道教"天师"，世人又称之为"天师道"。张陵规定，凡入教者，交五斗米，参加其活动，即可受到正一道组织的保护。因此早期的道教又称"五斗米道"。

天师道创立后，当地民众纷纷拜师学道。为了便于管理，张陵把弟子们按

成都鹤鸣山"道源圣城"

照地区分为二十四治，"治"相当于天师道的教区组织，是管理道众的宗教行政机构，犹如世俗的官府，组织比较严密，教主与教民的关系，实际上是统治者与被统治者的关系，形成一种超乎国家行政组织之外的统治力量。二十四治中，成都占据重要地位。今成都市境内共有阳平治、鹤鸣治、漓沅治、葛贵治、玉局治、主簿治等十个治。其中以阳平、鹿堂、鹤鸣三治在二十四治中规模最大。由此可见，成都是道教初期最重要的活动区域，是道教的中心。

传说张陵活了123岁。他"羽化登仙"之后，其子张衡、孙张鲁相继为五斗米道首领，奉行其道。其中，张鲁的所作所为在历史上留下了重大影响。

二、张鲁：一个真实的"乌托邦"

张鲁的活动时期在东汉末年。作为拥有众多教众的首领，张鲁受到巴蜀地区最高行政长官益州牧刘焉的笼络。传说，张鲁的母亲养颜有术，颇有姿色，又会一些巫术，与刘焉关系密切，张鲁因此更得刘焉的信任。

鹤鸣山天师殿

汉献帝初平二年（191年），刘焉任命张鲁为督义司马，与别部司马张修带兵同击汉中太守苏固。张修杀苏固后，张鲁又杀张修，夺其部众。在刘焉授意下，杀害朝廷使者，并截断斜谷道，断绝关中通往巴蜀的交通，从而为企图割据益州的刘焉抢占了战略要地汉中。

汉献帝兴平元年（194年），刘焉死，其子刘璋代立。刘璋以张鲁不顺从他的调遣为由，尽杀张鲁之母及其家室。又遣其将庞羲等人攻张鲁，但多次被张鲁击败。张鲁的部曲多在巴地，刘璋于是以庞羲为巴郡太守。张鲁袭取巴郡，开始了对汉中、巴郡地区长达二十余年的割据。曹操的许都政权因为鞭长莫及，也顺水推舟，拜张鲁为镇夷中郎将，兼摄汉宁太守。

张鲁在汉中，对五斗米道的道规进行了改良，加以推广。张鲁本人不称太守，而称"师君"，集教权和政权于一身。初入道者，称"鬼卒"；德高望重者，号称"祭酒"，各领部众；领众多者为"治头大祭酒"。不设各级地方长官，以祭酒管理地方政务。以五斗米的教法管理民众，教民诚信不欺诈，令病人自首其过；对犯法者宽宥三次，如果再犯，才加惩处；若为小过，则当修道路百步以赎罪。又依照《月令》，春夏两季万物生长之时禁止屠杀，又禁酤酒。还创立义舍，置义米肉于内，免费供行路人量腹取食，并宣称，取物过多，将得罪鬼神而患病。这种以自我反省为主、重在教化的管理模式，不但使张鲁深得当地老百姓的拥戴，还得到巴郡少数民族首领的支持。张鲁割据汉中二十多年，把汉中地区建设成为全国独一无二的、以五斗米道组织为核心的政教合一的政治实体。也使汉中地区在兵连祸结的当时，成了饱受战乱之苦的外地民众向往的世外桃源。

汉献帝建安十九年（214年）夏，刘备攻克成都，尽得西川之地。曹操见刘备已取得益州，而汉中是益州门户，必为刘备所攻，于是在建安二十年（215年）三月率十万大军亲征汉中。七月，曹操大军进至阳平关（今陕西勉县西北）。张鲁听说阳平关失守，逃往巴中，行前，众人劝其烧毁府库，张鲁认为这是国家公物，不从。曹操进军南郑，尽得张鲁府库财货。十一月，张鲁出降曹操。曹操拜其为镇南将军，封阆中侯。汉中遂为曹操所有。两年后，曹操在与刘备争夺汉中的战争中失败，撤退时迁走了汉中百姓十万至关中，五斗米道也随之传入关中及中原地区。

至东晋时，五斗米道取得了很大的发展。不仅在下层群众中传播，还传入"上流社会"，当时全国最著名的豪门士族如琅琊王氏、陈郡谢氏等，都有大批成员信奉天师道。据史学大师陈寅恪先生考证，号称"书圣"的王羲之，也是一位道教信徒。产生于成都的道教，此时已经从巴蜀一隅发展成全国性的大教派。

三、"蜀中八仙"范长生

道教讲求神仙，崇奉的神灵数不胜数，历代名人有不少被各种道教典籍按照不同的组合"列入仙班"。"蜀中八仙"就是其中的一个组合。

"蜀中八仙"的说法最早见于西晋谯秀的《蜀记》:"容成公,李耳,董仲舒,张道陵,严君平,李八百,范长生,尔朱先生。"这八位神仙,有的是真实的历史人物,有的是传说中的仙人。李耳即老子,被道教尊为始祖。严君平,被道教尊为真人。张道陵是创教的"天师"。这里要说的范长生,生前就被蜀人尊称为"范神仙",是道教发展历史上,成都所出的另外一个重要人物。

范长生(? —318年),一名延久,又名重久,或名文(一作支),字元,世称蜀才,涪陵丹心(今重庆黔江)人。蜀汉后主延熙十一年(248年),涪陵豪族徐巨造反,车骑将军邓芝率军讨平,将涪陵豪族徐、蔺、谢、范等五千余户迁往成都附近地区,范长生的家族也在移民之中,长期居住在"江西",即今岷江正流金马河以西的都江堰-青城山一带。这一区域是天师道的"青城治",范长生的家族和部曲也加入了天师道。

西晋末年,"八王之乱"爆发,中原地区大乱,秦雍六郡流民入蜀,地方大乱,范长生"率千余家依青城山"自保。青城山是早期道教的一个治所,范长生居住于此,修道养志,"民奉之如神"。当时,流民领袖李特、李雄等人及其部下大都是五斗米道的信徒,他们正是得到范长生资助的军粮,才在成都立稳脚跟,并在与西晋官兵的战争中取得胜利。后来李雄在成都称帝,建立"成汉"政权,拜范长生为丞相,尊称"范贤",加号"四时八节天地太师"。范长生以"国师"的身份传播道教,信徒大增,道教遂成为成汉的"国教"。在中国历史上,以道教为"国教"的政权,"成汉"是第一个。这是成都文化的又一个全国第一。

范长生辅佐李雄,按照道教"无为"的理念治理国家,轻徭薄赋,刑法简约。当时的"成汉"境内"事少役稀,民多富实,乃至闾门不闭,路无拾遗"(《华阳国志·李特雄期寿势志》)。在天下大乱的当时,成都人依然享受着安宁的生活。

晋元帝大兴元年(318年)四月,范长生"仙逝"于成都。范长生死后,李雄拜其子范贲为丞相。晋穆帝永和三年(347年),成汉被东晋大将桓温所灭,成汉将领邓定、隗文等人推范贲为帝,抗拒晋军。史称范贲"以妖异惑众",其实就是以道教的教规驾驭部下,蜀地归附者众多。永和五年(349年),东晋益州刺史周抚、龙骧将军朱焘攻击范贲,范贲被杀,益州地区归于东晋。

范长生是个传奇色彩十分浓厚的人物,后世关于他的传说很多。宋代《方舆胜览》记载:"先主(蜀汉昭烈帝刘备)征之不起,就封为逍遥公。"说刘备入川,十分仰慕范长生,请他出山为朝廷出力,范长生拒不出山,刘备无奈之

青城山山门

下只好给他一个"逍遥公"的封号。又说"刘禅易其宅为长生观"。这些说法都经不起推敲。刘备入川并攻下成都是公元211—214年前后的事，而范氏从涪陵移民到成都是公元248年的事。此时范氏不仅未到成都，甚至还没有来到人世。按照《华阳国志》和《资治通鉴》的说法，范长生死于公元318年，年近百岁。即使他活了整整一百岁，他的出生也在公元218年。刘备入蜀的时候，他还是个幼童。

范长生的博学多才，确是事实。《资治通鉴》云："长生博学多艺能，年近百岁，蜀人奉之如神。"尤精书法。其笔触豪放，饱满大方，与慕容倍、王猛齐名，著有《道德经注》《周易注》（见李鼎祚《周易集解》）。旧时青城山有"长生宫"，尊崇他为"长生大帝"。宋代诗人陆游曾到青城山游览，有诗句云："碧天万里月正中，清夜珥节长生宫。"范长生故里黔江县城，也曾建有范公祠，直到1990年扩建新城才被拆迁。

对于道教而言，鹤鸣山和青城山都是"圣地"，但其意义有所不同。张道陵创立道教于鹤鸣山，因此后人称鹤鸣山是道教的"发源地"。而青城山作为五斗米道传道的中心区域，经过范长生的长期经营，在道教中的地位迅速提高，成为中国最著名的道教名山之一。这个中心地位，一直持续到今天，因此人们又将青城山称为道教的"发祥地"。

道教的发源地和发祥地都在成都，成都可以当之无愧地称作道教的"圣地"。

四、"广成先生"杜光庭

道教产生和发展，总是和成都有着难解难分的缘分。唐末五代时，道教在成都迎来了一次重要的发展。这次发展与一个人物有着密切关系，此人就是被称为"广成先生"的杜光庭。

杜光庭（850—933年），字宾圣，一作圣宾，号东瀛子，处州缙云（今属浙江省）人。幼而聪慧，勤奋好学，博览群书，后参加科举不第，感慨古今沉浮，遂至天台山学道，成名后被唐僖宗召为内供奉。黄巢军攻陷长安，随唐僖宗入蜀避乱。僖宗返回长安时，杜光庭辞去官职，留在了成都。

前蜀皇帝王建崇尚道教，十分欣赏杜光庭的才华，拜其为左谏议大夫，封蔡国公，进号"广成先生"，经常向他咨询军国大事，人称"山中宰相"。后主王衍立，亲受道箓，封杜光庭为传真天师、崇真馆大学士。不久辞去官职，隐居青城山。

杜光庭隐居青城山数十年，潜心研究道学，对道教的哲学理论、思想源流、修道方法、斋醮科仪、神仙信仰等做过系统而全面的总结性研究，卓有建树，堪称这一时期道教学说的集大成者。他在青城山撰写了《道德真经广圣义》《太上老君说常清净经注》等大量道书，存世著作多达三十部二百五十多卷，并搜

青城山建福宫

集整理因战乱散佚的道经，编成《三洞藏》。还对道教斋醮仪礼和音乐进行整理规范，以更好配合道场静坛与行坛的法事活动。著名的道教音乐《广成韵》，就是杜光庭创作的道教音乐韵曲。

隐居青城山期间，杜光庭还利用自己的影响积极从事道教宫观的建设与修缮。他看到青城山道观大多颓毁，便利用自己的地位和影响，先后修复了丈人、常道、威仪、洞天等道观，使青城山重新繁荣。

933 年，八十四岁的杜光庭于青城山"羽化登仙"，葬于清都观。他死后不久，青城山道士便将他尊为道教"真人"进行供奉。直至今天，他的神像仍供奉在青城山建福宫的"丈人殿"中，供人瞻仰。山中白云溪畔，至今尚有"杜光庭读书台"，供人凭吊。

建福宫丈人殿供奉的广成先生杜光庭塑像（左）和宁封真君五岳丈人（右）

杜光庭在成都度过了后半生五十余年的岁月，不仅成为一位在唐五代道教理论建设上起着承上启下作用的重要思想家，而且对成都道教乃至中国道教的发展做出了重要的贡献。

杜光庭的才华和成就是多方面的。除了道教理论和各种实践，在方志、文学、医学、书法、武术等方面都有相当的造诣。

杜光庭的诗文俱佳。《全唐诗》收录有诗一卷。唐代传奇的代表作《虬髯客传》，就是杜光庭所著。《虬髯客传》可以说是中国古代武侠小说的先锋。小说塑造了红拂女、虬髯客、李靖的形象，后世以此为题材的文学作品众多。著名武侠小说大师金庸称其为中国武侠小说的"鼻祖"。

杜光庭喜欢编撰神话故事阐扬道教，存世的有《灵异记》《神仙感遇记》《墉城集仙记》，后世人视之为虚妄不实，戏称之为"杜光庭撰"，为"杜撰"一词的由来。

五、青羊宫的兴盛

唐代，成都的另外一座道观青羊宫也开始了它的繁荣。

青羊宫，坐落在成都市区西南，初名"青羊肆"，在战国、秦汉时期，是成都西郊的市集之地。据《蜀王本纪》载：老子为关令尹喜讲说《道德经》。临别曰："子行道千日后，于成都青羊肆寻吾。"时隔三年，尹喜如约前来，老君显现法相。三国时，道士在青羊肆建立宫观，取名"青羊观"，但一直到唐末，名声并不显赫，至唐代更名"玄中观"。

青羊宫的显赫，是因为唐僖宗。僖宗避黄巢之乱奔蜀，玄中观内出现灵异祥瑞。据说，观内突见红光如毯入地，掘地后发现一块古砖，上有古篆六字云："太上平，中和灾。"僖宗将其当作天降祥瑞，为此颁布《改玄中观为青羊宫诏》，把玄中观改称为青羊宫，并大规模重修。重建后的青羊宫，规模宏大，殿阁壮丽，园林台榭俱备，从此成为中国最著名的道教宫观之一。

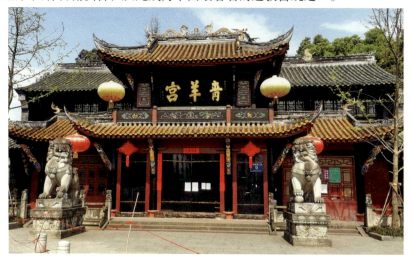

成都青羊宫

玄奘法师与成都佛教

一、玄奘法师灵骨的发现与归宿

1942 年，六朝古都南京正在日军占领之下。11 月的一天上午，驻扎在南京中华门外附近的日军一部，在雨花台大报恩寺三藏殿的遗址上修建"稻禾神社"。当地基开挖到地下约 3.5 米处时，发现了一个砖石结构的塔基，塔基下有一个石棺。打开石棺，发现里面有一个石函。石函的两侧都刻有文字，一侧的文字是：

> 大唐三藏大遍觉法师玄奘顶骨早因黄巢发塔今长干寺演化大师可政于长安传得于此葬之。

另一侧的文字是：

> 玄奘法师顶骨塔初在天禧寺之东冈明洪武十九年迁于寺之南冈三塔之上。

石函内藏一个铜质板匣和银质小箱。铜质板匣内藏着一块"连带耳部之头骨一部分"。除了石函，还挖出了金佛像一尊、珠宝等珍贵陪葬品。日军请来几位专家教授，经过鉴定和考证，确认石函所藏正是"大唐三藏法师玄奘"的顶骨舍利。

玄奘顶骨舍利的发现，对于中国佛教来说是一件惊天动地的大事。佛教自两汉之际传入中国以来，涌现了无数高僧大德，最受尊崇的无过于"大唐三藏法师玄奘"。

玄奘（602—664 年），举世公认的佛学家、旅行家和翻译家，佛教法相唯识宗的创始人。俗姓陈，名祎。唐太宗贞观年间，玄奘从长安出发前往天竺，游学 17 年，精研佛学，回国时带回大量佛舍利、佛像 7 尊、佛经梵文原典经论共657 部。由此演变成"唐僧西天取经"的故事，因小说《西游记》的广泛流传而在中国家喻户晓。

玄奘对中国佛教的贡献不仅在于他的"西天取经"，更在于他对佛经的翻译工作。西游回国后，玄奘把他人生的最后 19 年全部用于翻译佛经。从唐太宗贞观十九年（645 年）到唐高宗麟德元年（664 年），他先后在长安大慈恩寺等寺院主持佛经翻译。19 年间，玄奘共译经论 74 部，1365 卷。在去世前一年，玄奘完成了我国佛教经典中卷帙最大的《大般若经》600 卷。

玄奘之前，传入中国的佛经基本上由西域人或印度人翻译，从未有过中原人士翻译。玄奘佛学造诣全面而精深，精通中文和梵文，文化素养极高，所译佛经不仅准确，而且凝练精美，文采斐然，既保持了西域的特有风貌，又充分显示了汉文的古典优雅，可谓翻译史上的"绝唱"。古往今来流传最广、传抄最多的佛经《摩诃般若波罗蜜多心经》（简称《心经》），数玄奘所译的版本最受后人推崇。后人称玄奘之前历代所译之经典为旧译，称玄奘开始之译作为新译，中国译经史的新局面从此开始。

唐高宗麟德元年（664 年）二月五日夜半，玄奘大师圆寂于玉华寺肃成院（今陕西铜川玉华宫）。玄奘圆寂后，其灵骨先是保存在长安（今西安）大慈恩寺内，后遵照大师遗嘱安葬于白鹿原。过了五年，唐高宗下敕迁葬于樊川平原，并建塔造寺，寺名护国兴教寺，塔名三藏舍利塔。唐朝末年，黄巢农民军攻入关中，兴教寺和舍利塔均被毁，玄奘法师灵骨暴露。当时有佛门弟子将玄奘顶骨舍利送到终南山紫阁寺中，建塔供奉，并刻碑记述原委。北宋端拱元年（988年），金陵（今南京）天禧寺住持可政到陕西终南山游历，看到紫阁寺塔颓寺荒，玄奘顶骨舍利无人看护，于是亲自背负，千里迢迢将玄奘顶骨舍利迎请到金陵雨花台天禧寺，并建塔供奉。后天禧寺毁于大火。明洪武十九年（1386年），明太祖朱元璋敕令重建天禧寺，改名为长干寺，同时将玄奘灵骨塔从寺东迁至寺南重建。永乐十年（1412 年），明成祖朱棣下敕重新整修长干寺，并在三藏塔墓前建三藏殿，改寺名为大报恩寺。清咸丰年间，太平天国占据南京，大报恩寺塔均被捣毁，玄奘法师的灵骨从此长眠于地下无人知晓。至此，玄奘法师顶骨舍利重现于世。

日军得到三藏法师舍利后，立即严密封锁消息，并计划将石函运往日本，企图将舍利占为己有。但消息很快泄露，各种传言不胫而走，1943 年 2 月 3 日，《国民日报》率先披露此事，消息大白于天下，引起国内各界的广泛谴责。迫于

无人我相　见天地心——哲学宗教篇

舆论，日本于 1943 年 2 月 23 日发表由谷田阅次署名的《三藏塔遗址之发掘报告》，承认玄奘法师顶骨出土的事实，并于当天将舍利移交给汪伪政府，由伪外交部长兼文物保管委员会委员长褚民谊接收。

由于玄奘大师的崇高声望，国内佛教人士闻风兴起，纷纷要求迎请供奉法师舍利。1943 年 12 月 28 日，玄奘顶骨舍利被分成三份，分别由南京、北平和日本的佛教界奉迎供养。

这三份玄奘法师顶骨舍利，后来被一分再分，共分成了 11 份，其中有两份毁于"文化大革命"中的"破四旧"。剩下 9 份中的 8 份分别供奉于南京玄奘寺、南京灵谷寺、西安大慈恩寺、台北玄奘寺、新竹玄奘大学、日本东京琦玉县慈恩寺、日本奈良药师寺中的三藏院（三藏院于 1991 年建立）、印度那烂陀寺，供后人瞻仰。最后一份，则被奉迎到成都，先后供奉于静慈寺、大慈寺和文殊院。

大慈寺"玄奘来处"匾额

对于中国佛教来说，玄奘灵骨是至珍至圣的宝物。灵骨供奉的地方都很有讲究，而成都荣幸地成为灵骨供奉地之一，是因为成都是玄奘早年学佛和受戒之处。在成都的学佛和受戒，对于玄奘一生的事业具有极其重要的意义。

二、玄奘法师与成都的因缘

玄奘生活与活动的年代是隋末唐初。这个时期的成都，在中国佛教传播史上占据了重要的地位。两晋南北朝时期，巴蜀地区是佛教由西域向南方传播的通道，成都是这条通道的陆路枢纽，多位佛教高僧从中原和西域入蜀云游，促进了蜀中佛教的发展。当时的成都，高僧大德云集，寺院规模不断扩大，殿堂日趋宏丽。

隋末天下大乱，而以成都为中心的蜀地社会安定，因而吸引了大批高僧前往避乱，信众大量增加。唐武德元年（618年），16岁的玄奘追踪高僧足迹从长安千里跋涉来到成都，在各大寺院遍听诸高僧讲座，学业精进。到成都第五年（武德五年，622年），20岁的玄奘在成都受"具足戒"。佛家的戒律有多种，具足戒是其中最全面、最严格的一种。有资格接受具足戒，是对比丘僧具有"登堂入室"资格的认定。此事对于玄奘，具有里程碑式的意义，对于成都佛教同样具有特殊的意义。

僧慧立和彦悰所撰玄奘传记《大唐大慈恩寺三藏法师传》，以及史学大师陈寅恪先生的《敦煌本唐梵对字音般若波罗蜜多心经跋》序文，都谈到这样一个传说：

佛立像（南朝梁，成都万佛寺出土）

　　唐三藏志游天竺，经过益州（四川成都），宿空慧寺，遇到一个浑身污秽的有病僧人，玄奘心生悲悯，施舍其衣物。这僧人乃将梵文《般若波罗蜜多心经》（简称《心经》）口授玄奘。第二天早上，玄奘再去找那位有病僧，却杳无影踪，不知何往。玄奘对此心领神会，觉得这个病僧决非等闲之辈。在取经的路途中，每遇种种厄难，玄奘就会修持三世诸佛心要法门。这个心要法门就是《般若波罗蜜多心经》。凡遇到为难之事，玄奘就将《心经》持诵四十九遍，每每有非常感应，往往化险为夷。就这样，玄奘在遭遇种种困难的情形下，凭借着三世诸佛心要法门的加持，平安地抵达天竺。

这个流传甚广的佛教传说，既弘扬了《心经》的神妙，也说明了成都在玄奘一生弘法事业中的重要地位。

由于高僧云集、信徒众多，唐代成都建有大量寺院，比较重要的有空慧寺、大慈寺、昭觉寺、净众寺、安福寺、信相院、多宝寺等。

关于玄奘在成都驻锡和受戒的寺院，有不同的记载和说法。流行的说法之

无人我相　见天地心——哲学宗教篇

一是空慧寺。唐武德元年（618年），16岁的玄奘与兄长捷法师来到成都后就住在空慧寺。空慧寺是成都历史最为悠久的寺院，晋代即已建立。位置在今金河宾馆至同仁路南口一带。两晋南北朝时，先后名龙渊精舍、龙渊寺。唐时先后名空慧寺、圣寿寺。因院中曾有传说为李冰所刻"镇水石犀"，又俗称石牛寺或石犀寺。圣寿寺在唐代规模很大。吴师孟《大中祥符禅院记》说："大中祥符禅院者，唐元和圣寿寺三十院之一也。"大中祥符禅院仅为唐代圣寿寺的三十院之一，即已拥有殿堂屋宇四百余间，可见圣寿寺规模之宏伟。明末清初，圣寿寺毁于战乱。清康熙年间建满城，在圣寿寺原址上修建了将军衙门。千年古寺从此不复存在。

菩萨头像（唐代，成都万佛寺出土）

三、大圣慈寺与文殊院

　　玄奘在成都受戒之处的另一种说法是大慈寺。大慈寺又称大圣慈寺，号称"震旦第一丛林"，为唐代成都第一大佛寺。据宋代普济《五灯会元》所载，大慈寺始建于东晋。唐天宝十五载（756年），玄宗避安史之乱到成都，为祈福平乱，重修此寺，并御书"大圣慈寺"额，赐田一千亩。由于是敕建皇家寺院，大慈寺在成都佛寺中具有特殊地位。唐武宗会昌灭佛，大慈寺因有玄宗题额，"不在除毁之列"，是当时成都唯一保存下来的佛寺。大慈寺建筑宏丽，殿堂幽深，林木翁郁，鼎盛时期拥有九十六院，楼、阁、殿、塔、厅、堂、房、廊共8524间，成为成都城市东部最大的宗教建筑群落，面积达千亩以上，占地达成都东城之小半。唐穆宗长庆年间，高僧知玄讲经于寺中普贤阁，阁下所坐听众万余人，可见其规模之大。

　　唐宋时期，大慈寺和流经寺旁的解玉溪一直是成都最重要的游览胜地。当时的各种公私宴集，或在寺中，或在解玉溪两岸的酒肆举行。大慈寺附近商业繁荣，寺前的空坝形成季节性市场，解玉溪两岸还形成夜市。每逢庙会，大慈寺前，"商列贾次，茶炉药榜，篷占筵专，倡优杂戏之类，杂然其中。"解玉溪两岸，士女游人熙熙攘攘。这种繁华热闹景象，一直持续到五代及两宋。

　　玄奘灵骨送到成都后，先后供奉于成都净慈寺和文殊院。1957年，因传说

成都大慈寺山门

玄奘是在成都大慈寺内受具足戒，又供奉于大慈寺。现成都大慈寺建有玄奘殿和"玄奘来处"，供奉玄奘座像。20世纪80年代，大慈寺曾被改作成都市博物馆，玄奘灵骨再次供奉于文殊院。

文殊院是成都又一座历史悠久的佛寺。始建于隋代，名信相院。唐代称妙圆塔院，宋时改称信相寺。明朝末年，信相寺毁于兵火。清朝康熙二十年（1681年），慈笃禅师来到荒芜的古寺，在两杉之间结茅为庐，苦行修持。传说慈笃禅师圆寂火化时，红色火光在空中凝结成文殊菩萨像，久久不散。人们认为慈笃是文殊菩萨的化身，从此改信相寺为文殊院。玄奘法师顶骨舍利，现供奉于文殊院寺内宸经楼左侧。宸经楼内还曾供奉有一粒佛骨舍利。20世纪20年代，蜀中高僧能海法师朝礼印度菩提伽耶时，逢重庆酉阳籍僧人佛金法师在菩提伽耶经管香火，佛金法师将其供养的佛骨舍利请能海法师带回文殊院供奉至今。此佛骨舍利一直藏于寺内密龛中，近年来才建舍利塔供大众瞻礼。佛陀舍利和玄奘法师顶骨舍利，合称"空林二圣"。康熙四十一年（1702年），清圣祖玄烨书写"空林"二字横幅，文殊院因此又名"空林堂"。

文殊院"空林"堂

　　现在围绕文殊院而修建的文殊坊，集旅游观光、休闲度假、餐饮美食、特色购物、古玩字画鉴赏收藏、娱乐演出、展示展览、文化艺术交流等功能于一体，诠释和传播成都的人文风貌、民俗风情和休闲文化内涵，是展示成都文化的一张名片，是成都市民怀旧访古、休闲娱乐的理想去处，也是海内外游人宾客认识成都、体验成都的重要窗口。

"易学在蜀"与"蜀学在易"

一、易学在蜀

"易学在蜀",是程颐的名言。程颐,北宋洛阳人,与其兄程颢合称"二程",是宋代理学代表人物。

《易》即《周易》,为儒家"六经之首"。所谓"易学",即研究《易经》之学,历来受到儒家的高度推崇。"易学在蜀",是说蜀地研究易学的人很多,成就最高,欲得易学之精髓,须至蜀中。

《宋史》记载,程颐提出"易学在蜀"的说法,乃是缘于成都街头的一次奇遇。

程颐的父亲程珦曾出任广汉知州,程颐与乃兄程颢陪同父亲就任。一天,程氏兄弟在成都街头闲逛,走到一家店铺前,看到一个篾匠和一个箍桶匠人手里各拿着一本书在看。程颐好奇地走近一看,居然是《周易》。《周易》在儒家经典中最为深奥玄妙,手工匠人居然会看这样的书,程家兄弟很是奇怪,便走上前去打算问个究竟。还没等他开口,篾匠竟翻开书,指着其中的"未济"一卦的"男穷"向他们发问。不等他们回答,又从容地解说:"未济",是指三个阳爻都失了位,是为"男穷"之象。二程万万没有想到他们会有如此高明的见解,不禁大吃一惊。第二天,他们又去拜访,那两位匠人已经不知去向。后来,闽人袁滋专程到洛阳向程颐请教易学,程颐回答:

> 易学在蜀耳,盍往求之。

袁滋便去了蜀地。访问到邛崃、眉州一带,见到一位卖酱的薛翁,是隐姓埋名的易学家。但每次请教易义,薛翁总是言语甚少,使他十分不解,就问他为何如此。薛翁说:《易》就是易,简易是其精神,话多了就不简不易了。袁滋乃

无人我相 见天地心——哲学宗教篇

143

"大有所得"，就此信服"易学在蜀"之说。

这是中国易学史上的一段著名的逸事，有很多版本，连《宋史》这样的正史也采用了这段资料。正史采用这种传奇色彩很浓的材料，说明这段逸事有一定的可信度。

程颐的学术水平很高，眼界更高，汉、唐的许多大儒都不放在眼里。这样的人居然发出"易学在蜀"的感叹，不会仅仅因为街头的一次奇遇，而是基于他对以成都为中心的蜀地易学研究的传统与现状的全面了解。

二、蜀学在易

"蜀学在易"，其实是"易学在蜀"的另一种表述方式。既然易学的精髓在蜀地，那么蜀学的主要成就和精髓，自然集中体现在"易学"之中。各个历史时期蜀中易学的卓越成就，足以体现蜀学以易学为旗帜的特征。

蜀人治《易》，源远流长。"蜀人重仙""巴人重鬼"，是古代巴蜀的文化特色。巴蜀巫蛊盛行，筮占推步之术根柢深厚。自文翁兴学以来，大量中原典籍开始传入巴蜀，《易经》的学说与蜀中特有的术数文化互相渗透，加之巴蜀其地四塞，巴蜀学人得以潜心治《易》，厚积而薄发，从而促成易学之盛。从汉代起，卓越的易学家代不乏人。汉代的成都，曾产生了严君平和扬雄这样的易学大师。扬雄的《太玄》更是长期在易学发展史上占据重要地位。两晋至隋唐时期，又涌现出范长生、卫元嵩、袁天罡、李鼎祚等易学名家。

卫元嵩，北周益州人，生卒年不详。原为河东人，因祖上从宦而迁蜀，晚年由成都定居什邡。卫元嵩才不世出，涉猎极广，明阴阳历算，精经史老庄。仿扬雄《太玄》所著《元包经》，是其易学的代表作，共五卷。"文字奇诡，音义谲怪"，后世简称《包》。唐代学者李江曾赞叹："《包》之为书也，广大含宏，三才悉备，言乎天道，有日月焉，有雷雨焉；言乎地道，有山泽焉，有水火焉；言乎之人道，有君臣焉，有父子焉。理国理家为政之尤者。"《元包经》历经唐、宋、明、清均有刻本流行，甚至被皇家秘阁收藏。卫元嵩的人生极具传奇色彩，曾为僧，亦为宦，后为道。唐代，卫元嵩被道教尊为"希微真人"，后世又称"卫真人"。宋人洪迈《夷坚丙志》一书记载："什邡风俗，每以正月五日作卫真人生日，道众皆会。"

袁天罡，唐初天文数术家、易学家、预言家，益州成都（今四川成都）人。其是中国历史上最负盛名的预言家，曾任蜀郡火井县（在今邛崃）县令。著有

《九天玄女六壬课》《五行相书》《推背图》《袁天罡称骨歌》等。传说《推背图》是袁天罡和另一位预言家李淳风共同编写的。李淳风用周易八卦进行推算，没想到一算起来就上了瘾，一发不可收拾，竟往后推算了2000多年，直到袁天罡推他的背，说道："天机不可再泄，还是回去休息吧。"因此这本预言奇书得名《推背图》。其易学著作有《易镜玄要》一卷，已佚。

李鼎祚，资州盘石（今属四川资中县）人，唐朝中期的易学大家，曾辑汇近四十家易学著作成册，名曰《周易集解》。该书后来成为众人学习《周易》的教材，对后世的学者士人产生了深远的影响。

前后蜀时期，蜀中社会安定，文化持续发展，在易学方面又出现了许多优秀的人物和著作，其中彭晓《周易参同契分章通真义》对后世学者影响尤大。

两宋时期，以成都为中心的四川易学研究风气更炽，学者众多，著作迭出。据考证，有宋一代四川有69位研究易学的人写了易学著作90多部（其中很多已经佚失），其中重要的学者有陈抟、谯定、三苏父子、魏了翁，以及陈渐、龙昌期、房审权等。

陈抟（871—989年），字图南，号扶摇子，赐号"白云先生""希夷先生"，一说为普州崇龛（今属重庆潼南区）人。《宋史》说他"好读《易》，手不释卷"。他打破了传统儒家学术体系，融儒、释、道三家于一体，又以道家思想为核心，开创了宋代三教合一的新的思想潮流。本人也被道教奉为"陈抟老祖"。而易学史上极为重要的《河图》《洛书》《太极图》，最早也均传自陈抟。陈抟著有《麻衣道者正易心法注》《易龙图序》《太极阴阳说》《火珠林》和《太极图》《先天方圆图》等。他的思想直接或间接影响了后来的大儒周敦颐、邵雍、程颐、程颢、朱熹等人。他的许多神奇故事让人惊叹，据说活了118岁。陈抟其人，堪称中国历史上神话色彩最为浓厚的学者。

名列"唐宋八大家"的三苏父子苏洵、苏轼、苏辙，不仅文学成就卓著，在易学上也自成一家。苏东坡自道，一生最大的成就不是诗词，而是《东坡易传》。他与佛道交往甚密，曾自号"铁冠道人"。其父苏洵、其弟苏辙均好《易》，苏洵对《太玄》的研究也颇有功力，可谓家学传承。

谯定（1023—?），字天授，北宋涪陵（今属重庆市）人，号涪陵先生，人称谯夫子。初从郭曩学《易》，后赴汴梁（一说为洛）师事程颐。绍圣中（1094—1097年），程颐贬涪州，二人联袂讲《易》于北山之穴，后世称为"讲易洞"或"点易洞"，遂使"程学"在巴蜀传播。刘勉之、胡宪、冯时行、张浚传其学，朱熹为其再传弟子。为易学涪陵学派创始人。著有《易传》，已亡佚。

元明以下，蜀中易学走向衰败，但仍有值得称道的学者和著作出现，比较

无人我相　见天地心——哲学宗教篇

著名者有明代的熊过和来知德。

熊过，字叔仁，四川富顺人，位列明代"西蜀四大家"和"嘉靖八才子"。嘉靖八年（1529年）进士，翰林院庶吉士，学知渊博，治学严谨，与杨慎友善。他的《周易象旨决录》被《四库全书总目提要》评为"在明人《易》说之中，固卓然翘楚矣"。

来知德（1526—1604年），字矣鲜，别号瞿塘，明夔州府梁山县（今重庆市梁平县）人。乡试中举后，便"杜门谢客，穷研经史"。穆宗隆庆四年（1570年）起，在山中穷研《周易》，于神宗万历二十七年（1599年）完成《易经集注》一书，此书对后世影响极大，《四库全书总目提要》称此书"参互旁通，自成一说，当时推为绝学"。来知德也因此被称为"来夫子"。

三、南方共宗鹤山老

致力于扬雄"太玄学"研究者甚多，是宋代成都易学的一大特点。主要有章詧、张行成等人，南宋著名理学大家魏了翁，对《太玄》也有独到的心得。

魏了翁（1178—1237年），字华父，号鹤山，南宋邛州蒲江县）人。自幼熟读百家，过目不忘，被誉为"神童"。庆元五年（1199年）中第三名进士，年仅22岁，后官至端明殿学士。他继承朱熹，兼重象数义理，以辞、变、象、占为《易》之纲领，力图融会程、邵易学。深研邵雍易学，提出"性善之义具于《易》"，并对河图洛书、先后天易学源流及有关分歧作了进一步考证，得出图书相通的结论，易学成就非同一般。各位传人，亦能以易学显。著作有《鹤山全集》《九经要义》《周易集义》《易举隅》《周礼井田图说》《古今考》《经史杂钞》等。

除了易学成就突出，魏了翁更是宋代继朱熹之后的著名理学家，也是成都地区继汉代扬雄之后又一位大哲学家，在中国学术史和成都文化史上占有重要地位。其时望甚高，有"南方共宗鹤山老"的盛誉。

魏了翁曾在家乡创建鹤山书院教授生徒，因此人称"鹤山老"。在宋代理学的发展史上，魏了翁是一个十分重要的人物。他"穷经学古"，推崇朱熹理学，提出"心者人之太极，而人心又为天地之太极"，强调心的作用，形成自己的学术派别——鹤山学派。

在三十多年的仕宦生涯中，魏了翁通过各种活动，大力提倡和传播程朱理学。在蜀中士人中，他第一个带回大量朱熹论著并陆续刊布流传。他创办蒲江鹤山书院（时称白鹤书院），开门授徒。书院以全国第一流书院为楷模，以博学、审问、慎思、明辨、笃行为治学准则，采用个人精读，互相答问，集众析疑的教学方法。书院学习风气活跃，声名远播，"士争负笈从之"。魏了翁先后在四川嘉定府、汉州、眉州、潼川府、遂宁府、泸州等地任官，均积极讲传理学。魏了翁在四川传播理学，培养了不少学者，他们成为鹤山学派的重要成员。魏了翁及鹤山学派的崛起，标志着程朱理学在四川的日益发展和普及。端平二年（1235年）魏了翁第四次离京回乡，理宗皇帝御笔亲书"鹤山书院"四个大字赐予，成为一时佳话。

当时与魏了翁齐名的是福建的理学家、人称"西山先生"的真德秀，二人并称"真魏"。清初大学者黄宗羲曾评价二人的学术成就："两家学术同出考亭（朱熹），而鹤山识力横绝，真所谓卓荦观群书者；西山则依傍门户，不敢自出一头地，盖墨守之而已。"充分肯定了魏了翁杰出的理学造诣。

考四海而为隽
纬群龙之所经

◎ 教育学术篇 ◎

文翁创石室 千秋播德馨

　　成都文庙前街，是成都久负盛名的石室中学所在。石室中学的正门是一座传统的旧式大门，门额上悬挂着一道匾额，上书"文翁石室"四个大字，书写者是该校校友、中国现代文化名人郭沫若。这里，就是文翁石室的旧址。

　　对成都来说，文翁石室所具有的文化意义，无论怎样评价也不过分。它不仅是成都的文化圣地，也是中国教育史的"圣地"。与这个圣地紧密相连的，是一位伟大的教育家，此人就是文翁。

　　文翁（前156—前101年），名党，字仲翁，庐江舒县（今安徽庐江县）人，汉景帝末年任蜀郡守。在任期间，文翁兴教育、举贤能、修水利，政绩卓著。

　　万山环抱的巴蜀地区，在古蜀时期是一个相对独立的文化系统，有自己的语言和文字，中原流行的汉语和汉字在巴蜀地区并不普遍流行和使用，因而直

文翁石室

到战国末年，巴蜀的文化同中原文化仍然相对隔膜。

秦并巴蜀，向蜀地进行大规模移民，又在成都平原上修筑成都、临邛、郫三座城市。李冰为蜀郡守，修筑自流灌溉的都江堰水利工程，成都平原从此成为"水旱从人，不知饥馑"的鱼米之乡。然而在文化方面，终秦一代在巴蜀地区未有任何重大举措。蜀地虽然富裕，但因为偏处西南，与先进的中原文化缺乏交流。人民只知以财富相炫耀，民风不重教育，文化相对落后。直到汉初，在中原学者眼中，巴蜀仍然是一个没有开化的蛮荒之区："蜀左言""不晓文字""莫同书轨""有蛮夷风"。

汉景帝时，文翁被任命为蜀郡太守，"仁爱好教化"的他深感蜀地文化的落后，为了改变这种状况，他从教育入手。文翁采取措施主要有三项：

文翁塑像（都江堰市离堆公园堰功道旁）

一方面，派蜀中俊士十余人到京师学习儒家经典或法律政令，学成后将中原地区的典籍和教材带回蜀地，委以优职或任教职。

一方面，在成都城南创建蜀郡学官（地方官办学校）"石室讲堂"。

石室讲堂是世界上第一所地方官办学校，招下县子弟为学官弟子，习儒学经典和法律政令。官学生免除差役，毕业生优良者可在政府中担任职务。文翁还有意让学生到官署学习处理政务或作为外出视察时的随员。官学生的身份和荣誉令蜀人十分向往，争而为学官弟子，富人甚至出钱以求之。蜀地因而学风大盛，原先被称为"有蛮夷风"的落后状况很快得到改变，蜀中"由是大化，蜀地学于京师者比于齐鲁"（《汉书·文翁传》）。就是说，蜀中学术可与孔子家乡的齐鲁地区比肩。文翁最后终老于蜀，吏民为立祠堂，岁时祭祀不绝。

汉代画像砖拓片"讲经"

兴文教之外，文翁在其他方面同样卓有建树，特别是水利方面。文翁是李冰之后第二位在成都平原大兴水利的蜀地最高长官。据《华阳国志·蜀志》记载，文翁"穿湔江口，灌溉繁田千七百顷"。就是开凿湔江分渠，导湔江水入青白江，灌溉今日彭州、新都等地大片农田。这一水利工程，成为都江堰系统的重要组成部分，世代造福着成都平原。

文翁化蜀的事迹，代代传诵。古代文人说到蜀地，首先想起的往往是文翁，唐代大诗人王维的这首诗可为代表：

万壑树参天，千山响杜鹃。

山中一夜雨，树杪百重泉。

汉女输橦布，巴人讼芋田。

文翁翻教授，不敢倚先贤。

——王维《送梓州李使君》

文翁化蜀，对蜀地文化风尚的影响极其深远。"有蛮夷之风"的巴蜀地区，从汉代开始就一变而"好文雅"。在不久之后的汉武帝时代，成都出现了司马相如这样以辞赋名震天下的大文豪。以后，又出现扬雄这样号称"汉代文化的集大成者"的大学者。"好文雅"的风气一直延续至今，成为书香成都最基本的文化内涵。

对中国教育史而言，文翁石室具有开创性的意义。文翁石室不仅是中国历史上第一家地方政府开办的公立学校，同时还直接推进了中国官办教育事业的发展。由于文翁兴学取得了重大成功，汉武帝时，"乃令天下郡国，皆立学校官"（《汉书·文翁传》）。此后，地方官学在全国范围内不断建立，极大地推进了中国教育事业的发展。

两千多年来，文翁石室所在之地，一直是成都地方公立最高学府的校址。东汉以后，先后作为地方各级政府的州学、郡学、府学以及地方最高等级的书院，在割据政权时代，则成为最高学府"太学"的校址。一块土地经历了两千一百多年，一直是莘莘学子弦歌不辍的所在，从这里走出去的才俊数不胜数。这不仅在中国，乃至全世界都是唯一的。这是世界教育史上的奇迹。

成都石室中学大门

清代，石室旧址上开办四川省最高规格的官办书院——锦江书院。清末废书院办学堂，锦江书院旧址改办为成都府中学堂，是为石室中学前身。一百多年来，这里培养才俊不计其数，具有全国影响的人士如：李劼人、周太玄、郭沫若、王光祈、魏时珍、贺麟、林如稷、李一氓等。

文翁创石室，千秋播德馨。从文翁石室飘出的书香不绝如缕，熏陶着两千年来一代又一代蜀人，派生出蜀人"好文雅"之风，代代相传，直至今天。

153

《华阳国志》和地方志的兴盛

汉晋时期，蜀中兴起浓厚的地方史志著述之风，这是成都历史上地方史志编纂的第一个兴盛时期。

"地方志"又称"方志"，是记述地方自然和人文历史的一种具有特殊体例的著作。西汉时，王褒撰有《益州记》，扬雄撰有《蜀王本纪》。自汉至晋，有多种记述蜀地历史的著作皆名为《蜀本纪》，据《华阳国志》记载，司马相如、严君平、扬雄、阳城衡、郑廑、尹贡、谯周、任熙等八人均撰写过《蜀本纪》。三国蜀汉时的谯周，是当时著名地方史学大家，一生撰著了大量史学著作，包括《古史考》《三巴记》《异物志》《益州志》《蜀本纪》《后汉记》等，对两晋南北朝时期蜀中地方史志的兴起产生了重要影响。西晋时期，《三国志》的作者陈寿撰有《益部耆旧传》。这是一部益州地方人物志，记录了由汉至魏益部（州）地区的著名人物事迹。东晋时，蜀郡江原（今崇州市）人常璩著有《华阳国志》。此外，东晋任豫和南朝李膺均著有《益州记》，在当时也有一定影响。隋唐时期，先后有隋代李充的《益州记》，唐代卢求的《成都记》等地方史志著作，记述巴蜀及成都地方历史地理与文化。遗憾的是，上述地方史志著作绝大多数已经亡佚，有的仅留

《华阳国志》书影

下书名，有的仅有少数内容留存于后人著作如《裴注三国志》和一些类书之中。现存世的扬雄《蜀王本纪》，是后人从古籍中辑出整理而成，已非本来面目。

完整流传至今的汉晋时期的地方志著作，仅有东晋蜀郡江原（今崇州市）人常璩所著《华阳国志》，因此具有特别重要的意义。

常璩（约291—361年），字道将，东晋蜀郡江原人。出身世家大族，少年

好学，博闻强记，特别留心于历史。曾在李氏的成汉政权任散骑常侍。成汉灭亡后仕东晋，任参军之职。在此期间，根据自己多年的积累撰写成《华阳国志》，重点记述古代巴蜀地区的自然和人文，褒扬地方才俊。

《华阳国志》所记地区为《禹贡》九州之梁州，其地因在华山之阳、汉水之南而得名为"华阳"。该书记载了公元4世纪中叶以前，今四川、云南、贵州三省以及甘肃、陕西、湖北部分地区的历史、地理。全书十二卷，约十一万字，由三部分组成：一至四卷主要记载巴郡、蜀郡、汉中、南中各郡的自然地理和政治、军事、文化、民族历史。五至九卷以编年体的形式记述西汉末年到东晋初年割据巴蜀的公孙述、刘焉刘璋父子、刘备刘禅父子和成汉李氏四支割据政权以及西晋统一时期的历史。十至十二卷记载了上述地区西汉到东晋初年的重要人物。《华阳国志》取材广博，资料丰富，叙述得法，文词典雅，因而成为名闻中外、影响深远的史学巨著。

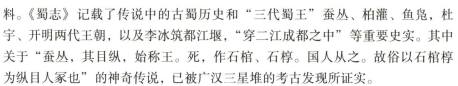

常璩雕像（崇州常璩广场内）

《华阳国志》卷三《蜀志》，对蜀地远古历史的记述，是四川和成都地方史最为珍贵的资料。《蜀志》记载了传说中的古蜀历史和"三代蜀王"蚕丛、柏灌、鱼凫，杜宇、开明两代王朝，以及李冰筑都江堰，"穿二江成都之中"等重要史实。其中关于"蚕丛，其目纵，始称王。死，作石棺、石椁。国人从之。故俗以石棺椁为纵目人冢也"的神奇传说，已被广汉三星堆的考古发现所证实。

《华阳国志》将历史、地理、政治、经济、民族、人物和人文风俗等综合在一部书中，是中国地方历史编纂的一个伟大创举。后世地方志多以"志"命名，亦是承袭于《华阳国志》。李泰棻在其《方志学》中说："最古以志名书者，首推常璩《华阳国志》。"张舜徽《中国地方志总论》指出："《华阳国志》是一部最早以'志'为书名的地方志。"《中国大百科全书》称："现存最早的以'志'命名的志书，是晋代常璩的《华阳国志》。"

近两千年来，常璩所开创的志书编纂体例，一直为历代编纂地方志者所遵循和借鉴。地方志作为一种特殊体例的史书也逐渐受到社会的高度重视，并成为地方政府的职责之一，一直沿袭至今。常璩亦因此被后人尊为"中国地方志的初祖"，其开创之功，永载史册。

自常璩著《华阳国志》，编纂地方志就成为成都文化的一项重要内容。晋代的任豫、南朝的李膺先后纂有《益州记》，唐人卢求有《成都记》，宋人赵抃等先后纂修了《成都古今记》及其续集、丙集、丁集，这些著作虽然整体多已亡佚，但其中部分内容仍然得以流传下来，成为记录那个时代成都社会的宝贵资料。

明清时期，编纂地方志逐渐成为政府行为。清王朝建立后，即要求全国各省纂修地方志。清初，以成都为中心的四川地区战乱不断，人口大量死亡、流离，直到康熙二十年（1681 年）以后，才将地方志纂修提上议事日程。

康熙朝是成都地方志纂修的起步阶段，共修成《成都府志》《崇庆州志》《新津县志》三部，其中《成都府志》共三十五卷，内容较为完备。进入乾隆年间，随着成都地区经济的逐步恢复和繁荣，地方志的纂修也进入高潮，直至光绪年间，修志工作一直在进行。根据《四川省地方志联合目录》，清代成都府及所属各州、县，共纂修地方志四十一部。成都地区各州、县，大多有多部县志、州志完成，金堂、双流、新都、新繁等县，都有三部或更多的县志问世。如金堂有乾隆《金堂县志略》、嘉庆《金堂县志》、同治《续金堂县志》；双流有乾隆《双流县志》、嘉庆《双流县志》、光绪《双流县志》、光绪《双流县志》（增修）。在编修县志之余，金堂、双流、郫县、崇宁、灌县、新都、新繁、新津等县热心方志的地方人士还撰写了本县的《乡土志》。

一千多年来成都薪火相传的修志传统，在清代得到发扬光大，表现出前所未有的盛况。

《康熙成都府志》书影

如衡如鉴千秋笔　求真求是百代书
——华阳范氏与宋代成都史学

　　在汗牛充栋的中国历史典籍中，人们最熟悉的有两部，一部是《二十四史》，另一部是《资治通鉴》。

　　《资治通鉴》的作者，人们都知道是北宋的司马光。其实，这部史学巨著的修编者是一个群体，发挥重要作用的除了司马光还有三人，其中之一是成都华阳（今双流县）人范祖禹。

　　两宋时期，蜀中史学发展很快，是中国古代四川史学发展的又一次高峰。据不完全统计，宋代成都史家著作见于记载的共 40 人，其中双流 15 人，成都 6 人，蒲江 5 人，邛崃和崇州各 3 人，新津和都江堰市各 2 人，大邑、郫县、金堂和新都各 1 人；史著共 86 部，其中完整或比较完整地保存至今的尚有 8 部，残的也有 3 部，这样的保存比例，在"兵火水虫"肆虐不断的古代，应该是很高的。

　　华阳范氏，是宋代成都著名的史学世家。北宋一代先后涌现出范镇、范祖禹、范冲、范仲熊、范荪和范子长共 5 代 6 位史家，撰有 23 部史著。其中范镇、范祖禹、范冲的成就格外突出，后世称之为"华阳三范"。

　　范祖禹的叔祖父范镇（1007—1088 年），字景仁，曾参与《二十四史》之一的《新唐书》的修撰，发挥了重要作用。此外还参与了《仁宗实录》《起居注》《类编》等书的修撰，在当时负有盛名。范镇对范祖禹十分器重，说："此儿，天下士也。"

　　范祖禹（1041—1098 年），字淳夫（淳，或作醇、纯；夫，或作甫），一字梦得。宋英宗时，命司马光精选馆阁英才，共领修编《资治通鉴》。司马光选了三人作为助手，分别负责不同历史时期"长编"和初稿的编纂。范祖禹负责唐、五代十国时期，因为离北宋最近，资料十分浩繁，考证、甄别和整理的工作量非常繁重，而此时的范祖禹仅仅二十出头。在此后的十多年间，范祖禹埋头修史，从不理会官场的进退。《资治通鉴》完成后，范祖禹所负责的部分受到当时和后世人们的高度评价。

　　除参与编纂《资治通鉴》外，范祖禹还参与了《神宗实录》《神宗正史》

等官修史书的编修。此外，他还独自撰有《唐鉴》十二卷，《帝学》八卷，《仁皇政典》六卷等史学著作。特别是《唐鉴》十二卷，是宋代义理史学的典范之作，深刻地分析论述了唐三百年间的治乱，涉及政治、经济、军事、文化、伦理等多方面内容。《唐鉴》成书后，受到学者的高度赞扬，《宋史·范祖禹传》评价该书："深明唐三百年治乱。"范祖禹也由此得名"唐鉴公"。

范冲（1067—1141年），字元长，范祖禹长子，曾主持重修宋神宗、宋哲宗两朝实录。

除华阳"三范"，宋代四川著名史家首推"二李"，即南宋的李焘和李心传。李焘（1115—1184年），字仁甫，一字子真，眉州丹棱（今四川丹棱）人，他耗时40年撰就《续资治通鉴长编》，共1063卷、今存520卷，是一部卷帙巨大的史学名著。李心传（1166—1243年），字微之，隆州井研（今四川井研）人，著有《建炎以来系年要录》200卷、《建炎以来朝野杂记》40卷，都是研究南宋历史的重要资料。后世人对"二李"的评价甚至超过了"三范"："有宋一代史学之精，自司马光外，无如二李者。"

除范氏、李氏外，宋代成都人的史学成就主要还有张唐英的编年体史书《蜀梼杌》，是流传至今记述前、后蜀历史仅存的一部专书，是研究这段时期成都历史文化的珍贵资料。此外，比较重要的史家和史学著作还有成都吴缜《新唐书纠谬》二十卷，蒲江魏了翁著《国朝会典》二百卷，眉州（今四川眉山）王称著《东都事略》一百三十卷等。

以"三范"和"二李"为代表的史学成就，代表了宋代史学的最高水平，是书香成都在史学方面的重要内涵。后世有"唐后史学莫隆于蜀"的说法，这是合乎实际的客观评价。

史学著作之外，宋代四川地区的方志编修也很繁荣，著名史学家、四川大学教授蒙文通先生曾指出："两宋之世，史学特盛，超越汉唐。蜀中史著之多，方志之富，更为特出。"

据统计，见于记载的宋代成都地区所修地方志共23部，现已全部亡佚，仅存书名，但从中还是反映出当时成都修志之兴盛。在这些方志著作中，由成都知府赵抃开创先河，后人不断续编的"成都四记"的编纂，前后相续，蔚为壮观。所谓"成都四记"，是指宋代四位在成都担任过地方最高长官的学者主持编纂的地方志体裁的史书。它们分别是赵抃的《成都古今集记》、王刚中的《续成都古今集记》、范成大的《成都古今丙记》和胡元质的《成都古今丁记》。"四记"的编纂起于1074年，结于1180年，前后共100余年。

成都"四记"相因相革，互为补充，其组织结构完备，内容详实，注重总结历史经验教训，保存了历史资料，弥补了前志缺陷，开启了后来志书的新发展。

遗憾的是，成都"四记"已散佚不存，但其书的序、跋等文和少数内容仍留存在其他一些类书之中，或为其他著作所辑录，而流传至今。

"唐后史学莫隆于蜀。"以"三范"为代表的史学成就，和宋人前后相续，多次编修《成都记》，是成都文化史和地方志编纂史上的一次盛事，充分显示了宋代成都文化的兴盛和蓬勃生机。

古今多少事　都付笑谈中
——绝代风流杨升庵

一、"博学第一"与"著述第一"

　　李杜诗篇万口传，至今已觉不新鲜。
　　江山代有才人出，各领风骚数百年。

　　清人赵翼的这首论诗绝句，表达了诗人对文学创作的卓越见解。同时，用它来概括成都在中国文化历史长河中的地位，也十分贴切。

　　在中国文学史上，汉晋时代，司马相如和扬雄执掌了文坛牛耳；唐宋时代，李白、杜甫、苏东坡引领着诗坛风气；及至明清，引领风骚数百年的，当推杨升庵。

　　杨升庵（1488—1559 年），名慎，字用修，号升庵，新都人。其父杨廷和为明代名相，历仕宪宗、孝宗、武宗、世宗四朝，正德间及嘉靖初为内阁首辅，主持朝政。杨升庵与乃父一样自幼聪颖，二十岁乡试第一，为解元。正德六年（1511 年）二十四岁，会试第二、殿试第一，为状元，也是有明一代四川唯一的状元，因此成都人至今仍然称其为"新

杨慎雕像（成都浣花溪公园诗歌大道旁）

都杨状元"，对他从不称名，皆呼为杨升庵。杨升庵三十七岁时，因"大礼议"开罪于世宗嘉靖帝，被削职充军永昌卫（今云南保山），一生不得释还，最后老死于戌地。

在成都文化发展史上，杨升庵是一个具有代表性的人物。在整个明清时期，杨升庵的文化地位也是第一流的。明代著名的思想家李贽十分崇拜杨升庵，把他同李白、苏东坡同列为"蜀中三仙"，分别称其为"李谪仙、苏坡仙、杨戌仙"。有明一代，杨升庵又与解缙、徐渭合称"明代三大才子"。

"博学第一"，是明清学者对杨升庵众口一词的评价。杨升庵聪颖勤奋，爱好广泛，经史子集无所不习，诗词赋曲无不擅长；谪戌边疆，又使他接触到了山川地理，古迹碑碣、方志方言、民俗俚语、民歌民谚、路驿水站，南诏大理夜郎等古国历史都成为他探访、辨释、考证的对象。清代著名学者纪晓岚曾说"慎以博洽冠一时"，清代四川大学者李调元也说"吾蜀杨升庵为有明博学第一"。

杨升庵"博学第一"，又勤于笔耕，因而成就了他"著述第一"的美誉。杨升庵著述种类之丰富，明清学者皆称其第一。据专家调查统计，杨升庵著作流传至今者，共存 174 种，涉及经学、文学、史学、方志、杂著考订、音韵文字、诗词书画评论、医学、民俗民谚等各个领域。

杨升庵是著名的文学家，一生创作出大量的诗、词、曲、弹词及杂文作品，现存诗 2300 余首，词 340 余首，套曲、小令 230 余首。

杨升庵最为后世学者称道的，还是他在史学和方志上的成就。长期流放云南，使他十分留心云南山川史志、文物古迹、民俗俚语和古南诏国历史文化的探访、搜集和编著，先后写成《滇载记》《滇程记》《滇候记》《云贵乡试录》《古今风谣》《云南山川志》等著作，涉及云南历史、地理、文化、民俗等各个方面。杨升庵对云南文化所做的巨大贡献，使他至今仍然受到云南人的崇敬。

二、杨升庵与《全蜀艺文志》

杨升庵对巴蜀和成都文化做出的一大贡献，是《全蜀艺文志》。嘉靖二十年（1541 年）四川巡抚刘大谟发起重修《四川总志》，礼聘杨升庵等人担任编纂工作。杨升庵负责其中的《艺文志》部分。书成，后世以《全蜀艺文志》之名单行于世。《全蜀艺文志》的编纂过程，充分反映了杨升庵的博学和对古文献的熟悉。《四川总志》正志仅 16 卷，而附于其后的《艺文志》达 64 卷，是《总志》

的4倍。《全蜀艺文志》共收录诗文1873篇,有名氏的作者631人,共140余万字。令人惊奇的是,篇幅如此巨大的工作量,杨升庵仅仅用了28天便告完成。《四川总志》初稿完成后,刘大谟对其他各个部分都不甚满意,另外安排人统一体例,调整门目,删削内容,重加编定。唯独《艺文志》部分无一改动,"悉仍升庵之旧,未之能易焉"(崔廷槐《四川总志后序》)。

《全蜀艺文志》书影

杨升庵之所以能在短短28天之内完成篇幅如此巨大的《全蜀艺文志》,主要得益于其父杨廷和的前期工作。杨廷和生前曾打算编一部《蜀文献志》,为此收集了大量材料,并做了相当扎实的基础工作。杨升庵在《全蜀艺文志》序中说:

> 先君子在馆阁日,尝取袁说友所著《成都文类》、李光所编《固陵文类》,及成都丙、丁两记(指宋人范成大《成都古今丙记》、胡元质《成都古今丁记》),《舆地纪胜》一书,上下旁搜,左右采获,欲纂为《蜀文献志》而未果也。悼手泽之如新,怅往志之未绍。……乃检故麓,探行箧,参之近志,复采诸家。……乃博选而约载之……

杨升庵使用的材料来源,有好些书已经失传。在该书所收的一千八百余篇诗文中,有三百五十余篇不见于其他文献。也就是说,这三百多篇诗文全靠《全蜀艺文志》才得以保存下来,这就使得《全蜀艺文志》具有很高的文献价值。

杨升庵选录诗文的标准,与一般诗文集有所不同。一般诗文选集主要是从文学的角度进行选择,而杨升庵的视野更为广阔,在文学之外还具有史家的眼光,更注重诗文特别是乡邦历史文化的史料价值,更注意从史志的角度来选文。因此,《全蜀艺文志》中选入了不少为一般诗文选家"不屑"选录的"另类"文章。如《创筑羊马城记》《导水记》《淘渠记》《砌街记》《后溪记》《王公堤记》《縻枣堰记》等,从标题上看,这些文章显然不入一般文人雅士的"法眼",记述的都是"琐屑"的"市井俗事"。而这些缺乏"雅趣"和文采的文献,恰恰保留了成都城市发展过程中的基础设施和公共管理如水利、供排水、公共交通等方面的珍贵信息,是研究成都城市发展史的极其宝贵的资料。再如范成大的《成都古寺名笔记》,其中开列了南宋淳熙间仍保留于成都大慈寺的唐宋名画,完全是一篇账单式的文字,虽无文采可言,却是研究四川乃至中国古代绘画艺术史的重要史料。

从选文的文体上看,《全蜀艺文志》设置了世家、碑目、谱、跋、行记、题名等文体,从而使收录的范围更加广泛,在这些文体下收录的文章,大多为珍贵的地方史资料。如所收元人费著的"七谱",即《蜀锦谱》《笺纸谱》《钱币谱》《楮币谱》《岁华纪丽谱》《器物谱》《氏族谱》,系统记录了宋代成都的蜀锦生产与花色品种、笺纸的名品、钱币的铸造与流通、纸币(即楮币)的产生发展与发行、文物的发现、世家大族分布及状况,以及唐宋时代成都城市岁时节令的游乐盛况,对研究宋代四川特别是成都城市社会、经济、金融、文化、风俗等方面均具有重要的价值。值得专门提及的是,成都是世界纸币的发源地,而《楮币谱》正是一篇系统记述成都乃至四川纸币发生发展的极其珍贵的文献。

可以这样说,《全蜀艺文志》是研究成都历史文化至为宝贵的历史文献。

三、新都桂湖与成都状元街

杨升庵与司马相如,同为各自时代的成都第一才子乃至中国第一才子,二者的人生也有相似之处:他们的夫人都是著名的才女。杨升庵夫人黄娥,与卓文君、薛涛、花蕊夫人同被誉为古代巴蜀四大才女,擅诗词,尤精于散曲。

现在新都城中的桂湖,是全国唯一一座保存了隋唐园林遗迹的古典园林,始建于唐初,原名"南亭",当年曾是杨升庵的故居。杨升庵与黄娥婚后,这对恩爱夫妻曾徜徉在湖光水色之间,切磋诗文,夫唱妇和,过着缠绵而浪漫的爱情生活。后来杨升庵远戍云南,夫妻天各一方,写下了无数寄托相思的诗词曲子。下面这首凄婉动人的《罗江怨》,就出自黄娥之手:

> 青山隐隐遮,行人去也,羊肠小道几回折?雁声不到,马蹄又怯。恼人正是寒冬节。长空孤鸟灭,平芜远树接,倚楼人冷栏干热。

桂湖之畔,至今有杨升庵当年手植的桂树。桂湖大门两侧,有一大一小两

考四海而为隽 纬群龙之所经——教育学术篇

株紫藤，大的一株相传为杨升庵手植，主干直径达 86 厘米。两株紫藤枝蔓在大门正上方相交缠，然后向东西两个方向绵延，形成一座罕见的百米紫藤长廊。紫藤条蔓纠结，盘错扭绕，有"在天愿作比翼鸟，在地愿为连理枝"的意境，象征着杨升庵和黄娥缠绵悲切的爱情。

成都人民南路红照壁十字路口以东，十多年前还有一条叫作"状元街"的街道，这里曾经有杨升庵在成都城内的故宅。清代乾隆年间的四川布政使查礼曾经在这里居住，他对杨升庵极为敬重，在调离四川时，命儿子在街中修建了一座牌坊作为纪念，牌坊上刻有"状元坊"三个大字。状元坊到嘉庆年间便已垮塌，后来未再重建，而状元街之名则一直保留下来。21 世纪初，状元街在"旧城改造"的浪潮中被全部拆掉，成都城中的杨升庵纪念地，从此荡然无存。

张之洞、王闿运、尊经书院

一、"天府之国"的"虎患"

从两汉到唐宋，成都人常以"蜀学"自傲。自"文翁化蜀"以来，名家辈出，学术文章一直傲视九州。

然而自元代以降，蜀文化的光芒便一路暗淡下来。宋末元初，四川地区战乱频仍，成都城多次遭受毁灭性的破坏。明末清初，四川兵连祸结，张献忠的"大西军"、清军、南明军，在四川地区反复绞杀了二三十年。清康熙十二年（1673年），吴三桂发动"三藩之乱"，四川地区又遭受八年之久的战祸，成都遭受了远比宋末元初更为严重的破坏。号称"天府之国"的巴蜀地区，荒烟百里，榛莽丛生，老虎成群，竟然以人为食，成为巴蜀历史上令人难以置信的"虎患"。

康熙初年，成都学者费密在其《荒书》中记述，顺治四年（1647年）清将李国英入成都，"留张得胜守之，辟草莱而居"。不久张为其部下杀死。"自得胜死，成都空，残民无主，强者为盗，聚众掠男女屠为脯（肉干）。继以大疫，人又死。是后，虎出为害，渡水登楼。州县皆虎，凡五、六年乃定。"

康熙初年，欧阳直所著《蜀乱》则具体描述了"虎患"的景象：

> 蜀中升平时从无虎患，自献贼起营后三四年间，遍地皆虎，或一二十成群，或七八只同路，逾墙上屋，浮水登船爬楼，此皆古所未闻，人所不信者。

康熙时人赵彪诏所著《谈虎》也说，顺治四年（1647年）四川老虎为患，"十百为群，或夜半抉椽瓦而下，尽啮室中老幼"。康熙十年（1671年）以后，全国已基本恢复正常，但四川仍多有老虎出没。康熙十一年（1672年），王士祯自川北进入成都，九月二十五日到成都双流县，入城后见"虎迹纵横"。三藩之乱爆发，四川再次成为主战场之一。战后的四川"所存惟兵"，虎患之灾卷土重来。康熙二十一年（1682年）陈奕禧所著《益州于役记》记：入成都府汉州"城内外皆林莽，成虎狼之窟"。康熙二十二年（1683年）方象瑛《使蜀日记》载，九月"抵新都县，皆名区。乱后中衢茅屋数十家……虎迹遍街巷"。昔日的通衢闹市，只剩茅屋数十家，大街小巷，老虎招摇而过。如此景象，令人难以置信。

自古以来，中国的老虎都是在山区出没。如今不仅在平原，而且在城市中成群结队，只能说明一个事实，就是这些地区的人类已经快要绝迹了，经济社会，也随之到了极端凋敝的境地。

二、蜀学的颓败

经济社会极端凋敝，必然导致文化衰微，文人士大夫或死于战乱，或远走他乡，旧家文物、书院典籍皆化为灰烬。为了恢复四川经济，清政府实行"湖广填四川"措施，向四川大量移民。但移民的绝大多数是底层劳苦大众，大多目不识丁，更缺"诗礼传家"的书香传统。初来乍到，艰难凄惶，开荒垦田尚且自顾不暇，既无条件也无心思追求诗书礼乐。

及至康熙中叶，18世纪初期，四川地区经济逐渐恢复生机，地方政府也开始复兴文教事业。康熙四十三年（1704年），四川按察使刘德芳在文翁石室旧址上建锦江书院，欲重续文翁根脉。此后一百多年间，随着社会经济的繁荣发展，地方官府和私人在成都地区又先后开办了墨池书院、芙蓉书院、潜溪书院、万春书院、九峰书院等一大批书院，文教事业逐渐兴盛，据统计，清朝后期，四川的书院数量已居全国第二。

书院和学生的数量上来了，质量却令人沮丧。锦江书院开办后的一个半世纪，蜀地的学风始终颓废不振。书院虽多，却尽堕落为科举附庸。学生求学，不求真学问，唯一目的是科举功名。当时的"蜀士"，除八股文外不读书，甚至有人读书到老，居然不知世间有《史记》《汉书》。如此状况，与《儒林外史》中的范进之流何其相似乃尔！不少人读书十年，下笔作文却仍然文理不通。蜀中的科场考试，舞弊之盛，臭名远扬。枪手代替，十无一真；贿赂考官，攻讦诋毁；甚至绑架斗殴，酿成血案。

清开国二百年，蜀中出色人才，寥若晨星。在古代，科举是测评人才的重要手段。四川在唐代中了六位状元，宋代中了八位状元。明代只有一个杨慎，还是在北京长大成人。清代直至光绪之前，四川一个状元也没出过。具有全国声望的"蜀士"，仅有清中叶的张问陶、李调元、彭端淑少数几人，当时的蜀中"名士"，大多肤浅平庸。

在清代，公认的学术主干是研究儒家经典的经学。道光年间，大学士阮元编《皇清经解》，共收录清代经学著作183种，凡1400卷。光绪年间，学者王先谦编《皇清经解续编》，共收经学著作209种，1430卷。两部皇皇巨编，其中竟无一部川人著作！蜀学之凋敝，竟至于此！当时人对四川学术有这样的评价："近今人才，中外咸以川省为殿。"

昔日蜀人津津乐道的"蜀学比于齐鲁""文章冠天下""文宗在蜀""易学在蜀"的四川学术，到清代已落入全国落后之列！

鸦片战争以后，列强环伺，民族危机日渐严重。咸丰、同治年间，随着洋务运动的兴起和西方文化的传入，一些敏锐的士大夫已经开始思考这场前所未有的大变革。而此时四川的士人，仍然"不知有汉，无论魏晋"，闭目塞听，浑浑噩噩。这种局面，已经到了非改变不可的时候了。

三、张之洞"重开石室"

这种令人尴尬，令人蒙羞的状况，终因一所书院的开办而得到彻底的改变。这所书院，就是成都尊经书院。

同治十三年（1874年）四月，在籍工部侍郎薛焕联名十五位绅士，上书四川总督吴棠和四川学政张之洞，以锦江书院学生只知研习八股，知识单一而狭窄，培养的人才不合时势要求，学风也积弊难改，想要"绍先哲，起蜀学"，应当另辟蹊径，请予重新创建一所省级书院，继承"文翁之教"，以"通经学古"督课士子，培养学贯古今的通达之士，且应立即着手开办事宜。

张之洞十分重视这一建议，与吴棠联衔奏准清廷，择地新建尊经书院。仅仅过了半

张之洞墨迹

年，光绪元年（1875年）春，尊经书院就在成都文庙西街以西的南较场石牛寺旧址落成并招生开学。

成都古代原有石犀寺，是成都历史上最重要的佛寺之一，唐代名空慧寺，据传为玄奘法师受戒之所，位置在今金河宾馆至西胜街一带，明末清初成都城毁于战乱，寺亦全毁。清代建成都满城，这里被划入成都将军衙署，于是在满城以南的南较场择地重建石犀寺。因古代的石犀早已埋入地下不能重见，就在寺院里新雕刻了一头石牛，寺庙也因此改称石牛寺。清末，尊经书院改为四川省城高等学堂，石牛在那时还能看到。当时在四川省城高等学堂任教的日本人山川早水记载道："高等学堂内有一石牛，制作极其奇古，长约四尺，高约三尺，虽然处处缺损，但四足俱全，面鼻犹存。"

新建的尊经书院规模宏大，堂舍宽敞，中门匾额大书"石室重开"，开宗明义地表现了书院继承文翁之教，振兴蜀学的宗旨。

谈到对尊经书院的作用和影响，论者无不大谈张之洞和王闿运，此二人固然重要，而书院的首倡者和首任山长薛焕，也是一位值得一提的人物。

薛焕（1815—1880年），四川兴文人，道光二十四年（1844年）举人。薛焕不以学术见长，没有中过进士，却是一个精明强干的"能吏"。他于道光二十九年（1849年）出任江苏金山知县，不久爆发太平天国之乱，中国最富庶的江南地区成为战乱中心。薛焕充分发挥他的干练之才，在乱世中迅速崭露头角，先后担任金山（属今上海市）知县、松江（属今上海市）知府、苏州知府、苏（州）松（江）太（仓）道、江苏按察使兼署（代理）上海道、江宁布政使、江苏巡抚兼署两江总督，不到十年时间，便由"七品芝麻官"跻身封疆大吏之列。

薛焕最为难能可贵的，也是长期以来为论者忽略的，是他在国人还没认识到西方科技的重要性而斥之为"奇巧淫技"时，已率先引进西方技术，实施"师夷长技"以自强。洋人聚集的通商口岸上海，一直都在薛焕的"辖区"之内，因此不可避免地要与洋人直接打交道，办交涉。精明强干的薛焕很快进入角色，成为近代中国第一位直接处置"洋务"的高级官员，中国第一位专职洋务大臣。薛焕办理洋务的代表作，是招募美国人华尔，在上海创建了晚清第一支使用西方建制与先进武器的"洋枪队"（后改名"常胜军"）。"洋枪队"成立后，很快在对太平军的战争中取得令人瞩目的胜绩，引起前线各路清军将帅和清廷的注意。使用洋枪洋炮，采用西人战法，迅速为各路清军所仿效。中国军队由冷兵器时代跨入热兵器时代的进程，就此拉开序幕。而这位拉幕之人，就是薛焕。

以薛焕的才干和识见，领衔上书请设书院，培养学贯今古，"经世致用"的通达之士，自然在情理之中。尊经书院成立后，薛焕出任首任山长。

如果说薛焕对尊经书院有创意之功，那么张之洞对尊经书院就有奠基之功。张之洞（1837—1909年），直隶南皮人，字孝达，号香涛，晚清著名的洋务派大臣，是对近代中国有着深远影响的重要人物。

尊经书院创办时，张之洞正在主管教育的四川学政（提学使）任上，他理所当然地成为书院规制的制定者。从张之洞为尊经书院所题"石室重开"四字匾额，就可以看出他的抱负。当年的文翁石室，那时是锦江书院，已经不能振兴蜀中学术，有石室之名，无石室之实。而踵武前贤，振兴蜀学，非尊经书院莫属，新时代的石室，就在这里！石室为文翁所开，隐然之间，张之洞也成了新时代的文翁。

首先，他为尊经书院打下了雄厚的经济基础。经四川总督吴棠批准，四川全省的盐税盈余全部划拨该校，再提供田产数百亩作为校产。尊经书院首批百余名学员，从全省3万多名秀才中选送，再由书院依人品学问的高下择优录取，蜀士精英，几乎尽入尊经之"彀中"。学生一律住校学习，不交任何费用，每月还领取"膏火费"纹银4两，待遇不可谓不优厚。

其次，为了矫正书院学风，张之洞确立了"首励以廉耻，次勉以读有用之书"的办学宗旨，并亲自为书院制定了学规章程。书院设置经史、小学（训诂）、辞章等课程，而不设"时文"即八股文，提倡"通经学古""通经致用"的学术风气。

第三，为了给学生指明读书门径，张之洞编写了著名的学术入门书籍《书目答问》和《輶轩语》。

第四，张之洞深知"明师出高徒"的道理，按照清制，省级书院的山长由总督巡抚亲自出面聘请，但在背后拟定人选名单的实际上是张之洞。书院创建之中，他就向当时国内的学术名流王闿运、俞樾、张文虎、李慈铭等发出邀请，希望他们来尊经书院出任山长或主讲。遗憾的是，由于各种原因，张之洞的心愿一时未能达成。

张之洞对于书院倾注了大量心血，他之于尊经书院，虽无山长之名，却有山长之实。遗憾的是，张之洞对于书院的建设，只持续了一年，次年（1876年）他便被调往别处。他在给继任四川学政谭宗浚的信中说道："身虽去蜀，独一尊经书院，惓惓不忘。"

四、"帝王之师"王闿运

张之洞离开成都的当年，四川总督吴棠去世。洋务派的重要人物贵州人丁宝桢出任四川总督，他同样十分重视尊经书院，当时，第一任山长薛焕已经离任，继任山长浙江人钱保塘重考据之学，与重"经世致用"的丁宝桢治学路数不合。于是丁宝桢想到了他的老朋友王闿运。

王闿运（1833—1916年），湖南湘潭人，字壬秋，号湘绮，世称"湘绮先生"，经学家，史学家，教育家，诗人，晚清最具传奇色彩的大名士，被誉为湖南继王船山（王夫之）之后的又一学术世擘。他一生涉猎甚广，无所不学，无所不精，为文汪洋恣肆，有庄子之风。作诗撰联，均为当世一流。其史学代表作《湘军志》，为人称誉"文笔高朗，为我国近千年来杂史中第一声色文学"，"是非之公，推唐后良史第一"。

经学、史学之外，王闿运最看重和得意的是他的"帝王之学"。其用世之初，正值太平天国之乱，天下糜烂，他祈望效法战国策士苏秦、张仪之流，以"纵横之术"立不世之勋业。王闿运成名很早，25岁参加湖南乡试即高中第五名举人，但此后会试名落孙山，从此不再入春闱。不久，恰逢咸丰帝的重臣肃顺招揽人才，一席长谈，肃顺为王闿运的学识所倾倒，引为谋士。此后肃顺筹划国事、任免官员，王闿运多

王闿运书对联

参与其中，且表现十分出色，为肃顺起草的奏折也受到咸丰帝的激赏。肃顺识见出众，是满洲贵族中少有的精英，他在任时一反清廷惯来做法，倚重汉人领军的湘军。这其中，深知湘军重要作用的王闿运，有推波助澜的作用。此时的王闿运，尚不到三十。肃顺败后，慈禧太后和恭亲王不仅继续这一政策，更是

发扬光大，最终依靠曾、左、李的湘军和淮军平定了太平天国。其间王闿运也曾入曾国藩幕下。但他的"纵横之术"在谨小慎微的曾国藩那里没有市场。坊间传说他曾经劝说曾国藩代清自立，曾断然拒绝，并示意其"另谋高就"。虽然没有任何证据，但以当时的形势和曾、王二人的性格推论，也不完全是空穴来风。

王氏晚年，被袁世凯任命为中华民国首任国史馆馆长。中国历来重视修史，唐以后历代纂修正史，大多由宰相领衔，由此可见国史馆馆长地位和身份之尊贵。这是他一生做过的最大的官，但不久又因不满袁复辟帝制而称病离京。

才高之士，大抵脾气古怪，王闿运也不例外。举世仰为"泰斗""儒宗""大师""一代鸿儒""一代文宗"，而本人却自以为"一生襟抱未尝开"。因此王闿运把文人的狷介，发挥得淋漓尽致。他一生桃李满天下，却又收了三个匠人为入室弟子。这"王门三匠"之中，一位铁匠，一位铜匠，还有一位木匠，就是齐白石。大名鼎鼎的湘绮楼，就是王闿运七十岁时，由他的匠人弟子发起捐款为师祝寿所筑。

五、王闿运与尊经书院

除诗文学术之外，王闿运最大的成就在于教育。他先后主持成都尊经书院、长沙思贤讲舍、衡州船山书院、南昌高等学堂等校，成为晚清最著名的教育家，直接教授过的学生数以千计，"桃李遍于天下"，其中不少人成为当世才俊。

早在尊经书院创设之初，王闿运就受到张之洞的邀请，但王因故婉拒。此番再接丁宝桢的力邀，许是机缘有合，王欣然同意，于光绪四年（1878年）除夕之前抵达锦城。并于次年二月二日正式出任尊经书院山长。

丁宝桢给了王闿运极高的礼遇。王闿运的任职典礼上，丁宝桢以总督之尊，与成都将军亲率成都各级官员行拜师大礼，并且宣布，今后所有官员每月初一都要去书院行弟子礼，聆听王闿运的教诲。作为书院山长，年薪白银3000两。"士为知己者用"，王闿运有感老友的苦心，当即表示"敢不殚精竭虑以效驱驰"。

尊经书院的高材生张祥龄，曾经有过这样的议论："吾蜀学术思想……实启于南皮（张之洞），成于湘潭（王闿运）。"

王闿运入主尊经书院，首先严格整饬书院纪律，重新制订书院"条规章程"。此前张之洞已为尊经书院制订了一套完整的章程，但由于书院草创，张之

洞又很快离任，这些规制并未严格执行，甚至废弛败坏。王闿运初至尊经书院时，学生吸食鸦片者众多，他大力禁烟，不能戒烟者一律淘汰，一举禁绝了书院的烟毒。在王闿运手中，尊经书院的规章制度真正得到严格执行。学生考试一课不及格即扣罚月费，二课不及格，除罚津贴外更遭"戒饬"，三课再不及格，即开除学籍，而对考试优异者则另有奖励。严明的奖惩，有效地保障了诸生的学业进步。

光绪五年（1879 年）年末，王闿运为书院大门集撰了一副春联：

考四海而为隽；
纬群龙之所经。

这是一副集《文选》联。上联出自左思《蜀都赋》，下联出自班固《幽通赋》，大意为：尊经书院的学生，都是四海难觅的卓越人才；你们在书院的学业，就是要通经博古，成就将来的辉煌。这是王闿运对帐下弟子的期许。

王闿运自光绪五年（1879 年）入主尊经书院，至光绪十二年（1886 年）离任，前后执掌书院七年。这是尊经书院学术的转折时期。与江浙学派重考据、辞章不同，王闿运继承湖湘学派自嘉庆道光以来的"礼学经世"学风，讲求"通经致用"。以经史词章等实学教授学生，分经授业，按时讲肆，对学生要求严格，规定每日读书必记录心得，他本人亲自以次审改评定。学生的优秀文章，书院选刊为《蜀秀集》刻版印行，在当时颇有影响。

王闿运一生特立独行，虽"壮志难酬"，但"布衣傲王侯"的傲岸之气从未稍减。平时嬉笑怒骂，讥弹嘲弄，无所不至，达官贵人常惮怕而避之不及。但他对学生真诚和易，勤于教诲，侃侃而谈，终日不倦。春风化雨，尊经书院"沉静好学，崇实去浮"，经世致用的学风一步步发扬光大。

在王闿运的指导下，尊经书院的学生迅速崭露头角。蜀中本不乏聪慧少年，尊经学子又是千里挑一的人中之龙。张之洞曾经不无得意地说："通省佳士，大率心志者尽在书院。"虽然书院宗旨不志于科举，课程不设八股文，更不考核。但得到名师点拨的尊经少年，学养丰富、训练有素，八股文对他们来说就是"小儿科"，因此在科举考试中轻易占得先机。王闿运主持书院的当年秋天，光绪五年（1879 年）己卯，尊经学子参加乡试取得优异成绩，共有二十三人中举，其中包括后来成就斐然的廖平和宋育仁。王闿运心情大好，率领中举学生出城郊游，众人仿唐代进士登科之后"雁塔题名"风流故事，在青羊宫二仙庵壁上一一题写姓名。看着意气风发的众少年，王闿运欣然赋诗以纪：

> 澄潭积寒碧，
> 修竹悦秋阴。
> 良游多欣遇，
> 嘉会眷云林。

六年之后的光绪十一年（1885年），四川乡试发榜，尊经学子再传捷报，在当年中举的前十名举人中，尊经院生占了四名。即将离蜀的王闿运立下一通《四川尊经书院举贡题名碑》并为之作序，以鼓励后学。碑文列举了尊经书院五十名乡试中举赴京会试学生的籍贯、姓名、字号和年龄。相当于尊经书院的"光荣榜"。碑文由名列"尊经四杰"的书院学生吴之英书写。一百二十八年后的2013年4月，这通石碑在四川大学望江校区出土，以实物证实了作为四川大学前身的尊经书院的辉煌。

又过了十年，光绪二十一年（1895年）乙未，尊经学生骆成骧以一篇"策论"在当年的殿试中赢得光绪皇帝的青睐，钦点为状元。一时间，这位清代四川唯一的状元成为传奇人物。这是清代四川教育史上的一件大事，同时也有几分讽刺意味：以前的书院专攻科举应试，两百余年间都未能培养出一位状元，而视科举为"余事"（副业）的尊经书院，开办不到二十年，却令人惊讶地做到了。

在成都文化发展史上，尊经书院承前启后，开一代风气之先，是中国教育制度从传统向近现代转型的代表性书院之一。尊经书院仅存在二十八年时间，张之洞开创肇基，王闿运引领方向，树立品格。蜀中学子经此教授，使"蜀学"在短时期内蔚然复兴，这不能不说是一个奇迹。

六、灿若群星的"尊经学子"

尊经书院集蜀中英才而育之，清末至民国从四川走向全国的重要人物，几乎都与尊经书院有着直接或间接的渊源。

从学术的角度衡量，尊经书院最杰出的学生当数廖平。廖平（1852—1932年），四川井研人，尊经书院首批学生。入尊经之前即已受到学政张之洞的激赏，书院成立后即被选拔入学。廖平一生从事今文经学研究，不断超越自我，标新立异，其学说在当时可谓"离经叛道"，不仅震惊学人，也为他的恩师张之洞和王闿运所痛心疾首。但廖平不为所动，我行我素，一往无前，终于自成一

考四海而为隽　纬群龙之所经——教育学术篇

173

家，建立了一个融合古今中西学说，富有时代特色的经学理论体系。虽然饱受当时和后世的非难，但亦堪称中国近代最具特色的经学大师。康有为主张变法的代表作《新学伪经考》和《孔子改制考》，正是在廖平学说的启发下才得以写成。甚至有人认为，康有为的上述两部著作，是剽窃廖平的学说而来，于是成为近代学术史上一桩著名公案。

以廖平为代表的尊经学人，在剧烈变革的晚清，依托今文经学，主张托古改制，为日后四川维新变法提供了理论基础。1898 年（戊戌年），成都学人依托尊经书院而创立"蜀学会"，并发行机关刊物《蜀学报》，成为四川维新派的舆论阵地。

除廖平以外，尊经学子在社会文化的各个方面都不乏俊彦之士，他们在传统与现代，中学与西学等各个领域争奇斗艳，成就斐然，为世所瞩目。其中之佼佼者有：

廖平书对联

"戊戌六君子"之一的杨锐。四川最早的外交家、维新志士、"蜀学会"的发起人宋育仁。辛亥革命中的四川军政府都督尹昌衡。为推翻清朝建立民国，舍身炸死良弼，被孙中山先生追封为"大将军"的辛亥烈士彭家珍。辛亥保路运动领袖蒲殿俊、罗纶。清代四川唯一的状元，曾任京师大学堂首席提调和四川高等学校校长的骆成骧。"五四"新文化运动的主将，被誉为四川"只手打孔家店"的吴虞。著名学者、书法家吴之英。四川通省师范校长徐炯。《成都通览》的作者、著名报人傅樵村。著名史学家张森楷。海内名医，新中国成立后的中华医学会副会长、中国科学院学部委员萧龙友。中国民主同盟创始人、中华人民共和国中央人民政府副主席张澜。名列中共"四老"之一的无产阶级革命家吴玉章等。

此外，尊经书院的学生，后来多成为各级新式学堂的骨干教师，他们培养的人才中，有更多的俊彦之士。无产阶级革命家朱德、陈毅、杨尚昆，天才的学者、诗人、作家郭沫若，史学大师蒙文通，著名文学家李劼人、沙汀、艾芜，都曾表示自己是"尊经后学"。

尊经书院桃李满川，清末民初四川的种种变革，从戊戌变法、保路运动、辛亥革命、新文化运动一路走来，四川近现代历史上每一个重要的关口，都会出现尊经学子的身影。从某种意义上可以这么说，一部四川近现代史，是由尊经学子们书写的。

昔日尊经书院的精舍，已消失在现代都市的楼群之下。然而尊经少年的身影，却永远留在书香成都的记忆之中。

成都人民公园辛亥秋保路死事纪念碑（东面，尊经书院学生吴之英书）

从皇城坝到锦江之滨
——四川大学的来龙去脉

一、四川中西学堂——四川最早的新式学堂

> 大月亮，小月亮，
> 哥哥起来学木匠，嫂嫂起来洗衣裳。
> 白白洗，白白浆，送哥哥，进学堂。
> 一个学堂窄又窄，两边坐的烧香客。

清朝末年的这首成都童谣，反映的是当时成都兴办学堂的情景。"一个学堂窄又窄，两边坐的烧香客"，学堂开办在寺庙里面，寺庙的菩萨还在，还有香客来烧香拜佛。这种以庙宇开办学堂的情况，在清末民初的中国是一种普遍现象。

自文翁建石室开办地方官学，成都兴学的传统延续两千多年而不替。直到社会大变革的清末，书香成都薪火相传的书院学塾，开始了向现代大学制度脱胎换骨的转化。这一转化，集中体现在四川大学的成立和发展之上。

四川大学的渊源，可以追溯到清初创办的锦江书院和清末兴办的尊经书院。但作为严格意义上的现代高等学校，四川大学应该以 1896 年创建的四川中西学堂为肇始。

光绪二十一年十月二十六日（1895 年 12 月 12 日），四川总督鹿传霖向光绪皇帝上了一道奏折，向皇帝请求建立四川中西学堂以学习"西文西艺"。奏折中有这样一段文字，陈述了创办四川中西学堂的缘由：

> 讲求西学，兴设学堂，实为今日力图富强之基。川省僻在西南，囿于闻见，尤宜创兴学习，以开风气。

四川大学江安校区大门

在向朝廷奏报之前，尚未挂牌的四川中西学堂已经开始运作。光绪二十一年（1895年）六月初八日，四川中西学堂就"选取年幼聪颖子弟、文义清通者三十人，借地开馆肄习"，并议立章程。用今天的话说，四川中西学堂是"先上车，后买票"。得到皇帝批准后，四川中西学堂于光绪二十二年（1896年）五月初八日在成都三圣祠街（今成都暑袜中街附近）正式开学。试用知县何维棣被委任为首任中西学堂总理（校长）。何维棣（1856—1913年）出身湖南省道州何氏世家，是清代大书法家何绍基的孙子。由于中西学堂后来被公认为四川大学的前身，因此有人称何维棣为"四川大学首任校长"。

四川中西学堂是成都历史上，也是四川历史上第一所专门学习西方近代文化的学校。学校分设英文、法文和算学科三科，也就是三个"专业"。开设10类26门具有现代人文和自然科学性质的课程。中西学堂采用学年学分制，按照学生所获学分的多少颁发不同的毕业执照即毕业文凭，得到不同的委任，享受不同的待遇，二等和三等毕业生可以申请自费留学，一等生可以享受官费留学。因此，四川中西学堂也是一所留学预备学校。

光绪二十六年（1900年），四川中西学堂第一届学生毕业。次年，四川当局选派第一批22名出国留学生，其中四川中西学堂毕业生18人，另从尊经书院选拔 4 人，分别前往日本和西方"国家公学堂肄业"。

四川中西学堂单独存在的时间不长，但也培养了一些优秀人才。首届英文科毕业生钱为善，留学英国伦敦斯芬伯大学学习机电，回国后出任四川电话局局长、四川通省工业学堂监督（校长）。法文科毕业生胡襄，留学法国巴黎大学，回国后曾任四川机器局局长。四川中西学堂由此开四川近代有组织选派学生海外留学的先河。

四川中西学堂办学成效显著，在国内产生了一定影响，其他省份开办学堂，多以四川中西学堂为榜样。光绪二十四年（1898 年），由谭嗣同等发起的湖南时务学堂，其办学章程的学制和学生管理条款中，明确指出："照四川中西学堂例。"

从结构和制度上看，四川中西学堂已经具备近代高等学校的性质，因此被公认为四川大学的前身。1896 年，也被后世的四川大学认定为诞生的年头。

二、四川省城高等学堂——四川第一所综合大学

光绪二十八年（1902 年），清廷发布《钦定学堂章程》，进行学制改革，提出建立学堂和国民通识教育体系，将所有书院改为学堂。这是近代中国第一个完整的以西方为标准的新学制。这一年是壬寅年，因而被称为壬寅学制。

在壬寅学制改革的当年，四川总督奎俊奉旨将锦江书院与尊经书院同时改制，并与四川中西学堂合并为四川通省大学堂。校址设在原尊经书院。这是四川第一所比较完善的近代意义的综合性高等学校。同年，四川总督岑春煊按照清廷谕令，将四川通省大学堂改名为四川省城高等学堂。

"考四海而为隽，纬群龙之所经。"

这是一代大儒王闿运为尊经书院集撰的一副对联。四川省城高等学堂首任总理（校长）胡峻，亦将此联奉为圭臬，悬挂于校内视作校训。因此，这副对联亦可以作为四川大学的校训。

四川省城高等学堂学科分为正科（即本科）三类：正科一部为文科，包括经学（主要为中国哲学）、政法、文学、商科。正科二部为理科，包括格致（主要为数、理、化）、工科、农科。正科三部为医科，包括医学。学制均为四年。由于条件限制，医科未能正式开办。此外，还有一些根据不同需求和层次设置的科类，如速成师范科、优级师范科、普通科（即预科）、测绘学堂、铁路学堂、半日学堂、附设中学堂等。

四川大学望江校区北大门

在清末"新政"开办学堂的热潮中，高等学堂、专门学堂和实业学堂并存的体制逐步确立。自1905年起，四川当局在成都先后创办四川通省师范学堂，以及五所专门学堂，即四川通省法政学堂、四川通省农政学堂、四川通省工业学堂、四川藏文学堂、四川存古学堂，号称"五大学堂"。这些学堂与四川省城高等学堂一起，形成清末成都高等教育的主要阵容。

中华民国建立当年（1912年），民国政府颁发了《大学令》《大学教育规程》等一系列教育法令，史称"壬子学制"，规定全国学堂一律改称学校。四川省城高等学堂改名为四川官立高等学校，四川通省师范学堂改称四川高等师范学校。大约与此同时，五大专门学堂也相继改称四川公立法政学校、四川公立农业学校、四川公立工业学校、四川公立外国语学校、四川公立国学专门学校。

1916年，四川官立高等学校与四川高等师范学校合并为国立成都高等师范学校，简称成都高师，与当时的北京高等师范学校（今北京师范大学）、南京高等师范学校（今南京大学）、武昌高等师范学校（今武汉大学）、广东高等师范学校（今中山大学）、沈阳高等师范学校（今东北大学）一同被称为全国"六大高师"。据民国教育部1918年统计，成都高师专任教师和在校学生人数，仅次于北京高师，名列第二，全年经费数额名列第四。

三、国立四川大学——中国第一批国立大学之一

1922 年，北洋政府实施"壬戌学制"，成都开始酝酿开办国立大学。1926 年 11 月，北洋政府教育部正式批准成立国立成都大学。成都高等师范被一分为二，原并入成都高等师范的四川官立高等学校部分成为国立成都大学，校址在成都南较场。张澜被任命为首任校长。

原四川高等师范学校部分改建为国立成都师范大学，代理校长龚道耕。

1927 年，四川的五大专门学校共同组成公立四川大学，各专门学校基本上一仍旧章，各自为政，只是校名分别改为公立四川大学法政学院、外国文学院、中国文学院、工科学院、农科学院，各学院院长共同组成公立四川大学"大学委员会"，共同执行校长职权。

经过一系列调整合并，至此成都形成国立成都大学、国立成都师范大学、公立四川大学三所公立大学鼎立的局面。

1928 年 9 月，四川省教育厅奉国民政府大学院令筹设四川大学，专门成立"四川省政府整理大学委员会"，提出了组建方案，并呈报中央政府请拨经费。

此楼先后为四川大学图书馆、博物馆，现为校史展览馆

1931 年 9 月，四川省政府决定将国立成都大学、国立成都师范大学、公立四川大学合并成立国立四川大学，这一合并当时称为"三水汇流"，该方案于 10 月得到南京国民政府的批准。11 月 9 日，三校合并仪式及国立四川大学开学典礼在成都皇城贡院举行。著名教育家、学者王兆荣任国立四川大学首任校长。校址设在皇城贡院。

国立四川大学成立时，全国共有 13 所国立大学，四川大学是其中之一。全校设文学、理学、法学、农学 4 个学院，11 个系，2 个专修科。"三水汇流"是四川大学发展历史的重要里程碑，标志着四川大学近代化的进一步启动。

从 1931 年成立到 1949 年，四川大学共经历了五位校长，分别是王兆荣、任鸿隽、张颐、程天放、黄季陆。其中，任鸿隽对学校的发展所做贡献最为突出。

任鸿隽，（1886—1961 年），字叔永，祖籍浙江湖州，出生于四川省垫江县（今属重庆市）。著名学者、科学家、教育家。辛亥革命元老，中国近代科学的奠基人之一。1908 年赴日本留学，参加同盟会，曾任孙中山临时大总统府秘书。辛亥革命后赴美留学，获哥伦比亚大学化学硕士。回国后任北京政府教育部教育司司长、北京大学教授、国立东南大学（现南京大学前身）副校长、中华文化教育基金会干事长。

1935 年 8 月，任鸿隽就任四川大学校长，至 1937 年 6 月辞职，担任校长时间不到两年。但是他主政的这两年，对四川大学的发展，具有里程碑式的意义。

20 世纪 30 年代中叶前，四川大学虽然名列国立大学，但从校园校舍、师资到生源等各方面都十分落后。任鸿隽上任后，明确提出四川大学的两大目标和三大使命。两大目标是实现"国立化"和"现代化"，三大使命是输入世界知识、建设西南文化中心、担负民族复兴责任。

当时的川大校园并不在今天的望江楼旁，锦江之畔，而是分散在市内几处地方。校本部和文学院在皇城贡院，理学院、法学院在南较场原尊经书院旧址，农学院在外东白塔寺。各处的校舍大多屡经兵燹，残破不堪，甚至屋顶常有倒塌，不蔽风雨。颓败的校舍成为川大发展的一大阻碍。

任鸿隽决定对四川大学进行脱胎换骨的改造，建造一座全新的大学。他几经努力，从教育部和中华文化教育基金会筹得 4150 万元的巨款。并上书四川省政府，愿以皇城旧址换取望江楼附近的 2270 亩地作为川大校园。这一请求正中省政府下怀，双方很快达成协议。省主席刘湘主动成立了由民政、财务、教育、建设、地政、警察等厅组成的"四川省政府办理川大迁校委员会"，协助川大搬迁。

1937 年 6 月 16 日，任鸿隽主持了川大新校址的奠基仪式。具有象征意义的图书馆、数理馆、化学馆三幢建筑同时破土动工。不久任鸿隽辞职，随后抗战

原一教学楼

全面爆发，但川大新校园的建设并没有停止，虽然进度大大延缓。至 1943 年，川大新校舍大体建成，基本可供使用。

抗战初期，日本飞机多次轰炸成都，造成巨大破坏，四川大学从 1939 年 6 月迁往峨眉办学。此后的几年中，随着美军的参战，战争形势逐渐好转，川大于 1943 年回迁成都，直接搬进望江楼旁的新校园。从此，川大结束了校舍四分五散的状况，开始了整体的集中建设。破烂不堪的老川大校舍，逐渐被规模化、现代化的教学楼和宿舍取代。至 1947 年，川大各主体建筑基本建成。川大校舍横跨锦江两岸，沿江而下，从九眼桥至桂溪场，连绵十余里。成为当时全国屈指可数的著名校园，并一直沿用至今。

前清华大学校长，著名教育家梅贻琦曾有一句名言：

所谓大学者，非谓有大楼之谓也，有大师之谓也。

同梅贻琦一样，任鸿隽也是这一理念的践行者。在策划新校园的同时，他也把聘请著名学者当作头等大事来抓。在任鸿隽的诚挚邀请下，不少国内知名的优秀学者进入川大各学院、系，川大师资水平迅速提高。当时各学院院长或系主任为：

文学院院长张颐（后为朱光潜），中文系刘大杰，外文系谢文炳，历史系何鲁之；理学院院长魏时珍（后为周太玄），数理系张少墨，化学系熊祖同；农学院院长曾省，森林系程复新，农艺系杨允奎，园艺系毛仲良；法学院院长徐敦璋。

　　这些名震四方的大学者、大教授，从四面八方来到成都，给川大带来了活力与生机，提高了川大的学术水平，也提高了川大的名望。为了活跃学术气氛，任鸿隽还邀请社会名流、知名学者来校教学，先后应邀前来的有马寅初、顾颉刚、马叙伦、梁漱溟、张伯苓、黄炎培等。

　　在招揽名家的同时，任鸿隽也十分注重生源的质量。当时川大虽有国立之名，但学生九成以上都是四川人，外省学生很少，更不用说留学生。任鸿隽认为，川大既称国立，学生就该来自全国各地，沿海地区的学生思想活跃，有益于取长补短，开阔学生视野。

　　1936 年，川大首次在天津、上海、南京等地招生。任鸿隽又将学费从 20 元减为 12 元，并允许贷款，成绩优秀者还能得到奖学金，其夫人陈衡哲每年还用自己的著作版税给学生提供奖学金。一时间，川大的吸引力大增，当年新生中三分之一都是外省人。这些新生的到来，给川大注入新的活力，开放的风气加快进入相对闭塞的成都。

　　任鸿隽主政的各项措施，给四川大学带来凤凰涅槃般的升华。抗战期间，沿海地区许多著名学者教授转移到成都，受聘于川大。他们的到来，大大提升了川大的学术水平和知名度。四川大学终于实至名归地成为国内名校之一。

　　到 1949 年成都解放前夕，四川大学共有文、理、法、工、农、师范 6 个学院，25 个系，10 余个专修科，文科、理科两个研究所。共有教职工 981 人，其中专任教授 113 人，副教授 53 人，讲师 79 人；在校研究生、本专科生合计 5057 人，占全省大学生数的三分之二，是当时国内规模最大的高等学校。

岷山峨峨开天府，江水泱泱流今古。
聚精会神生大禹，近揆文教远奋武。
桓桓熊罴起西土，锵锵鸣凤叶东鲁。
和神人，歌且舞，领袖群英吾与汝。

　　张澜担任国立成都大学校长期间，对原《四川省城高等学堂校歌》作了修改，作为国立成都大学校歌。张澜修改的校歌，文辞雅驯、气势恢宏，地域特色鲜明，具有强烈的文化传承和创新意识，遂被确定为今天四川大学的校歌。

衣冠南渡巴山蜀水　弦歌不辍华西"天堂"
——抗战时期成都的教会大学

一、从"衣冠南渡"到"文化西迁"

在中华民族历史上，每当中原地区遭遇大规模入侵，社会动荡，经济凋敝，中央政权和贵族、官僚、士大夫就会离开中原，向南方大规模逃难迁徙，这种现象古人称为"衣冠南渡"。所谓"衣冠"，不是普通百姓的衣服和帽子，而是"峨冠博带"。高高的冠冕，宽大的袍服，是官僚士大夫穿着的服饰。"衣冠"一词也就成了士大夫和文化的代称。无论古代还是现代，士大夫都是民族主流文化的承载者，华夏民族的文化中心随着他们向南迁移，使华夏主流文化免遭毁灭。两千多年来，华夏民族的主流文化一直传承不绝，就是因为"衣冠南渡"。

在古代，"衣冠南渡"发生过三次，一次在西晋末，一次在唐"安史之乱"后，一次在北宋末。到了20世纪，中华民族又发生了一次更大规模的"衣冠南渡"，它发生在抗日战争时期，且有一个新的说法，叫作"文化南迁"。同样是"衣冠南渡"，现代社会和古代有着重要的区别。古代的"衣冠南渡"，主要是个体文化人或者家族的南迁。现代的"文化南迁"，则主要表现为文化人跟随所属的院校和学术机构向大后方迁徙。需要强调的是，到了近代，中国文化的地域文化差异已经从古代的北方与南方，改变为东部与西部。抗战爆发前，全国著名高等学校和各种研究院所，主要分布在北平、上海和东部沿海地区。因此从地理的概念来说，抗战时的文化迁徙，不是从北方迁往南方，而是从东部迁往西部。准确地说，抗战时期的这次"衣冠南渡"应该叫作"衣冠西迁"。

抗日战争时期的"衣冠西迁"，在成都呈现一道别样的风景，那就是教会大学在成都的集聚。

二、别样风光华西坝

成都南门外锦江南岸，平畴绿野之间，旧时曾经有一座"中园"，千百年来一直为成都园林胜地。五代时，为后蜀皇家别苑，梅花特盛。陆游在成都时曾有诗《故蜀别苑》咏园中繁花盛开的老梅："……蜀王故苑犁已遍，散落尚有千雪堆。……"到明代，此地又成蜀王的南郊别苑。据说张献忠据成都称帝后，多数时间都居住此地，而不是城里的蜀王宫。经过明末清初数十年战乱，昔日的皇家别苑曾变成虎狼出没的榛莽。清康熙年间，在此修建了一座南台寺，周

原华西协合大学校门（2010年重建）

考四海而为隽　纬群龙之所经——教育学术篇

遭皆是菜圃。乾隆年间，蜀中大名士张问陶曾于此处雅集群贤，临水赋诗，绘有《南台秋褉图》，这里又成游览胜地。到了清末，南台寺一带，不是水田就是坟地，昔日皇家苑囿的气象已了无踪影，然土地平旷，近邻锦水，昔日的风流蕴藉仍差可怀想。

19世纪末到20世纪初，西方基督教会在中国创办了多所教会大学。教会大学的开办时间大多不超过50年，但是其为中国高等教育做出的贡献却是不可磨灭的，同时对当时的中国社会也产生颇为重要的影响。著名的教育家，曾任北京大学校长的蒋梦麟曾经写道，中国近代以来，凡是主要基本按照西方模式运作的机构，比如海关、银行、税务、新闻、出版、教育、医院等，一般都很有效率。这些机构的人员大多来自教会大学。较之普通大学，教会大学的学术视野更宏阔，培养目标更从容。如同地基的广度和深度，成就了金字塔的高度。

1905年，英国、美国、加拿大的四个基督教差会，美以美会、浸礼会、英美会、公谊会商议决定，在中国西部创办一所学科完备的大学，校址定在成都。1918年，英国圣公会亦加入办学行列。因为学校由几家教会联合创办，故命名为华西协合大学（West China Union University）。1905年，教会开始在南台寺以西，原"中园"故地上购置土地，建筑校舍。首批购置土地150亩，开始修建校舍。1910年，最初的校舍落成，学校开办。至1930年，校园面积扩大到1000亩以上。

华西协合大学校园是整体规划设计的，融中国古典建筑和西方园林于一体。整个校园，一条南北走向的中轴线，北起锦江，沿一条人工渠向南延伸，两边如茵的草坪上，排列着一幢幢中西合璧的典雅堂舍：怀德堂（行政楼）、懋德堂（图书馆）、嘉德堂（生物楼）、合德堂（赫斐院）、万德门、雅德堂（广益学舍）、钟楼、华英学舍、育德学舍、贾会督学舍、亚克门学舍、女生学舍等建筑。一色的青砖黑瓦，大红柱，大红封檐板。两坡、四坡的大屋顶，屋脊、飞檐上饰以中国传统的屋脊兽。在浓墨重彩地渲染东方色调的同时，又在楼基、墙柱、砖墙等融入西洋元素。华西校园，雍容典雅，浑然大气，当时被认为是"全国校地之大，校园之美，无出其右"（原燕京大学学生、历史学家唐振常语）。许多年后，华西坝的别样风光仍然为人津津乐道。

四川通常称平坦而开阔的地域为"坝"，华西校园也因校名而被成都人称为"华西坝"。在当时的成都，华西坝成为一道令人赏心悦目的风景线。被当时的成都文人，称为"坝上"，有如称上海为"海上""沪上"，称杭州为"湖上"，并以之指代成都。

抗战时期，蒋经国曾到访华西坝，深有感触：

我们看到华西坝的建筑和管理，心里感到非常难过。华西坝是外国人经营的，那里非常清洁整齐。我们参观了华西大学，再反过来看一看成都，好像是隔了两个世纪。

三、"坝上五大学"

抗战军兴，东部地区的大学纷纷向大后方迁徙。华西协合大学因为校园宽广，设备齐全，自然而然地成为国内各教会大学求助的对象。为使友校不至停办，学子不至辍学，华西协合大学敞开大门迎接友校逃难的师生。1937年11月，日军兵临南京城下，金陵大学从南京最先开始内迁成都，借用华西协合大学校舍继续办学。随后，齐鲁大学、金陵女子文理学院（金陵女大）等教会大学以及中央大学医学院先后迁到华西坝，借用华西协合大学校址校舍、图书设备、教堂医院办学。当时习惯称之为"坝上五大学"。在1942年以前，"五大

钟楼（华西协合大学的标志性建筑）

学"指华西协合大学、金陵大学、金陵女子文理学院、齐鲁大学和中央大学医学院。1941年，中央大学医学院新建附属医院落成，此后开始独立办学。而北平的燕京大学由于太平洋战争爆发被日军侵占，1942年燕京大学在成都复校。此时的"五大学"，变成了华西协合大学、燕京大学、金陵大学、金陵女子文理学院、齐鲁大学，由清一色的教会大学组成，还有了一个英文名称俗称"Big Five"。当时的坝上五大学校长，分别是：华西协合大学张凌高，金陵大学陈裕光，金陵女子文理学院吴贻芳，齐鲁大学汤吉禾，燕京大学梅贻宝。

抗战时期，国内另一所教会大学东吴大学，也同华西坝有过一场特殊的遇合。刘承钊是中国著名的动物学家、教育家，中国两栖爬行动物学的主要奠基人。早年求学于燕京大学，获生物学学士学位、理学硕士学位。后跨洋求学，获美国康奈尔大学博士学位，归国后任教于东吴大学。抗战全面爆发之后，东吴大学先迁往浙江湖州，后于1937年11月关闭。随后刘承钊带领东吴大学生物系22名师生间关跋涉，于1938年1月到达华西坝。1939年，东吴大学这部分师生并入华西协合大学，刘承钊受聘为该校生物系教授，后来又兼任该校自然历史博物馆馆长。新中国成立后，刘承钊担任新政权接管后的华西大学校长，1953年院系调整，华西大学改为四川医学院，他又担任首任院长，直至1976年去世。

五大学汇集华西坝上，学科齐备，学者云集，为合作办学提供了坚实的基础。1938年5月，五大学联合管理委员会成立，五大学的校长们以新型方式在一起工作。每周五校校长至少举行一次例会，协商关于行政、人事、财政和有关公共事宜。每月举行各校教务长协商会，由各校教务长、注册主任会商授课时间安排、招生考试等问题。在教学方面，各校采取统一安排、分别开课的办法，允许各校学生自由选课，学校承认所读学分。例如，著名学者吕叔湘和闻在宥开设的语言学、声韵学课，各校学生选读的就非常多。

华西大学、齐鲁大学和中央大学三校联合办医院，是各校合作的典范。成都仁济男医院、仁济女医院、仁济牙症医院和存仁眼耳鼻喉专科医院属教会管理，原先只提供给华西大学的学生临床教学和实习。经与教会协商，1938年7月1日组成了"华大、中大、齐大三大学联合医院"，由中央大学医学院院长戚寿南任总院长，对各医院实行统一领导，提供了各校共同使用的病床380张。三大学联合医院建立后，请来了一批知名的专家和教授，建立了从住院医、住院总、主治医师到科主任，从助理护士、护士、护士长到总护士长的一整套管理制度，对提高教学水平和医疗水平发挥了很大的促进作用。1941年，中央大学医学院在正府街建立成都公立医院（今成都市第三人民医院）作为教学医院，齐鲁大学和华西大学的两个医学院继续合作，太平洋战争爆发后，燕京大学及北平协和医学院迁至成都，组成新的三大学联合医院，继续办学。

抗战期间内迁的大学，以昆明由北大、清华、南开组成的西南联大最为知名，而荟萃华西坝的五大学所组成的大学集团，从办学规模到教学质量都不逊色于西南联大。当时，西南联大学生共 3000 人左右，共有 5 个学院，26 个系，2 个专修科。而坝上五大学学生 3000 人左右，亦有 5 个学院，而系则多达 60 多个。联合办学的"坝上五大学"，可以说是抗战时期中国规模最大、学科设置最完整的大学。

在学科设置上，"坝上五大学"亦有突出的特色和优势。创办于 1924 年的燕京大学新闻系，是亚洲第一个，同时也是远东最好的新闻系。1979 年邓小平访美，20 名随员之中，有燕京大学校友 7 人，其中 4 人毕业于成都燕京大学新闻系。金陵大学农学院，是中国最好的农学院。1949 年前，金陵大学毕业生，占据了政府农林部门、农业科研院所及各大学农学院的"半壁江山"。华西大学的人类学、社会学，形成了学术特色鲜明的"华西学派"。中国的近代医学高等教育，素来有所谓"东齐鲁、西华西、北协和、南湘雅"之称，当时四者有三聚集于坝上，组成了中国医学高等教育的圣殿。

1947 年，出任北大校长的胡适说过："假如国立大学不努力，在学术上没有成就，很可能是几个教会大学取而代之。"

四、大师云集"华西天堂"

支撑"坝上五大学"学术殿堂的，是一批学术大师。

抗战时期，高校云集的成都华西坝和重庆沙坪坝、北碚夏坝和江津白沙坝，是名噪一时的"文化四坝"。其中以华西坝和沙坪坝最为有名。同时，又有"天堂、人间、地狱"之说，比喻重庆沙坪坝、成都华西坝和汉中古路坝三个内迁高校集中区。1938 年，北洋大学工学院、北平大学、北平师范大学、北平研究院等院校，辗转迁至陕西汉中城固，以古路坝为中心组建"国立西北联合大学"。古路坝因环境艰苦，被称为"地狱"。沙坪坝有重庆大学、教育学院，及内迁的中央大学、上海医学院等校，生活条件尚可，称为"人间"。华西坝所在的成都，为天府之国首邑，物丰价廉，生活舒适，师生们过的是"神仙日子"，故而被称为"天堂"。历史学家顾颉刚来到坝上，有这样的名言：

在前方枪炮声音惊天动地，到了重庆是上天下地，来到华西坝使人欢天喜地。

在万方多难的抗战时期，民物阜康的"天府之国"，教会大学优裕的待遇，加上华西坝良好的生活环境，使"坝上五大学"吸引了一大批国内最优秀的学者、大师。

当时的华西坝，汇聚了一批一流的名医和生物学家，包括内科学家戚寿南、外科学家董秉奇、眼科学家陈耀真、神经学家程玉麐、病理学家侯宝璋、生理学家蔡翘、解剖学家张查礼、生物化学家郑集和蓝天鹤、细菌学家林飞卿、胚胎学家童第周、药学家汤腾汉、号称"中国公共卫生学之父"的陈志潜，以及人称"中国牙科之父"的加拿大人艾西理·W. 林则（Ashley W. Lindsay）和中国第一位牙科博士黄天启等。

人文学科担负着延续文脉的重任，这方面的学术大师陈寅恪、钱穆、顾颉刚、吴宓、冯友兰、李方桂、萧公权、闻在宥、吕叔湘、罗念苏、董作宾、潘光旦、梁漱溟、朱自清、朱光潜、张东荪等，都曾执教"坝上"。成都燕京大学校长、清华大学校长梅贻琦之弟梅贻宝回忆道：

> 这些大师肯在燕大讲学，不但燕大学生受益，学校生辉，即是成都文风，亦为之一振。在抗战艰苦的岁月中，弦诵不绝，而且高彻凌云，言之令人兴奋。

历史学家陈寅恪，号称"教授的教授"，原系清华大学教授和中央研究院历史语言研究所历史组主任，1943 年 12 月，陈寅恪应燕京大学之聘前来成都，同时受聘为华西协合大学中国文化研究所特约研究员。他的大女儿陈流求当时已 14 岁，后来回忆道："一到成都就住进陕西街挨到半边桥街的一户民房，是燕京大学事先租赁好的。"半年后授课地点改到华西协合大学文学院，住家也从陕西街搬到华西坝上的广益学舍。成都丰裕的物产，坝上清幽的环境，令饱受离乱和病痛困扰的陈先生心情大为改善，曾有诗描绘坝上风光：

> 浅草平场广陌通，小渠高柳思无穷。
> 雷奔乍过浮香雾，电笑微闻送远风。

在坝上一年零九个月，陈寅恪完成了《长恨歌笺证》等 12 篇论文，这是他在抗战中为数不多的高产期。陈先生精辟深刻、富于启发的讲课，也深得坝上师生的欢迎和敬佩。陈先生曾当面向燕大校长梅贻宝称谢："未料你们教会学校，倒还师道有存。"梅贻宝受宠若惊，后来回忆道：

> 至今认为能请动陈公来成都燕京大学讲学，是一杰作，而能得到陈公这一评鉴，更是我从事大学教育五十年来的最高奖饰。

著名历史学家、国学大师钱穆，曾同时在华西坝上的华西协合大学和望江楼畔的四川大学执教。他曾经回忆道："每周于华西坝从田间步行至望江亭，往返作散步。又好于望江亭品茗小坐，较之华西坝江边更为清闲。城中公园亦有茶座。余之在成都时间之消费于茶座上者，乃不知其几矣。遇假期，则赴灌县灵岩山寺，或至青城山道院，每去必盈月乃返。青城山道院中有一道士，屡与余谈静坐，颇爱其有见解有心得。"（钱穆《八十忆双亲·师友杂忆》之十三"华西大学四川大学"）

在这些文化大师的讲堂上，书斋里，茶座中，乃至山间清风，寺院明月，华夏书香，芳馨幽远，不绝如缕。

《风过华西坝》，是一部翔实记录"衣冠南渡"华西坝的长篇纪实文学，该书作者岱峻在书中写道：

> 华西坝是民国学术史、抗战教育史上的一个亮点，是成都不应忘记的一张文化名片。

信哉斯言。

墨香纸润
玉楮银钩

◎ 纸墨藏书篇 ◎

冠天下而垂无穷
——话说"蜀石经"

一、刻在石头上的"部颁教材"

儒家，是中国古代占据统治地位的学术派别。研究儒家经典的学问，称为"经学"。自汉武帝"罢黜百家，独尊儒术"，两千多年来，经学一直是中国最神圣的学问，也是绝大多数中国文人最感兴趣的学问。

儒家经典由先秦时期的儒家学者的著作组成。在经学的历史上，"经"的数量由少到多，逐步增加，西汉时期，只有"五经"，即《诗经》《尚书》《周易》《礼记》《春秋》，到南宋最后发展为"十三经"，即：《易经》《尚书》《诗经》《周礼》《仪礼》《礼记》《春秋左传》《春秋公羊传》《春秋穀梁传》《论语》《孝经》《尔雅》《孟子》。

一部儒家著作要被称为"经"，必须由官方认定，版本也必须由官方正式颁布。在古代，经典的权威版本以石刻的形式颁布。官方将经书刻在石碑上，立于最高学府太学或国子监，供学者士子抄录、学习和研究。这种标准版本后世称为"石经"。"石经"的另一项作用，就是以国家的名义对规范文字正式确认，这对中国文字的统一和规范具有极其重要的意义。因此，"石经"可以说是国家正式颁布的石质"教科书"。

石经是如此的神圣，因此每一次镌刻石经，不仅是经学研究上的重大

"蜀石经"残片（四川博物院藏）

事件，同时也是国家级的重大文化工程。

二、中国历史上的七部石经

历代所刻石经很多，规模较大的共有七部。最早一部是东汉灵帝熹平年间所刻，称为"熹平石经"。最后一次在清乾隆年间，称为"乾隆石经"。成都也曾刻过一次石经，时间在五代后蜀至北宋。因刻于蜀中，故称"蜀石经"。又因始刻于后蜀广政年间，也称"广政石经"。

历代官方所刻的石经共有七部：

"熹平石经"：汉灵帝熹平四年（175 年），议郎蔡邕等奏请正定"六经"文字，得到朝廷许可。乃参校诸体文字的经书，由蔡邕等书石，镌刻四十六块碑，碑高一丈许，广四尺，前后历时八年完成，立于洛阳城南开阳门外太学讲堂前，故又称之为"太学石经"。所刻经书包括《周易》《尚书》《鲁诗》《仪礼》《春秋》和《公羊传》《论语》。这部中国历史上最早的官定儒家经本，用隶书一体写成，字体方平正直、中规中矩，是最为正规的汉代书体，故也称为"一字石经"。"熹平石经"是我国文化史上的一大盛举，是我国最早的儒家经典石刻本，为儒生学子提供了范本。其问世引起朝野震动，人们争相前往以先睹为快。"及碑始立，其观视及摹写者，车乘日千余辆，填塞街陌。"（《后汉书·蔡邕传》）"熹平石经"产生的社会文化影响，对日后儒家经典大规模刻石具有强烈的示范效应，成为后世太学石经刊刻的滥觞之作。"熹平石经"后因战乱毁坏。自宋代以来偶有石经残石出土，均被收藏者视为拱璧。

"正始石经"：曹魏正始二年（241 年）在洛阳开刻，用古文（战国时期文字）、篆书、隶书三种文字刻成，又称"三体石经"，经文有《尚书》《春秋》和《左传》部分。"正始石经"是中国古代七部官刻石经中唯一一部用三种字体书写的石刻经书，无论对经学研究还是春秋战国至秦汉魏晋的文字演变，都具有重要资料价值。

"开成石经"：又称"唐石经"。由艾居晦、陈玠等人用楷书分写，文宗太和七年（833 年）始刻，开成二年（837 年）完成，内容包括《周易》《尚书》《诗经》《周礼》《仪礼》《礼记》《春秋左传》《春秋公羊传》《春秋穀梁传》《论语》《孝经》《尔雅》12 部经书，共 114 石，228 面，65 万字。碑原立于唐长安城务本坊的国子监内，宋时移至府学北墉，即今西安碑林，直至今日。在中国古代石刻经书中，除了清代的"乾隆石经"因时间较近而保存完好外，"开成石经"是保存基本完整的一部，只有部分字迹因年代久远而漫漶不清。

"蜀石经"：五代后蜀至北宋，用楷书刻"十三经"于成都，并有注，是历代石经中仅有的一部。

"北宋石经"：始刻于北宋仁宗庆历元年（1041 年），完成于嘉祐年间，故又称"嘉祐石经"。经文用篆、楷二体书写，故又称"二体石经"。刻成后立于开封太学，故又称"开封府石经""国子监石经""汴学石经"。石经现仅存片石，故所刻经书内容有不同说法，多数学者认为共刻九经。

"南宋石经"：由宋高宗赵构及皇后吴氏用楷书写成，刻石于绍兴十三年（1143 年），内容包括《周易》《毛诗》《尚书》《春秋》《论语》《孟子》《中庸》等，共二百石，是中国历代唯一由皇帝亲书的石经。现存七十余石，置于杭州文庙。

"清石经"：乾隆五十六年（1791 年）始刻，乾隆六十年（1795 年）完成，又称"乾隆石经"，内容包括《周易》《尚书》《诗经》《周礼》《仪礼》《礼记》《春秋左传》《春秋公羊传》《春秋穀梁传》《论语》《孝经》《尔雅》《孟子》，是最为完整的"十三经"，经文由江南士子蒋衡书写，共一百九十石，现完整保存于北京国子监，是历代石经中保存最完整的一部。

三、"蜀石经"及其意义

在历代所刻石经之中，"蜀石经"有着鲜明的特色，在中国经学发展史上占有重要地位。

"蜀石经"的雕刻，由后蜀宰相毋昭裔倡议而成。毋昭裔博学有才，十分热心文化教育，出任宰相后，积极致力于官立学校的恢复发展，以及文化典籍的刊印和流传，其最为后世称道的便是首倡镌刻石经。后蜀广政初年（约 938 年），石经开刻，至广政十四年（951 年），共刻成《孝经》《论语》《尔雅》等十部，立于国子监，即文翁石室故址。不久后蜀亡，石经尚未完全刻成。北宋时，成都地方官又先后主持补刻了三部，一共凑足"十三经"之数。宋徽宗宣和五年（1123 年）"蜀石经"全部完成，前后经历近二百年。宋人曾宏甫《石刻铺叙》，对"蜀石经"刊刻的过程有详尽描述：

> 益郡石经，肇于孟蜀广政……七年甲辰（944 年），《孝经》《论语》《尔雅》先成，时晋出帝改元开运。至十四年辛亥（951 年），《周

易》继之，实周太祖广顺元年。《诗》《书》《三礼》不书岁月。逮《春秋三传》，则皇祐元年（1049 年）九月讫工，时我宋有天下已九十九年矣。通蜀广政元年肇始之日，凡一百一十二祀，成之若是其艰。又七十五年，宣和五年癸卯（1123 年），益帅席贡始凑镌《孟子》，运判彭慥继其成。

"蜀石经"残片（四川博物院藏）

"蜀石经"始刻于后蜀广政年间，故又称"广政石经"。"蜀石经"正文及注文字数共达 141 万多字，"其石千数"，是中国历代石经中字数最多、规模最大、刊刻时间最长、体例最为完备、资料价值很高的一种。

在中国经学发展史上，"蜀石经"具有特殊的意义。这表现在两个方面。

首先，"蜀石经"决定了后来中国儒学经典体系的基本格局。儒学经典"十三经"，是由"蜀石经"起正式形成的。

中国儒学经典体系，有一个逐步发展演变的过程。春秋时期，孔子"删订'六经'"，即孔子整理而传授的六部经典著作《诗经》、《书经》（即《尚书》）、《礼经》、《易经》（即《周易》）、《乐经》、《春秋》，号称"六经"。西汉时期，又把儒家典籍定为"五经"，即《诗经》《尚书》《礼记》《周易》《春秋》。唐代又规定"三礼"（《周礼》《仪礼》《礼记》）、"三传"（《春秋左传》《春秋公羊传》《春秋穀梁传》），连同《周易》《尚书》《诗经》，称为"九经"。"开成石经"在"九经"的基础上加上《论语》《孝经》《尔雅》，合为"十二经"。到"蜀石经"再加上《孟子》，合成"十三经"。从此之后，"十三经"便取代"五经""九经"等成为儒家经典的基本范式，"十三经"之名也就此成为儒家经典文献的总称和通名。南宋时，"十三经"的名称已经被广泛使用，此后，研究"十三经"的著述数不胜数，著名者如明代陈深《十三经解诂》、清人顾梦麟《十三经通考》、阮元《十三经注疏》等，林林总总，数不胜数。

其次，"蜀石经"开创了中国石经"经注并刻"的体例。此前的石经，都只有经书正文，而"蜀石经"不但有正文，而且在经文下有双行注文，经注并刻，是中国石经史上的开创之作，也是绝无仅有的。

其三，"蜀石经"规模宏大，制作精美。"蜀石经""悉选士大夫善书者模丹入石"，出自当时名书家和名刻家之手，笔画精美。所用石料系灌县（今都江堰市）出产的青石，磨平后双面刊刻。经石呈长方形，其厚度约为三厘米。每块经石都在其侧面刻有序列编号，注明各经篇目章次。"蜀石经"共刻有一千多块

"蜀石经"残片（四川博物院藏）

石碑，规模之大也堪称历代石经之冠。宋哲宗元祐五年（1090 年）成都知府胡宗愈在文翁石室故址东南隅修建堂宇，以贮石经，号为"石经堂"。如此众多的石碑齐集石经堂，森然并列，蔚为壮观，是书香成都的一件盛事。在推动成都乃至巴蜀地区学术文化发展上发挥了重要作用。

其四，"蜀石经"曾经拓印而广泛流行，成为规格统一的印本"十三经"。拓本"蜀石经"，是经学史上最早的"十三经"丛书，因广泛流行而影响深远。

宋元之际，成都遭受战乱的严重破坏，"蜀石经"大多毁亡。清乾隆四十八年（1783 年）修筑成都城，曾发现十块"蜀石经"原石残片，后为什邡知县、遵义人任思任（一作任思正）运归贵州，不知所终。抗日战争期间，在开筑成都新南门时又发现石经残片十块。今四川博物院藏有"蜀石经"残石六块和数张拓片，各有残缺，字数不等。成都永陵博物馆也藏有"蜀石经"拓片一张，它们都是成都弥足珍贵的文化瑰宝。1965 年，经周恩来总理批准，国家耗资 25万元从香港购买"蜀石经"的宋拓本以及其他珍贵古籍拓本，珍藏于中国国家图书馆。

2019 年 1 月 17 日下午，中央电视台综艺频道《国家宝藏》公开课之"走进石室中学暨宋拓蜀石经（复制本）赠予仪式"在成都石室中学举行。中国国家图书馆、四川博物院向成都石室中学赠送了"蜀石经"宋拓本高仿复制品本。这是国家图书馆目前唯一一本对外赠予的珍贵复制品。

"蜀石经"重新回到它的老家，也标志着文翁精神通过石室中学，绵延不断地传递下去。书香成都的儿女们，正在成为历史与文明的守护者。

最是浣花溪水好

——造纸业与薛涛笺

　　造纸和制笺，是古代成都最重要的手工业种类之一，也是书香成都重要的内涵。

　　唐代是造纸业迅速发展的时代。社会经济的繁荣，促进了文化的大发展，人们对纸的需求量与日俱增。造纸业蓬勃发展，不仅质量提高，品类也大大增加。蜀郡是国内著名的产纸区。成都、广都（今双流）以及夹江、绵阳等地，出现了大批造纸作坊和造纸户。

　　唐宋时期，成都的造纸作坊多集中在城西浣花溪附近。这是因为浣花溪的水质特别有利于造纸制笺。元人费著所撰《笺纸谱》中说："府城之南五里，有百花潭，支流为二，皆有桥焉。其一玉溪，其一薛涛。以纸为业者，家其旁。

薛涛笺古法制作示意图

锦江水濯锦益鲜明，故谓之锦江。以浣花潭水造纸故佳，其亦水之宜矣。"《东坡志林》也说，浣花溪水清滑异常，以沤麻楮作原料，洁白可爱。数十里外便不堪造。蜀纸之光滑、紧白，正受水性而然，故造纸者多沿是溪。

当时的造纸作坊，"江旁凿臼为碓，上下相接，凡造纸之物，必杵之使烂，涤之使洁，然后随其广狭长短之制以造。"然后在纸上印制各种压花水纹，图案有花木、虫鸟、鼎彝、人物、绫绮等。这种方法称为"蔡伦法"。由于成都作坊普遍采用这种方法，人们在成都建造祠庙祭祀蔡伦。"庙在大东门雪峰院。虽不甚壮丽，然每遇岁时祭祀，香火累累不绝，示不忘本也。"（费著《笺纸谱》，载《全蜀艺文志》卷五十六）

唐宋时期，蜀中生产的"蜀纸"闻名天下，其中以"益州麻纸"最为优良，大量运至京师供内府及各机关使用。朝廷的诏令章奏均用麻纸书写。唐代，"凡拜免将相、号令征伐，皆用白麻。"（《新唐书·百官志一》）因此唐宋人又把宣布宰相任命称为"宣麻"。唐代的集贤院每月要使用麻纸五千番。在雕版印刷尚未流行的时候，书籍多以传抄的形式流传。麻纸是当时最优良的抄书用纸。

纸之精致华美，尺幅较小，用于信札题诗者，称为"笺"。唐代是诗歌的时代，诗笺的制作十分讲究，名目繁多。唐宋时，蜀中所产笺纸称为蜀笺。传世的蜀笺种类有：麻面、金屑、滑石、金花、长麻、鱼子、十色笺、谢公笺、薛涛笺等。蜀笺自问世起，一直深受人们喜爱。

蜀笺之中，最负盛名的是薛涛笺。

薛涛是唐代最负盛名的女诗人，晚年定居浣花溪。溪畔人多业造纸，薛涛在此创制了一种深红色的小诗笺。色彩艳丽，小巧玲珑，别有风致，深为时人所爱。

薛涛笺

《天工开物》说，薛涛笺"以芙蓉等为料煮糜，入芙蓉花末汁。其美在色，不在质料也"。相传，元和（806—820年）中元稹使蜀，薛涛制彩笺相赠，稹于松花笺上题诗寄涛。李商隐《送崔珏往西川》诗："浣花笺纸桃花色，好好题诗咏玉钩。"可见薛涛笺在当时已为诗人所乐道。后世，薛涛笺更成为千金难求的珍品。诗人韦庄有《乞彩笺歌》，写尽了时人对薛涛笺的赞美与渴求：

> 浣花溪上如花客，绿暗红藏人不识。
> 留得溪头瑟瑟波，泼成纸上猩猩色。
> 手把金刀擘彩云，有时剪破秋天碧。
> 不使红霓段段飞，一时驱上丹霞壁。
> 蜀客才多染不供，卓文醉后开无力。
> 孔雀衔来向日飞，翩翩压折黄金翼。
> 我有歌诗一千首，磨砻山岳罗星斗。
> 开卷长疑雷电惊，挥毫只怕龙蛇走。

薛涛井旁张大千作的"薛涛制笺图"石刻

班班布在时人口，满袖松花都未有。
人间无处买烟霞，须知得自神仙手。
也知价重连城璧，一纸万金犹不惜。
薛涛昨夜梦中来，殷勤劝向君边觅。

  对于成都来说，"薛涛制笺"早已不仅仅是造纸业上的一段历史，更是一个内涵十分丰富的文化形象和标志。长期以来，一直是文学、绘画、工艺美术的重要题材。

  谢公笺是另一种著名的蜀笺。宋神宗时，谢景初任成都府提点刑狱司，在薛涛笺的基础上加以发展，形成了深红、杏红、粉红、明黄、浅青、深青、深绿、浅绿、铜绿、浅云十种颜色的笺纸。宋人韩浦《以蜀笺寄弟泊》中"十样蛮笺出益州，寄来新自浣花头"，说的就是谢公笺。

锦江之畔的薛涛井（又名玉女津，据记载，每年三月明蜀王府汲井水制薛涛笺二十四幅，以十六幅上贡）

《陀罗尼经咒》和蜀刻宋版书

文化的繁荣，扩大了书籍的需求，而造纸业的发达又为书籍的大量生产提供了物质基础。二者叠加在一起，直接催生了人类文化史上一次历史性的技术革命，那就是雕版印刷术的产生。文化最重要的传媒载体——书籍，从此由手工传抄进入印刷时代。从至今发现的各种证据来看，这次意义重大的技术革命，应该就发生在成都。

宋人朱翌撰《猗觉寮杂记》记载："雕印文字，唐以前无之，唐末益州始有墨版。"所谓"墨版"，是雕版最初的称谓。这种说法，在 20 世纪的考古中得到证实。

一、望江楼旁的惊世发现

1944 年 4 月的一天，锦江之畔，望江楼旁的四川大学校园内，在一个普通的道路施工工程中发现了一个小型墓葬群，共有一座唐墓、三座宋墓。就是在这座唐墓中，发生了堪称人类文明里程碑式的重大考古发现。

墓葬的发掘由考古学家、四川大学教授冯汉骥主持。冯汉骥（1899—1977年），人类学家、考古学家、历史学家、民族学家。字伯良，湖北宜昌人，武昌文华大学毕业，后赴美留学，先后就读哈佛大学和宾夕法尼亚大学人类学系，获人类学哲学博士。回国后参与殷墟及城子崖等处考古发掘工作。抗战爆发后任四川大学历史系教授，主要从事长江流域民族考古研究。冯汉骥一生主持过多处重要历史遗址考古发掘，其中最知名的是成都西郊前蜀主王建"永陵"。在20 世纪 50 年代明十三陵的定陵发掘之前，王建"永陵"的发掘，是中国现代考古学意义上的第一次对大型帝王陵墓的发掘。"永陵"的发掘工作告一段落后，就在川大校园中发现了这座唐墓，其中的惊世发现可以称为冯先生重大考古成就之一。

唐墓是一座普通的墓葬，出土器物也很平常，其中有一只银镯，初看起来

成都望江楼公园崇丽阁，《陀罗尼经咒》就出土于附近

破旧而寻常。随后的研究中发现，这只银镯是中空的，镯的破损处微微露出一点纸质。研究人员小心打开银镯，发现里面是一张卷成筒状的蚕茧纸，展开一看，上面居然有字迹，而且是印刷上去的！经过仔细研究，人们确定，这是一张用唐代茧纸雕版印刷的经文。印本质地薄而坚韧，半透明，长34厘米，宽31厘米，中央为一方栏，内刻梵文经咒，四边有菩萨和供品像。经研究，这张印刷品名为《不空羂索秘密陀罗尼咒》，学界简称为《陀罗尼经咒》，是世界现存印制时间最早的雕版印刷品之一。

敦煌藏经洞及其所藏典籍，是20世纪中国最重要的考古发现之一。敦煌藏经洞典籍弥补了中国文化的许多空白，其中的一项发现，直接印证了雕版印刷术在成都的产生。

1907年，西方学者斯坦因在敦煌藏经洞发现雕版印刷的《金刚般若波罗蜜经》卷，卷尾有题记一行："咸通九年四月十五日王玠为二亲敬造普施。""咸通九年"为公元868年，这是世界公认现存刻印时间最早的雕版印刷品。在敦煌藏经洞基本是同时发现的，还有雕版印刷的历书残页一张，上有"剑南西川成都府樊赏家历"题名及"中和二年具注历日凡三百八十四日"题记。中和是唐僖宗年号，中和二年即公元882年。这是时间仅晚于上述《金刚经》，并有明确印刷地点和出版商家记录的雕版印刷品。

三十多年后，在锦江之畔的唐墓中发现的这张《陀罗尼经咒》，首行竖刻汉文一行："成都府成都县□龙池坊□□□近下□□印卖咒本……"虽然没有印制时间，但从这行文字可以推论这张《陀罗尼经咒》问世时间的上限和大致的下限。唐代成都的行政建制，原为蜀郡，安史之乱爆发，唐玄宗避难入蜀，成都升格为"南京"，蜀郡升格为"成都府"，时为唐肃宗至德二年（757年）。由此可以推断，《陀罗尼经咒》印制时间的上限不会早于公元757年。时间下限虽然难以确定，但从墓葬形制、随葬器物以及印本书写风格等诸方面因素的分析，基本可以认为在公元9世纪前期到中期。

敦煌石室发现的《金刚经》和《樊赏家历》，以及望江楼旁唐墓出土的《陀罗尼经咒》，是公认现存的世界上最早的几件雕版印刷品。其中《樊赏家历》和《陀罗尼经咒》都明确印出了印品生产地是成都，而《金刚经》虽未标明产地，但长期以来，研究者大多认为，它的产地也在成都。《金刚经》和《樊赏家历》现藏于大英博物馆。只有《陀罗尼经咒》藏于中国国家博物馆，因此它又是目前发现的保存于国内的最早的印刷品。这三件印刷史上最珍贵的文物，有力地证明了成都是雕版印刷的故乡。

二、"西川印子"，让书香飘向世界

从20世纪80年代至21世纪初，成都市春熙路孙中山铜像后面，曾经遍布卖书的"书坊"，是成都最有名的图书零售中心。有关部门给这里取了一个雅致的名称——龙池书肆。

早在一千多年前，成都有个龙池坊，是当时成都的书籍印刷和批发零售中心，具体地点据四川省图书馆研究馆员田宜超先生考证，大约在今天府广场至后子门的四川科技馆附近。此地在唐代有著名的摩诃池。据说前后蜀宫中称"摩诃池"为"龙池"。昔日龙池坊，若因龙池而得名，应距龙池不远。古代的成都城内外，叫龙池的地方不止一处。田先生的考证可以作为一说。

现代的龙池书肆与古代的龙池坊没有关系，有关部门借用龙池这个古名，正反映了唐代成都书籍印制和销售业的繁荣。

雕版印刷的发明，直接促进了唐代成都印刷出版业的发展，其标志就是

"西川印子"的广泛流行。

　　"西川印子"又称"西川印本"，是当时西川地区雕版印刷出版物的统称。唐代中后期，成都印刷发行的"西川印子"内容十分丰富，有大量流行于民间的佛道经卷、医药、历书、占梦相宅、阴阳杂记等实用类书籍，也有各种儒家经典、字书小学、诗集、传奇等。国内外现存不多的几件唐代后期的印刷品中，凡标明了刻印地点的都是"西川印子"。"西川印子"，可以说是中国乃至世界出版史上最早的"知名品牌"。

　　当时，成都及周边地区的临邛（邛崃）、眉州（眉山）、梓州（三台）等地，均有大大小小的"书坊""书肆"印刷发行"西川印子"。唐代书坊中地点可考的，几乎都集中在成都，如前面谈到的"龙池坊卞家""成都府樊赏家"，以及"西川过家"等，可以说是世界上最早的出版印刷商家。可以毫不夸张地说，唐代的成都是我国最早的出版印刷中心。

　　成都出版商刻印的书籍，当时不仅在市场上大量出售，还远销全国各地，甚至流传到海外。敦煌石室发现《樊赏家历》，说明"西川印子"已经远销到万里之遥的西北地区。唐代中期，日本僧人宗睿留学长安，归国时带走图书、经卷一百三十四部，一百四十三卷。其中包括"西川印子"《唐韵》一部五卷，《玉篇》一部三十卷。《唐韵》和《玉篇》是部头很大的音韵学与字典类书籍，在成都均已用雕版印刷出售，并且流到了日本，可见当时蜀中刊书之盛。这正是成都作为唐代出版印刷业中心城市的明证。

　　"西川印子"，让书香飘向世界。

三、走向极盛的"蜀刻宋版"

　　宋版书，宋代雕版印刷的书籍，中国古代书籍的极品。一千多年来，宋版书一直被人们视为拱璧。拥有一部宋版书，是后世每一位藏书家的梦想。国内至今保存的宋版书大约 700 部，蜀刻本在其中占据重要地位。

　　五代是中国历史上一段战乱频仍的时代，而远离中原的巴蜀地区则保持着社会的安定繁荣。北方大量文化人入蜀避难，促进了成都文化持续繁荣，同时也促进了成都出版印刷业的发展。后蜀明德二年（935 年），宰相毋昭裔以私人财产百万钱成立学馆供士子读书，并刻印儒家经典"九经"以及《昭明文选》《白氏六帖》《初学记》等文集、类书。此事受到当世和后世的广泛赞誉："当五季乱离之际，经籍方有托而流布于四方，天之不绝斯文信矣。"（宋叶寘《爱

日斋丛抄》)

进入宋代，成都的印刷工艺臻于成熟，雕版、印刷和装帧均达到炉火纯青的境界，为后世所望尘莫及，于是有"宋时蜀刻甲天下"之说。成都所刻版本当时称为"蜀刻本"，大多是宋版书中的精品。"蜀刻本"用纸极为讲究，版式疏朗明快，字大如钱，墨色如漆，墨香历久，装帧考究，代表着中国古代印刷的最高成就。宋徽宗年间，广都（今双流）费氏进修堂雕印的司马光《资治通鉴》294卷，世称"龙爪本"，是宋版书的极品。

宋代蜀刻的高质量受到国家的高度重视，当时官方组织的大型典籍镌刻印刷，多安排到成都进行。最著名的有两次。一次是《开宝藏》的印刷。宋太祖开宝四年（971年），朝廷派专人前往成都监制雕刻《大藏经》书版，史称《开宝藏》。《开宝藏》是中国第一部木刻汉文《大藏经》，也是世界上刻印的第一部佛经总集。全书共1076部，5048卷，约4860万字，共刻雕版13万余块，工程之浩大前所未有。《开宝藏》以书法端丽、雕刻优良闻名于世，是北宋蜀刻本中的上乘之作。另一次是南宋庆元五年（1199年），朝廷在成都进行大型类书《太平御览》的雕印。该书为宋代四大类书之一，全书1000卷，分为55部，5363类，约470余万字。

山西博物院藏《大般若波罗蜜多经卷》，卷尾印"大宋开宝五年壬申岁奉敕雕印"，
即北宋初年成都雕印的《开宝藏》

从"蜀纸"到"薛涛笺"，从《陀罗尼经咒》到《开宝藏》，"蜀刻宋版"使人们长久而真切地感受到成都历久弥馨的墨香和书香。它使成都长久地在中国文化史上占据着举足轻重的地位，千百年来不曾动摇。

"诗婢家"与"胡开文"

一、"诗婢家"

近代成都的翰墨书香，有一个风雅的去处，那就是先后位于羊市街和春熙路，经营文房四宝和水印诗笺的"诗婢家"。

"诗婢家"，这个满溢书香的店名，典出《世说新语》，说的是东汉大儒郑玄家的故事：

> 郑玄家奴婢皆读书。尝使一婢，不称旨，将挞之。方自陈说，玄怒，使人曳著泥中。须臾，复有一婢来，问曰："胡为乎泥中？"答曰："薄言往愬，逢彼之怒。"（《世说新语·文学》）

婢女之间问答对话，动辄引用《诗经》的句子，可见郑玄家中书香气息之浓郁，郑玄家因此有了"诗婢家"的称誉。

1920 年，客居成都的郑仁清在城西的仁厚街开办了一家装裱店，店外挂出自己题写的店招"诗婢家裱画店在此"。据说郑仁清是郑玄后人，"诗婢家"切郑家姓氏，所营之业也系书香一脉，可谓得其所哉。

1936 年，郑仁清之子郑伯英接手经营诗婢家，店址迁到羊市街北侧东头，装裱业务不断发展，又增加木刻水印、文房四宝、书画简册、彩色名笺等项目，逐渐发展成全国著名的字号，也吸引着各路文化人士，成为社会名流、文人墨客雅聚之所。当时成都的"五老七贤"如赵熙、方鹤斋、曾尧如、尹仲锡、刘豫波、林山腴等人常在诗婢家小聚，品古鉴今、诗酒唱和。1936 年，国画大师齐白石应川军将领王缵绪之邀来到成都，曾在诗婢家坐店刻印作画，受到成都人的热烈追捧。

抗战军兴，于右任、张大千、徐悲鸿、丰子恺、黄宾虹、谢无量等文化名

墨香纸润　玉楮银钩——纸墨藏书篇

人纷纷入蜀。精致的装裱、精良的笔墨、优良的服务，使诗婢家深受大师们的欢迎。

因战时交通阻断、宣纸紧缺，张大千与店主郑伯英同赴夹江研究造纸技艺，开发出"大千书画纸"。该纸纸质上乘，至今仍蜚声海内外。为纪念及酬谢此次合作，张大千特以该纸作《仕女图》赠与郑伯英。

当时，诗婢家的木刻水印诗笺粉本多出自名家之手，深受文人青睐。于右任曾题写"成都诗婢家诗笺谱"。谢无量则赞其"精镌笺谱，深得古意，大雅君子当有取焉"。1940年，诗婢家集百位名家书画，制作仿古代薛涛笺的"诗婢家诗笺"上下两册，成为当代最负盛名的诗笺，人们争相购买收藏，一时间洛阳纸贵，至今被国内外收藏家视为拱璧。

1941年7月，日军轰炸成都，诗婢家毁于大火。不久后又在废墟中重建。名列成都"五老七贤"之首的赵熙特地为之题写店招匾额"诗婢家"，这是赵熙平生唯一一次为商家题写店招。这个店招，今天仍然在使用。

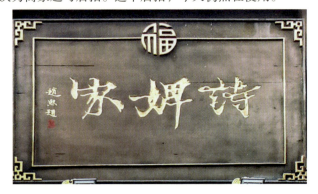

赵熙为诗婢家所书店招

新中国成立后的五六十年代，诗婢家逐渐湮没在公私合营的浪潮之中，并入成都文物水印合作社。改革开放后的1979年，诗婢家在春熙路北段重新开业，主营纸张、印泥、毛笔、折扇等文化用品，兼营书画和装裱加工。2001年，改制为"成都诗婢家文化有限公司"，在成都设有多家门市，并开办书画艺术学校。2005年，诗婢家春熙路店迁入琴台路，业务范围扩大到多种旅游文化产品，附设诗婢家美术馆和诗婢家茶艺馆。

设于琴台路的诗婢家总店

2009 年，95 岁的马识途先生为诗婢家开店 90 周年撰联祝贺：

两千年汉代韵事犹传，是耶非耶，彳亍当时琴台路；
九十载蜀中文脉未断，灿矣烂矣，睍睆今日诗婢家。

如今，成都"诗婢家"，已同北京"荣宝斋"、上海"朵云轩"、天津"杨柳青"，并称中国文化四大老字号。

二、"胡开文"在成都

成都另一老字号文化用品店是"胡开文"。

胡开文是中国制墨名家胡天柱所创的墨业字号。胡天柱（1742—1808 年），字柱臣，号在丰，安徽绩溪人，清乾隆年间制墨高手。少年时为徽州休宁县汪启茂墨店学徒，诚实勤劳，精于业务，深得器重，并娶汪启茂之独生女为妻。乾隆三十年（1765 年）承顶汪启茂墨店，并于乾隆四十七年（1782 年）取徽州府孔庙的"天开文运"匾额中间两字，冠以姓氏，开创"胡开文"店号，在徽

中国佛教协会前会长赵朴初居士为胡开文题字

州墨业的激烈竞争中脱颖而出，在国内墨业中声名鹊起。清代徽州墨业有四大家：曹素功、汪近圣、汪节庵、胡开文，其中胡开文善做药墨，被誉为"药墨华佗"。20世纪30年代，胡开文得到迅猛发展，除徽州之外，在汉口、九江、长沙、安庆、南京、扬州、镇江、杭州、上海等地，或设分店，或开新店，其经营范围几覆盖大江南北。1920年，安徽桐城商人李陶泊与安徽胡开文老店立约专销所产徽墨，贩运了一批徽墨来蓉销售，获利颇丰。1924年，李陶泊来蓉物色店铺，后在青石桥开店营业，店名沿用扬名天下的"徽州胡开文笔墨庄"，专门经营文房四宝，很快在成都站稳脚跟。在青石桥、卧龙桥一带，以"胡开文"为中心，形成了产销文房四宝的专业市场。

1926年，春熙路建成，"胡开文"由青石桥迁至春熙路北段街口，在专营湖笔、徽墨之外，又扩大经营范围，经营品种包括北京"荣宝斋"宣纸，苏杭八宝印泥、"翰元斋"铜墨盒，名绢，安徽歙砚，广东端砚等，成为集全国各地文房四宝名特产品的专营店。所售文具包调包换，免费修理，并代客刊刻姓名、书画等，形成独特的"胡开文"特色。随着春熙路商业区日渐繁华，"胡开文"又地处黄金口岸，

已经从春熙路北口迁到春熙路南段的"胡开文"

声名益显。为扩展市场,"胡开文"又制作出"松滋厚"之类的普通墨锭,价格低廉,适合一般学童和商铺书写、记账所用,质量又较本地制墨好,因此销路日广,郊县商店也常来此进货。

为了结纳文人名士,扩大影响,"胡开文"又为金石、书画家代收润例。当时与该店建立了代收润例的书法、金石、国画等艺坛名家有:谢无量、盛光伟、林君墨、郑曼陀、唐耕耘、施孝长、姚石倩等。其中最为知名的是国画大师齐白石。1936年,齐白石应邀来成都游历并鬻画,深受成都各界欢迎。白石老人对用墨十分讲究,成都"胡开文"成为他时常光临的去处,常在店中挥毫作画。齐白石在成都为人作,大多也由"胡开文"和"诗婢家"两家代收代裱。"胡开文"和白石老人之间结下了深厚的翰墨缘。

抗战军兴,大批文人内迁至成都,"胡开文"抓住契机广交文人朋友,其影响进一步扩大。

随着时代的变迁,在市场经济的大潮中,百年老店"胡开文"也在"求新求变"。在传统的"文房四宝"之外,成都"胡开文"又涉足新的领域。2009年,"胡开文"斥资在春熙路打造了占地600平方米的"胡开文珠宝"品牌旗舰店,除了珠宝,还经营高档钢笔、乐器、体育用品、眼镜,甚至葡萄酒。华丽的装修,琳琅满目的高档商品,着实让人目迷五色,不知所以。

只是,回首当年,飘逸的书香和墨香,如今还有几许?

墨香纸润 玉楮银钩——纸墨藏书篇

蜀中天一阁
——严氏父子和"贲园书库"

一、从"芙蓉池馆"到"贲园"

成都繁华的春熙路北约800米处，有一条西北—东南走向的街道和平街。在成都城中，这样的小街数以千百计，丝毫不起眼。然而，人不可貌相，街亦如此。如今毫不起眼的和平街，在半个多世纪前曾经是成都"书香"最为浓郁的去处，甚至可以说是"书香成都"的圣地。

和平街原名骆公祠街，街西有一水池。相传此地曾为蜀汉大将赵云的故宅，池塘为赵云洗马之处，后世因称此池为"洗马池"或"子龙塘"，池畔的街道也因此得名子龙塘街。与和平街一街之隔，有一条岳府街，清雍正年间的大将岳钟琪在这条街上建造府邸"景勋楼"，岳府街由此得名。之后一百多年间，成都的权贵富豪吴连生、骆秉章、祥文澜等都曾为景勋楼主人。清嘉庆年间，出身蜀中望族，官至礼部侍郎的周兴岱在此修建宅第，园林胜景享誉一时。同治初年，周宅转归恒容齐，更名为芙蓉池馆。客居成都的江南名士顾复初曾为之作《芙蓉池馆记》，言洗马池广二十余亩，"楼台亭榭，咸就池势，回环结构，间以花木竹石，蔚然深秀"。池上可赏荷泛舟，为当时成都名流士大夫的宴集之地。同治二年（1863年），四川总督骆秉章在大渡河设计全歼太平天国"翼王"石达开所部，生俘石达开，为清廷立下殊勋。同治六年（1867年），骆秉章死于成都。此后，骆部下四川提督周达武买下芙蓉池馆，在其之上修建了一座祠堂祭祀骆秉章，称为"骆公祠"，子龙塘街因此改名骆公祠街。从民国至新中国初，骆公祠几经变迁，后改建为小学，骆公祠街也于1954年改名和平街。洗马池则于20世纪70年代初被填平。

清末民初，景勋楼的旧址又换了主人。新主人在这里建造了一座楼阁玲珑、花木扶疏的园林式公馆，名为"贲（音 bì）园"。"贲园"为四进院落，有花园三处，宅第古雅轩敞，园内花木扶疏，修竹环绕。半个多世纪过去，当年的园林楼阁已不复存在，这片地皮上，建起了四川省图书馆职工宿舍楼，门牌号码是和平街 16 号。

在这片现代中国城市中司空见惯的普通居民小区之中，两株枝干茁壮的古银杏树下，静静地蜷伏着一座两层砖石结构，造型简洁朴拙的石库状小楼，大门紧锁，墙壁斑驳，阒无人迹，在环绕它的宿舍楼群中，显得落落寡合。

人不可貌相，楼亦如此。这座孤独而寂寞的小楼，式样虽然古旧，却大有来历。它的结构和外形，模仿的是清廷储藏文书档案的皇家档案库"皇史宬"。因为它的功用同皇史宬一样——储藏文书典籍。小楼前有月亮门，门楣上雕刻着两个篆字"怡乐"，基座上雕刻着青狮白象、卷草花卉，为南方园林建筑的典型风格。小楼曾经储藏了两代藏书家的毕生追求，保存过宏富而珍稀的典籍和文物，民国年间的许多大学者、大名士的身影，也无数次在这里经过。从这个角度出发，我们可以说，这座小楼是"书香成都"的精神殿堂。

小楼的名字叫"贲园书库"。

二、爱书如命的严氏父子

"贲园书库"的主人，是近代中国著名的藏书家严雁峰、严谷声父子。它是成都、四川乃至中国西部历史上最为著名的私家藏书楼。当年，这座藏书楼蜚声海内外，堪与宁波"天一阁"媲美。

严雁峰（1855—1918 年），名遨，原名祖馨，字德舆，更字雁峰，号贲园居士。清末民初著名藏书家、学者、诗人。祖籍陕西渭南，先世以盐业致富，家道殷实。严雁峰幼时随家人入川，定居成都。他少年勤学，"治左氏春秋，益博览史传，成诵上口，能强记不忘"（宋育仁《严处士贲园书库记》）。因而被尊经书院山长王闿运破例准许进入从来不收外地学生的尊经书院，与廖平、宋育仁、吴之英等朝夕研读，学业大进。后应乡试不第，遂绝意仕进。因家赀富足，"遍游南北，搜求奇书故籍"（林思进《贲园书库记》），以收藏书籍、校刻古人著述为毕生事业。

清光绪二十年（1894 年）严雁峰进京游历，所携巨款全部用以搜购旧家典籍，运回成都收藏。以后又常往来陕西、四川之间，只要听闻仕宦旧家藏书将散去，便不惜巨资悉数购买。先后得到陕西籍漕运总督张芥航、川军提督唐友耕等人的旧藏。而流落于市井的"畸零秘本为人所罕见者，则也随时买入"（张森楷《贲园书库目录辑略·渭南严氏家塾刻本》）。与此同时，严雁峰还精选校注典籍，雕版刻印，成为知名一时的藏书大家和古籍版本学、目录学家、金石书画鉴赏家。

严雁峰无子，从老家族人中过继一男，先取名式海，后又名谷声，别名谷孙（1899—1976年）。严雁峰以保存藏书为身后之头等要事，在物色继子时说："只求保我五万卷藏书，则平生愿足。"

严谷声没有辜负父亲期望。他初来成都时已过学龄，严雁峰将儿子的书斋命名为"时过学斋"，激励他珍惜寸阴，勤奋向学，不可懈怠。严谷声自幼聪颖好学，又有父亲和宋育仁、张森楷等名流学者耳提面命，交游皆学界名流，因而学业精进。

民国三年（1914年），严雁峰在他的宅第"贲园"之中开工营建藏书楼，取名"贲园书库"。"贲园"之名取自《周易》贲卦："贲于丘园，束帛戋戋。""贲"，有文饰、华美之义。

书库开工三年有余，严雁峰去世。严谷声不隳父志，延续书库工程。民国十三年（1924年），历时十年的"贲园书库"终于建成。书库建在花园中，坐北朝南，长约60尺，宽30尺，墙体厚达2尺。小楼为青砖建筑，歇山式屋顶，双层檐角，出檐粗犷，二楼上端有一石刻匾额，题写"书库"二字。书库四周开有方形小窗，楼窗左右对称，小巧精致，中间有阳台，周围种植银杏、幽篁。书库冬暖夏凉，清新雅洁，所有窗户均装有隔水板，楠木制成的门窗皆用铅皮包裹，书架书柜全由防虫蛀的楠木、香樟木制成。书库内对虫蛀、水泅、霉烂、发脆、脱页断线等问题均有良好的预防设施，各设专人管理。

"雏凤清于老凤声。"严谷声不愧其父的令子，他"敬承先绪手泽，重以遗言"，在谨慎守业的同时，发扬光大父亲的藏书事业，自己也学业精进。坐拥书城，经年累月浸润书斋，对古籍版本目录、历代典章制度、风土人情、名人掌故、金石书画，皆有很深的造诣，终成海内外知名的大藏书家、大学者。

严雁峰去世时，"贲园"藏书共约五万卷。在此之后的三十年间，"贲园"藏书持续增加而很少流失，所藏奇书、精刻善本、孤本驰名海内外，内有堪称国宝的孤本宋版《淮南子》《淳化阁双钩字帖》，也有曾国藩、胡林翼、严树森等人来往信札、手稿及用兵的山川地图，刘永福幕僚《使越日记》、顾炎武《肇域志》手稿、王闿运《湘军志》手稿，以及四川各地州县志等，皆极珍稀贵重。此外还有名人书画、法帖与历代碑帖多种。

严氏父子不仅以藏书为事业，又以刊刻精善而著称。纸质、刻印皆为上品，备受称誉。严雁峰又是一位诗人，有《贲园诗钞》传世，收其旧体诗59首。严谷声为了纪念父亲，刊刻《贲园诗钞》，竹纸线装五卷全一册，版阔字大，刻工

精美，开卷悦目，可谓民国雕版之典范。曾任四川省图书馆首任馆长的成都名
士林思进（山腴），于卷尾题诗云：

> 玉露金飙下九天，此君高洁得秋先。
> 深岩绝壑无人到，且赋淮南招隐篇。
> 历尽千红万紫时，而今独耸广寒枝。
> 重题此幅为惆怅，莫调调羹桂不宜。

三、民国成都的文化客栈

严氏的贲园，与浙江宁波范氏的天一阁，同为中国著名藏书楼，库藏巨大、藏品珍稀。然而，从对藏书的态度来看，严氏父子显然高于范氏。范钦建天一阁，为收藏而收藏，一开始就定下严规，不许外姓人登楼。登楼且不许，遑论读书。而贲园则与此相反，不单纯收藏，而是将藏书向学人开放，为学者们不断地输送学术和精神食粮，让藏书充分发挥作用。

现代四川乃至中国的许多著名学者、名流如陈寅恪、顾颉刚、沈尹默、廖平、宋育仁、张森楷、林思进、龚道耕、向楚、蒙文通、谢无量、庞石帚、朱少滨、马季明、陶亮生，以及于右任、张大千、谢稚柳、叶浅予、章士钊、邵力子等，都曾在此读书、研究和创作。抗战时期，大史家陈寅恪受聘为华西协合大学教授，曾前往严府，恭谨拜见贲园主人，参访查检藏目，翻阅贲园所藏善本和精刻印本。

贲园所藏音韵学典籍浩繁广博，学者龚道耕、向楚历经数度寒暑进行整理，辑成《音韵学丛书》32 种 123 卷，誉为唐宋以来中国音韵学之大成，并由严谷声聘请良匠刻印。这是严氏辑刻古代典籍的得意之作。严谷声曾携籍赴杭州求教于章太炎，太炎先生赞赏不已，亲为之作序。

宋育仁主持修纂洋洋三百余册的巨著《四川省通志》，以及修纂《富顺县志》，所据资料即以贲园藏书为主。一代大儒廖季平晚年仍为学不辍，许多时光都在贲园度过。他考订《伤寒》古本、研究《公羊》《榖梁》，皆以贲园藏书作为资料引用的基础，他的珍贵手稿后来也留在了贲园。历史学家张森楷撰写的《二十四史校勘记》《四川省历代地理沿革表》，也在贲园完成。

1935 年，严谷声游历北平，结识张大千，二人惺惺相惜，遂成莫逆之交。

墨香纸润 玉楮银钩——纸墨藏书篇

抗战时期张大千来成都，曾客居严府两年，居处后院即为贲园书库。严氏拨房屋二十多间，为大千家属及随行弟子、侍从人员四十余人居住，还将院侧客厅改建成画室，特为大千制作一张巨型楠木画案。大千以一丈二尺玉版宣画成的《西园雅集图》《泼墨荷花》《杨妃戏猫图》等精品，均在这个画案上完成。骆公祠街上的贲园，也成为民国成都最知名的文化客栈。

民国时期社会扰攘不安，名动海内的贲园收藏自然也受人觊觎。20世纪三四十年代，严谷声曾三次被成都城防司令部和川军军官软禁和绑架，令其家人以珍藏善本换人。严谷声坚决不允许家人以书换人，最终蚀财免灾，以钱赎人。据著名教育家、古文学家陶亮生回忆，日本书商曾托人联系购买严氏藏书，被拒。美国哈佛大学也曾联系高价购买严氏所藏古籍，亦被坚拒（陶亮生、严韵谟《爱国藏书家严谷孙》）。谨守藏书的同时，严谷声又不惜重金，聘请名匠翻刻精品，除馈赠国内图书馆和学者外，还向海外赠书。英、美、法、苏等国不少大图书馆，存有渭南严氏精刻本。抗战期间，苏联政府收到赠书，斯大林亲自签署了答谢状。大英博物馆、牛津大学图书馆、列宁图书馆均有其刻印本陈列。

成都解放前夕，严谷声拒绝了国民党政府请他携书前往台湾的安排，将贲园藏书完整保留在成都。1951年，严谷声将严氏藏书连同贲园书库和宅第售与国家，同时将自刻书版三万余片捐献公家，同时捐献的还有历代名人书画、碑帖、文物多件。贲园遂成为四川省图书馆中文部和特藏部，严氏故宅被改建为古籍阅览室，直至20世纪80年代四川省图书馆新馆建成使用。不再使用的贲园书库，建筑保存完整，2006年被定为四川省级文物保护单位。

1951年进入公藏的贲园藏书，共计11万余卷，合35028册213件，其中包括善本五万余卷（引自《四川省图书馆记事·四川省图书馆建馆八十周年纪念文集》）。所捐由时任四川省教育厅长的张秀熟及著名学者蒙文通、缪钺、陈翔鹤等代表政府清点接收。这批善本、珍本从此成为四川省图书馆的镇馆之宝。令人惊叹的是，有关部门接管清点时，全部书籍没有一卷有水渍或虫蛀。

严雁峰曾为贲园自撰对联一副，由国民党元老、有"当代草圣"之称的于右任书写，联文如下：

　　　无爵自尊，不官亦贵。
　　　异书满室，其富莫京。

"莫京"，"莫大"之义。这副对联，显示着严氏父子高远的精神追求，显示着贲园昔日的辉煌，也显示着书香成都曾经的骄傲。

美酒成都 堪送老

◎ 城市文化篇 ◎

石犀　水文化　大石文化

一、天府广场石犀

　　2013 年 1 月上旬，成都天府广场原电信大楼基础下，考古人员发现了一头巨大的圆雕石兽。石兽采用整块红砂岩雕刻而成，长 3.3 米，宽 1.2 米，高 1.7 米，重约 8.5 吨，呈站立状，躯体壮硕，四肢短粗，下颌及前肢躯干部雕刻卷云纹图案，形体轮廓与犀牛十分相似。从风格特征看，基本可以断为秦至西汉时期的作品，不少学者认为石兽为秦汉时期制作的石犀。

　　对成都来说，"石犀"有着特殊而重要的文化意义。它所具有的文化内涵，与成都城市的产生和发展，与独具特色的古蜀文化有着密切的联系。

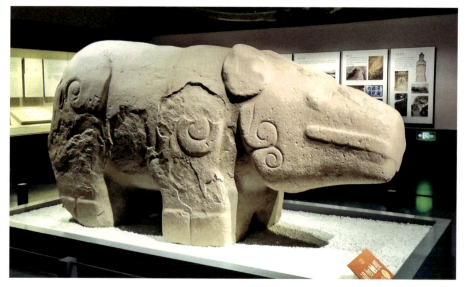

陈列在成都博物馆里的石犀

成都是一座因水而兴，因水而荣的城市。李冰创筑都江堰，使成都平原成为"水旱从人，不知饥馑"的天府之国，也成就了成都城市几千年的繁荣富庶。以李冰和都江堰为核心的水文化，成为成都最重要的文化内涵之一。石犀，则是成都水文化的一个重要的物化标志。

西汉扬雄《蜀王本纪》云：

> 江水为害，蜀守李冰作石犀五枚，二枚在府中，一枚在市桥下，二枚在水中，以厌水精，因曰犀牛里。

厌，通压，镇压的意思；水精即水怪。"厌水精"，即"镇水怪"。以石犀或石牛镇水，是传统水文化的重要内容之一。传统的阴阳五行学说有"牛象坤，坤为土，土胜水"的说法，认为牛能镇水安澜。这种观念在中国古代得到广泛的认同。在古人看来，犀牛也是牛，更是一种珍奇的异兽、瑞兽，同时也具有辟邪镇水的"神功"。在传统水文化中，牛和犀牛渐渐混为一体。立于大江大河甚至海塘堤上的镇水石牛、铁牛，常常又被雕刻、铸造为石犀、铁犀。

古代蜀人也有以牛为神的图腾崇拜，认为犀牛神可以战胜水神。今天四川各地遗存镇水神物，往往制为犀牛形状。阆中城西门外现存石犀一尊，乃清川北道黎学锦修治防洪工程后所置。2010 年 4 月，在三台县柳林滩涪江中出土一尊石犀。唐开成年间，为治理涪江水患，东川节度使郑复曾命人制 4 尊石犀以镇水，这尊石犀，可能即为当时所制。

李冰制作石犀镇水，是蜀地原始文化和中原传统文化的融合，而且是文献所载最早制作镇水石犀（石牛）之举。虽然目前尚无直接证据证明成都天府广场出土石犀是当年李冰所制，但石犀制作于秦汉时期，与李冰的时代十分接近，根据出土地点的考古状况和有关文献，大致可以推论它可能就是李冰所制石犀。如果推论成立，这尊石犀可以说是中国水文化神物镇水传统的开创之作。

两千多年来，李冰石犀一直是成都最具神秘色彩的著名古物，历代有关成都的史乘笔记均有记载。晋人常璩《华阳国志》记载与扬雄《蜀王本纪》所记有所区别。

扬雄一一列举了五头石犀的所在："二枚在府中，一枚在市桥下，二枚在水中。"

而常璩只交代了两头石犀的具体地点："（李冰）作石犀五头以厌水精。穿石犀溪于江南，命曰犀牛里。后转置犀牛二头，一在府市桥门，今所谓石牛门是也。一在渊中。"

扬雄所谓的"府"，应当是蜀郡郡守府衙。秦代张仪筑大城、少城，蜀郡郡守衙署在大城之中，地点大约在天府广场一带。此后两千多年，这一带一直是地方最高当局衙署所在，出土石犀所处的位置，正好在这个范围之内。考古工作者在发现石犀的同时，在这里发现了大量的瓦当和铺地砖，其上多有铭文，表明此地为古代官府遗址。天府广场石犀的考古地层属于晋代。从地层现状看，该地约在当时已经荒废，石犀倒卧，埋于泥沙之中。大致可以推断，西晋末年成都战乱频仍，蜀郡府衙毁于战火和洪水，石犀从此埋没于泥沙之中，直至今天才重见天日。常璩是东晋人，大概从来没有看到过"府中"的两头石犀，他的记载没有提及，在情理之中。

二、李冰石犀的踪迹

由此看来，天府广场出土的石犀，有可能就是扬雄所记置于"府中"的两头之一。至于另外一头，可能被搬到其他地方，不见了踪迹。

文献所记李冰石犀的下落，多与常璩《华阳国志》记载有关。按照常氏的说法，石犀最初放置在石犀溪和"犀牛里"附近，后来搬了一头到市桥门，一头沉到江中深潭。据罗开玉先生研究，石犀溪可能是李冰开成都二江（即流经成都城南的郫江和检江）工程中的一个附属工程，是一条沟通郫江和检江的人工河道。河道大致起于今同仁路南口附近，引郫江水流经今方池街、南较场流入检江，全长约2公里。"命曰犀牛里"，是说这一区域因石犀而得名。具体方位应该在石犀溪北口附近，即今同仁路南段一带区域。

"市桥门"为汉晋时期成都少城西南的城门，濒临郫江，此门又称作"石牛门"，当与石犀安置于此有关。市桥门所在离"犀牛里"应该不远，此地从晋代至明末一直为佛寺，先后名龙渊精舍、龙渊寺、空慧寺、圣寿寺，因石犀被括入院中，又俗称为石牛寺或石犀寺。宋代诗人陆游宦游成都，曾在寺中看到过石犀："石犀在庙之东阶下，亦粗似一犀，正如陕之铁牛耳。一足不备，以他石续之，气象甚古。"（陆游《老学庵笔记》卷五）此时的石犀已经残破。明人曹学佺《蜀中名胜记》记载，圣寿寺"正殿阶左，有石蹲处，状若犀然"。此时的石犀已经风化得很厉害，成了一块轮廓如犀的石头。明末清初，圣寿寺毁于战火，而石犀仍存。清康熙年间创筑满城，在石犀寺故地建将军衙门。石犀所处位于新建右司衙门（将军衙门的附属机构）后圃之内，已严重风化，仅存轮廓。民国，右司衙门改为省立第一中学，新中国成立后又改为成都市第二十八中学。

至 20 世纪 50 年代初，石犀已剥落不成形状。当时建教室，石工将石犀解为石条，以砌阶沿。留存千年的石犀至此不复存在。

又据《成都城坊古迹考》，民国二年（1913 年）人们在右司衙门西面又掘出一石犀，与原在石犀寺内的那一头东西并列，后不知去向。如果这则记载可靠，出土的这头石犀有可能就是常璩所记沉于"渊中"的那一头。

据《都江堰文物志》记载，都江堰渠首也曾有过石犀。清道光年间，水利知事强望泰主持淘河时曾挖出两头石犀，置于堤上。不久，岷江发洪水，将石犀冲入江中，后又再次淘出。当时不少文人曾题诗咏叹，并有铭文镌刻其上。至民国初年，都江堰渠首人字堤上仍有一石犀，百姓因称堤为"犀牛堤"。1933 年叠溪地震引发大洪水，石犀再次沉入水中，1935 年又被淘出，置于堤上。1952 年岁修时，工棚失火，石犀被烧毁。

上述四头石犀，市桥门（石犀寺）所在的两头，有延续不断的文献记载，有可能是李冰当年所制原物。而都江堰渠首的两头，因缺乏古代文献支撑，后人附会所刻的可能性更大一些。石犀是成都的瑞兽，后人有所复制，也在情理之中。

三、成都的大石文化遗物

石犀作为成都水文化的一个重要物化标志，其厚重的文化内涵，值得深入研究。

文献记载，李冰除制作石犀之外，还曾做石人、石马置于都江堰渠首江中作为水文标志。他所处的战国后期，铁器已经大量使用。此前，以铜铁等金属铸造具有文化意义的器物，已很常见。而且，成都平原当时已有发达的冶铁业。李冰制造的各种镇水神物及水文标志等，却没有一件使用金属，全部以大石为原料。其中原因，应该与古代蜀人的大石文化有关。

大石文化是古代先民自然崇拜的一种重要表现形式。在中国和外国都较为普遍。著名的英格兰巨石阵，是大石文化在欧洲的典型标志。古代蜀人素有崇拜大石的文化传统。《华阳国志·蜀志》记载，"蜀侯蚕丛，其目纵，始称王。死，作石棺椁，国人从之，故俗以石棺石椁为纵目人冢也。"该书又说，开明氏"每王薨，辄立大石，长三丈，重千钧，为墓志，今石笋是也。"这是典型的大石文化现象。至今岷山中的羌人，还保留着崇拜"白石"的习俗。李冰制作石人石犀，与古代蜀人崇拜大石、崖石的原始文化应该有密切关系，是对蜀人文化习俗的尊重和顺应。这种顺应，使石人石犀在成都受到长时期的崇拜。

天涯石亭

  大石文化在成都平原留下过众多的遗迹。古代蜀人所立的大石，集中在开明王朝时期，其中最具特色的是分布于成都地区的众多巨型独石，著名者有石笋、五担石、石镜、天涯石、地角石、五块石、支机石等。成都平原不出产巨石。这些巨石都是从数十里甚至数百里外的山上开采运输而来。大石的最初意义，或者为古蜀王、贵族的墓志，或者为某种文化标志。但到了后世，大多与镇水传说产生密切联系。

天涯石

石笋是成都最著名的大石遗物之一，原在成都城西门外，今已不存。杜甫客居成都时见过石笋，并作有《石笋行》诗。陆游《老学庵笔记》也有石笋的记载。元代以后，石笋不再见于文献。有关石笋的说法之一，是镇"海眼"的神物。《成都记》说："距石笋二三尺，夏月大雨，往往陷作土穴，泓水湛然。以竹测之，深不可及。以绳系石投其下，愈投而愈无穷，故有海眼仍在之说。"

五块石原在成都南门大桥之西，武侯祠之北，今已不存。《古今图书集成·坤舆典》卷十四云："五块石，（成都）府城治南万里桥之西，有五石相叠，高一丈余，围倍之。相传下有海眼，昔人尝起其石，风雨暴作。"

天涯石是至今尚存的少数大石文化遗物之一，在成都城东天涯石街。《四川通志》卷49引《旧志》："（天涯石）在府河之西岸，其石入地不知几许，高六尺余，周围五尺余。若有掘之者，有风雷之异。"风雷之后往往是暴雨，洪水也随之而来。

支机石是成都另一块尚存的大石文化遗物。具体内容见本书"君平卜肆"与"支机石"。

大石镇水之说的产生，应该在李冰之前。古代蜀人有石神能镇江神的原始文化意识。李冰刻石犀镇水在成都人心中有广泛而深刻的影响，给这种原始文化添加了一层神秘的色彩。于是，古代蜀人作为墓志或其他文化意义的大石，便成为镇水神物，从而增加了一重水文化内涵。这种增加或者转化，李冰在其间应该起了重要作用。这是水文化与大石文化相互作用和融合的结果。

天府广场出土的石犀是否为李冰所制，可能很难找到直接证据了。但石犀和它身上所积淀的厚重传统文化内涵，与金沙太阳神鸟一样，值得成都人永远珍视。

千古江山三分割据　天下英雄使君与操

一、《三国志》与三国文化

魏蜀吴三国鼎立，是中国历史上一段社会剧烈动荡的时期。群雄并立，逐鹿中原，金戈铁马，气吞万里。多少豪杰志士脱颖而出，风云际会，建立了百世不灭的伟烈丰功。历史的苍穹，升起了一颗又一颗辉耀千古的星辰。许许多多的中国人，可能不知道秦皇汉武、唐宗宋祖，不知道韩信、霍去病、戚继光，不知道屈原、李白、杜甫和曹雪芹，却知道曹操、刘备、孙权，知道诸葛亮、张飞、关羽，知道周瑜、鲁肃、吕布、貂蝉。这些人物，和与他们相关的各种事件、战役，如三顾茅庐、赤壁之战、六出祁山等，被改编成各种戏剧、电影、电视剧，不仅广泛流行于国内，还流行国际华人社会之中。这种文化现象，就是三国文化。在中国传统文化之中，三国文化的国际影响应该是最为广泛的。在某种程度上，可以说三国文化是世界了解中国的窗口。

鲁迅说过，中国人的历史知识，大抵是从演义中得来。三国文化之所以能在中国影响深远，是因为一部《三国演义》的广泛流传。而《三国演义》的成书，则是由于一部史书，那就是陈寿的《三国志》。

陈寿（233—297 年），西晋史学家，字承祚，巴西安汉（今四川南充）人。"少聪警敏识，属文富艳"，曾师事同郡著名学者谯周。蜀汉时任史官，掌握了大量官方文献和资料。蜀汉灭亡后入晋，任著作郎。在此期间，他利用自己所掌握的文献和资料，撰写了魏、吴、蜀三国历史，分别为《魏书》《蜀书》《吴书》，后世合称《三国志》。由于材料和政治上的原因，《三国志》叙事过于简要，南朝宋文帝时，著名史学家裴松之为其作注，引用 220 余种汉魏时期文献书籍，增补了大量材料，注文超过原书数倍，大大提高了《三国志》的史学价值。这些文献后来大部分亡佚，赖有裴注，才得以从中见到概略。

在中国历代正史中，《三国志》有着特殊的地位和影响。它所记载的魏、

美酒成都堪送老——城市文化篇

武侯祠"桃园"刘关张雕像

蜀、吴三国争霸的历史，传奇色彩最为浓厚。重要事件、重要人物及其事迹后世广泛流传。经过后代民间说书艺人一代代的演绎加工，最后形成的小说《三国演义》，成为中国流传最广，妇孺皆知的古典文学名著。《三国演义》的广泛流传，又形成内涵丰富的"三国文化"。《三国演义》尊蜀汉为正统，蜀汉人物刘备、诸葛亮、关羽、张飞、赵云等人为全书的主体，蜀汉由此成为三国文化的核心元素。蜀汉政权定都成都，三国文化也成为成都内涵厚重、影响广泛的地方文化之一。

二、成都武侯祠的变迁

成都三国文化的核心元素，是诸葛亮和武侯祠。

诸葛亮是中国历史上最著名的政治家、军事家，其文韬武略、勤政爱民、清廉自持、鞠躬尽瘁，千百年来一直受到后世人们的景仰和推崇，成为中国传统文化中忠诚和智慧的象征。三国文化的核心内涵，就是诸葛亮其人其事及其思想，其物质载体，则是遍布各地的武侯祠。仅以西南三省计，云南有过30多座，贵州有过18座，四川则有过40多座。就全国而论，最有影响的武侯祠有四座，即四川成都武侯祠、陕西汉中武侯祠、河南南阳武侯祠、湖北襄阳武侯祠。

据《三国志·蜀志·诸葛亮传》裴松之注引《襄阳记》，诸葛亮死后，所在各地人士包括"戎夷"各族，纷纷要求为他立庙祭祀，朝廷认为不合礼制，不

成都武侯祠大门

予批准。百姓便于岁时纷纷"野祭"于道路田间。直到蜀汉灭亡的景耀六年（263年）春天，大臣习隆、向充上表，以周人怀念召伯，越王勾践思念范蠡的故事劝谏刘禅顺应民心，为诸葛亮立庙。后主刘禅终于下诏，在沔阳（今陕西汉中勉县）定军山前的诸葛亮墓侧为他建立祠庙，享受岁时祭祀。这是历史上最早的武侯祠，也是唯一一经当朝皇帝批准建立的"官祠"。

如果说，勉县武侯祠是最"正宗"的武侯祠，则成都武侯祠就是最"知名"的武侯祠。

成都的诸葛亮祠庙，最早建于西晋末年。据宋人祝穆《方舆胜览》记载，西晋末年天下大乱，入蜀的秦雍流民首领李雄占据成都，建立"成汉"政权，在成都少城为诸葛亮立庙。庙在成都府署（大约在今正府街一带）西南二里，其位置大约在今商业街东口附近。东晋大将桓温灭"成汉"，平夷少城，唯独保留了诸葛亮庙。

诸葛亮在成都有故宅，宅内有读书台，位置在宋代的成都府署西北二里（宋乐史《太平寰宇记》卷七十二）。后人因其宅建诸葛祠。唐天宝五年（746年），章仇兼琼任剑南节度使，在其地建道观，名乘烟观，诸葛祠与武侯读书台被圈入观内（宋魏了翁《鹤山集·成都府朝真观记》）。此诸葛庙毁于南宋末年

的战乱。

现在成都的武侯祠，是纪念刘备、诸葛亮的君臣合祀庙。蜀汉章武三年（223年）刘备病故永安宫（在今重庆奉节县），灵柩运回成都，下葬于成都城南，其陵墓称惠陵，陵前设庙，称原庙。大约在南北朝，成都惠陵旁边建起了一座武侯祠庙，与刘备的陵庙相毗邻。唐宋时期，这座武侯祠已成为成都名胜。宋人任渊《重修先主庙记》，准确记述了刘备陵、庙和武侯祠三者之间的位置关系，即刘备惠陵居西，刘备庙居东，武侯祠在庙的西偏稍南：

> 成都之南三里许，邱阜岿然曰惠陵者，实昭烈弓剑所藏之地，有庙在其东，所从来远矣。大殿南向，昭烈弁冕临之。东夹室以附后主，而西偏少南又有别庙，忠武侯在焉。老柏参天，气象甚古，诗人尝为赋之。

唐代，杜甫、岑参、李商隐等大诗人都曾到武侯庙凭吊瞻仰并有诗吟颂。祠堂中的千年古柏，是诗人歌咏的重要内容。杜甫《蜀相》为传世名篇，开篇即吟诵祠前古柏：

刘备惠陵大门

> 丞相祠堂何处寻，锦官城外柏森森。
>
> 映阶碧草自春色，隔叶黄鹂空好音。
>
> 三顾频烦天下计，两朝开济老臣心。
>
> 出师未捷身先死，长使英雄泪满襟。

李商隐的诗，直接以《武侯庙古柏》为题：

> 蜀相阶前柏，龙蛇捧閟宫。
>
> 阴成外江畔，老向惠陵东。
>
> 大树思冯异，甘棠忆召公。
>
> 叶凋湘燕雨，枝拆海鹏风。

玉垒经纶远，金刀历数终。

谁将出师表，一为问昭融。

唐穆宗时，剑南西川节度使段文昌撰
《武侯祠古柏铭》，刻石立于祠内，文中赞
道："武侯祠前，柏寿千龄，盘根拥门，
势如龙形，会碧太空，散雾虚庭。"神奇
壮观，令人神往。

明初，明太祖朱元璋第十一子朱椿受
封为蜀王。到成都后游览刘备庙及武侯
祠，看到武侯祠香火旺盛，而刘备庙则门
庭冷落，颇不以为然。于是以武侯祠与刘
备陵庙鼎足而立，不合礼制，"君臣宜为
一体"为由，下令废武侯祠，在刘备殿外
建东、西两庑，以诸葛亮附祀东庑，关
羽、张飞附祀于西庑。刘备、诸葛亮君臣
合庙自此形成。但成都的百姓并不买账，
仍然称刘备庙为武侯祠。有鉴于此，明嘉
靖二十一年（1542 年）四川巡抚王麟谷
奏请蜀王为诸葛亮建立专祠，于是在西郊
浣花溪梵安寺（今草堂寺）旁建了一座武侯祠。

诸葛亮塑像

明末清初，城南和浣花溪畔的武侯祠均毁于兵燹，仅存刘备孤冢。清康熙
十至十一年（1671—1672 年），在四川按察使宋可发的发起和主持下，在城南武
侯祠的废墟上重建武侯祠，一庙两殿，刘备殿在前，孔明殿在后，形成今日所
见的君臣合庙的格局。按照传统礼制，殿在前为卑，在后为尊，这样的格局是
所谓"尊臣不尊君"。祠庙建成后，宋可发撰《重建诸葛忠武侯祠碑记》，明确
表示所建为武侯祠，而不是昭烈庙。后来，有人提出异议，四川当局又将武侯
祠改称昭烈庙。现在的这座君臣合庙的大门悬挂的"汉昭烈庙"大匾，是民国
年间川军将领、自称刘备四十八代裔孙的刘成勋所献。不过，成都人从来都把
这里称作武侯祠，没有人称其为昭烈庙。正如成都的一首竹枝词所云：

门额大书昭烈庙，世人都道武侯祠。

由来名位输勋烈，丞相功高百代思。

三、《出师表》的真伪问题

武侯祠过厅中悬挂着一副对联，为明代人游俊所撰：

两表酬三顾，一对足千秋。

对联中的"两表""一对"，即前、后《出师表》和《隆中对》，是诸葛亮一生功业的标志，也是三国文化至为珍贵的内涵。

《隆中对》，是诸葛亮高卧襄阳隆中时，向三顾茅庐的刘备提出的战略对策。《隆中对》为刘备分析了天下形势，提出先取荆州为家，再取益州，与曹操、孙权成鼎足之势，继而徐图进取中原的战略构想。刘备集团基本遵循了诸葛亮的战略设想，最终成就了蜀汉大业。《隆中对》受到后人的高度评价，成为中国政治史上战略对策的典范，足以流传千秋。

前、后《出师表》，是指诸葛亮在北伐中原之前向后主刘禅所上的两份奏章。文中，诸葛亮提出了用人唯贤、赏罚严明的治国方针，表达了尽忠竭智兴复汉室的愿望。这种"鞠躬尽瘁，死而后已"的精神，足以酬答刘备三顾茅庐的深仁厚德，也一直受到后人的高度赞誉。宋代大诗人陆游有"出师一表真名

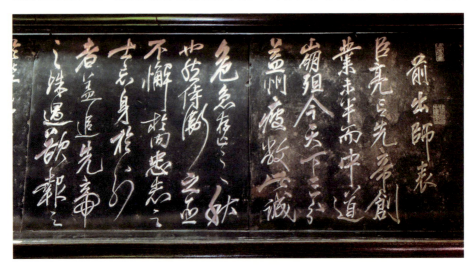

相传岳飞手书《前出师表》

世，千载谁堪伯仲间"的诗句，是后世人们对诸葛亮及其《出师表》景仰之情的集中体现。

《出师表》特别是前《出师表》，在文学上也有特殊地位，全文情词恳切，质朴无华，自然流畅，许多句子与词语在广为流传之后成为成语或格言。诸葛亮不是文学家，但《出师表》却成为千古流传的文学名篇。

后《出师表》也是历代传诵的名篇，但此文是否为诸葛亮所作一直存在争议。陈寿《三国志》"诸葛亮传"载有前《出师表》，却未载后《出师表》。后《出师表》见于裴松之注引《汉晋春秋》，而且前、后两表在为文风格上也有明显区别，因此后世一直有人怀疑它的可靠性。不过人们仍然将它视为前《出师表》的姊妹篇，宋代司马光编纂《资治通鉴》，也将此表全文照录。后《出师表》最为感人的"鞠躬尽瘁，死而后已"二句，忠君爱国之情，感人至深，堪称古文名句中的名句。

《出师表》对成都有着特殊的意义。成都武侯祠二门长廊壁上，嵌有岳飞所书前、后《出师表》行草石刻，正文之后有岳飞跋语：

> 绍兴戊午秋八月望前，过南阳，谒武侯祠，遇雨，遂宿于祠内。更深秉烛，细观壁间昔贤所赞先生文词、诗赋及祠前石刻二表，不觉泪下如雨。是夜，竟不成眠，坐以待旦。道士献茶毕，出纸索字，挥涕走笔，不计工拙，稍舒胸中抑郁耳。岳飞并识。

相传岳飞手书前后《出师表》后的跋文

美酒成都堪送老——城市文化篇

石碑共37块，墨底白字，刻工精良，贯通长廊，颇为壮观，游人至此，无不驻足瞻仰。岳飞才兼文武，能诗善书。所书前、后《出师表》，铁画银钩，龙飞凤舞，酣畅淋漓，气韵生动。诸葛亮与岳飞同为千古英雄，英名与勋业交相辉映，人们敬其人爱其文，十分推崇这幅旷世之作。

不过，亦有一些学者对所谓岳飞手书前、后《出师表》提出质疑。其中包括北大教授、宋史专家邓广铭，北大教授、中国社科院研究员张政烺，中国社科院研究员、宋史专家王曾瑜。三人均为中国一流的宋史专家。其中王曾瑜的《传世岳飞书〈出师表〉系伪托》一文颇具代表性。其基本观点包括：（一）据《出师表》跋文，岳飞手书二表的时间应为"绍兴戊午年（1138年）八月望前过南阳，谒武侯祠"时。但从时间上考证，岳飞当时不可能在南阳。因为，岳飞之孙岳珂收集的岳飞给宋廷的奏书中称："臣已择今月十二日起发，于江、池州（赴）行在奏事。"即八月望前，岳飞已奉命离开鄂州前往临安，分身乏术，不可能出现于南阳。（二）岳飞所书《出师表》中，"先帝在时，每与臣论此事，未尝不叹息痛恨于桓、灵也"句，不避宋钦宗赵桓的"桓"字讳，这在宋朝臣子是绝不可能的。（三）据岳珂《宝真斋法书赞》记载，岳飞书法师承苏轼："先王凤景仰苏轼，笔法纵逸，大概祖其一也。"而世传岳飞手书二表的书体风格与苏体相去甚远。

岳飞被害近千年来，其词作《满江红》与"手书二表"在中国社会产生了很深的影响，它们不仅成为岳飞的道德形象，同时也成为汉民族精神的重要组成部分。有鉴于此，上述质疑者的理由尽管在学术上很可能成立，但从民族感情出发，并不妨碍人们继续将这幅书法佳作认定为民族英雄岳飞所书。

今天的成都武侯祠二门，悬挂着民国成都"五老七贤"之一的刘咸荣所书对联：

> 勤王事大好儿孙，三世忠贞，史笔犹褒陈庶子；
> 出师表惊人文字，千秋涕泪，墨痕同溅岳将军。

上联是说诸葛亮一门三代为国尽忠，因而得到陈寿的高度褒奖。下联说的是《出师表》情辞感人至深，以至千年之后，岳飞"挥涕走笔，不计工拙，稍舒胸中抑郁耳"。诸葛武侯与岳将军，虽隔千秋，而感情却同样倾注于两表之上。

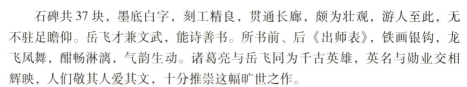

四十里城花作郭　锦江春色大文章
—— 《竹枝词》与成都风物

一、刘禹锡与竹枝词

> 一扬二益古名都，禁得车尘半点无。
> 四十里城花作郭，芙蓉围绕几千株。

　　这是清乾隆、嘉庆年间杨燮（号六对山人）所作的《锦城竹枝词》中的一首。这首"竹枝词"以通俗而清新的词句，生动地描述了当时成都绿树如云，繁花似锦的城市景观。

　　"竹枝词"又名"竹枝""竹枝歌""竹枝曲"。本是流行在巴渝（今川东和重庆）地区的民歌，又称巴渝歌，是一种民间歌舞。最早为巴人口头传唱的民歌。歌者边舞边唱，用鼓和短笛伴奏。据记载，早在战国时期，楚国荆湘一带就有"下里"和"巴人"的流行歌曲，"下里"是楚歌，"巴人"是巴歌，楚歌带有巴风，巴歌带有楚风，二者相互渗透，互相融合。

　　唐穆宗长庆二年（822 年），诗人刘禹锡任夔州（今重庆奉节）刺史。在任期间耳闻目睹，十分喜爱"竹枝词"，因创作了《竹枝词九首》，内容有的描写男女爱情，有的描写风土人情和山川景物，有的抒发游子羁旅之情。语言浅近，清新明快，在唐人诗歌中别开生面，独具一格。下面摘录的几首，流传最广。

> 白帝城头春草生，白盐山下蜀江清。
> 南人上来歌一曲，北人莫上动乡情。
> 　　　　　　　　——其一
> 山桃红花满上头，蜀江春水拍山流。
> 花红易衰似郎意，水流无限似侬愁。
> 　　　　　　　　——其二

日出三竿春雾消，江头蜀客驻兰桡。
凭寄狂夫书一纸，家住成都万里桥。

——其四

山上层层桃李花，云间烟火是人家。
银钏金钗来负水，长刀短笠去烧畲。

——其九

一般认为，刘禹锡的九首竹枝词，就是中国竹枝词的滥觞之作。"竹枝词"从此由民歌一变为文人诗体。沿袭刘禹锡创作"竹枝词"的基调，唐宋以来的"竹枝词"均以吟咏风土人情为主要内容，写作上多用白描，少用典故，语言浅显流畅，生动诙谐，雅俗共赏。民国时期成都知名的"怪才"刘师亮有一首论"竹枝词"的竹枝词：

虽然说是打油诗，题在诗中匪所思。
语要俏皮声要响，等闲不是竹枝词。

对竹枝词风格特点的总结，有画龙点睛之妙。

唐宋以降，创作竹枝词成为各地文人的一种时尚。四川是竹枝词的发源地，历代作者数不胜数。成都作为全川的经济、政治、文化中心，自是竹枝吟唱的主要对象。从竹枝词中一窥成都风貌，较之正史、方志，生动有趣，又别是一番景象。

由于竹枝词以描写人文风情为主要内容，因而当时的城市风貌、士农工商、三教九流、世态人情、民风民俗、岁时节庆、名胜古迹等，都被竹枝词生动描摹。嘉庆年间，四川学政钱栻考试秀才，竟以《锦城竹枝词》作为"古学"试题，更激起了文人创作的热情。竹枝词常常以组诗的形式出现，文人雅士的创作往往动辄数十以至百首以上。不少竹枝词的作者是土生土长的当地文人，他们熟谙乡邦掌故及当地的风俗民情；另一部分作者是外来的观察者，这些人对于异地的风俗充满了好奇，"沿途据所见闻，兼用方言联成绝句，随地理风物以纪游踪"。成都竹枝词明白晓畅、格调清新，内容涉及城市社会生活的各个方面，在文学价值之外，还有很高的史料价值。

二、成都风物的生动写照

流传至今的成都竹枝词以清代和民国为主，其中比较著名的作者和作品主要有六对山人（杨燮）《锦城竹枝词》、吴好山《成都竹枝词》、定晋岩樵叟《成都竹枝词》、筱廷《成都年景竹枝词》、冯家吉《锦城竹枝词百咏》等。

成都竹枝词以表现城市风貌的内容最多，如吴好山有竹枝词二首描写清代成都城市格局：

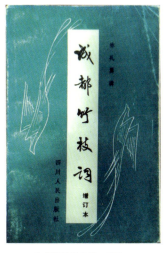

《成都竹枝词》书影

> 本是芙蓉城一座，蓉城以内请分明：
> 满城又共皇城在，三座城成一座城。
>
> 满城城在府西头，特为旗人发帑修。
> 仿佛营规何日起，康熙五十七年秋。

康熙五十七年（1718 年），清廷派遣八旗官兵驻防成都，康熙六十年（1721 年）动工修筑"满城"专供八旗官兵及其家属居住，工程持续了二十多年才全部完工。成都秦代的大城、少城两城相倚的"重城"结构，从此以后表现为大城、满城、皇城三城相套的格局。

又如六对山人《锦城竹枝词》描写的成都满城风貌：

> 满洲城静不繁华，种树栽花各有涯。
> 好景一年看不尽，炎天武庙赏荷花。

李劼人小说《死水微澜》对"满城"景象有这样的描写：

> 从西御街走进满城的大东门。果然是一道矮矮的城墙之隔，顿成两个世界：大城这面，全是房屋，全是铺店，全是石板街，街上全是人，眼睛中看不见一点绿意。一进满城，只见到处是树木，有参天的大树，有一丛一丛密得看不透的灌木，左右前后，全是一片绿。

旗人爱种树、栽花，满城内一年四季景色秀美，荷花是一大特色。同治《重修成都县志》载："武庙，在满城军署前，国朝乾隆癸卯年（1783 年）建修，名关帝庙。左有莲池，右有太极池。引金水河由正殿前横过。"竹枝词印证了这一风貌。

岁时节令，是竹枝词歌咏的重要内容。筱廷《成都年景竹枝词》描写成都

美酒成都堪送老——城市文化篇

237

年节，家家必办之事，从准备年货、年关收债、年夜饭、辞旧迎新、门神春联，到火炮锣鼓、春鞭灯市、春酒拜年、请客出行等，观察细致入微，文字活泼，极具特色。

> 儿童行礼说辞年，长辈分他压岁钱。
> 一见簇新原辫子，磕头领去喜连天。
> ——辞岁
> 把户尊神气象豪，虽然是纸也情劳。
> 临年东主酬恩德，尽与将军换锦袍。
> ——换门神
> 城隍庙前灯市开，人物花枝巧扎来。
> 高挂竹竿求主顾，玲珑机巧斗新裁。
> ——灯市
> 走遍亲朋拜遍年，谁家款待最周全。
> 便宜惟有回娘屋，儿女多收褂褂钱。
> ——拜年

花市在成都已有千年历史。清末成都的青羊宫花会，游人如织、熙熙攘攘，摊位密密麻麻，热闹异常。以此为题的竹枝词不知凡几。如冯家吉《锦城竹枝词百咏》：

> 青羊宫接二仙庵，花满芳塍水满潭。
> 一路纸鸢飞不断，年年赛会在城南。

再如周祖佑《花市竹枝词》云：

> 捷径分开通惠门，往来舆马若云屯。
> 手车载得如花貌，碾起红尘十丈奔。

秦汉以来，丝织业一直是成都最重要的手工业，清代成都的丝织作坊主要集中在城东的金河两岸。清嘉庆年间杨燮所作的《锦城竹枝词》这样描写：

> 水东门里铁桥横，红布街前机子鸣。

日午天青风雨响，缫丝听似下滩声。

清代民国成都风物，以川菜小吃最为知名，见于竹枝词的名菜、名酒名小吃颇多。冯家吉的《锦城竹枝词百咏》就谈到陈麻婆豆腐、温鸭子和名重当时的薛涛酒：

麻婆陈氏尚传名，豆腐烘来味最精。
万福桥边帘影动，合沽春酒醉先生。
——麻婆豆腐
烧烤犹然古味存，烹龙炮凤总虚言。
挂炉各诩商标美，独数南门"鸭子温"。
——温鸭子
枇杷深巷旧藏春，井水留香不染尘。
到底美人颜色好，造成佳酿最醺人。
——薛涛酒

成都自古就是一个移民城市，清代的"湖广填四川"，使成都出现了大量外省移民。当时的成都人"五方杂处"，来自湖广、江西、陕西、江苏各地的人们相互通婚。有一首竹枝词这样写道：

大姨嫁陕二姨苏，大嫂江西二嫂湖。
戚友初逢问原籍，现无十世老成都。

三、时代变迁的忠实记录

从清末到民国，维新、变法、新政接连不断，各种新制度、新举措以及新时尚层出不穷。议会议员、新式警察、妓女改良、现代司法、发行彩票、新式学堂、"声光电化"（当时人对自然科学"数、理、化"的称呼）、新式农业乃至西装革履、抵制日货等，不一而足，令人目不暇接。面对这些新东西，人们的态度各不相同，新奇、赞许、调侃、嘲弄乃至反对的声音都有，这些态度也反映到竹枝词中。

美酒成都堪送老——城市文化篇

冯家吉的《锦城竹枝词百咏》，就涉及清末成都的许多新鲜事物。

议员齐向锦城来，选举投名省会开。
挥麈而谈充国士，有财岂怕笑无才。
　　　　　　　　——地方议会
警察巡丁日站岗，清晨独立到斜阳。
夜深休往槐安去，致使鸡鸣狗盗藏。
　　　　　　　　——新式警察
横财不富穷人命，一本休思万利赊。
头彩虽然皆可望，水中明月镜中花。
　　　　　　　　——彩票
"兴化"名街妓改良，锦衾角枕口脂香。
公家保护因抽税，龟鸨居然作店商。
　　　　　　　　——娼妓改良
经史无人更苦研，声光电化半红天。
教员别字真遗笑，帝虎焉乌也要钱。
　　　　　　　　——新式学堂
两造须延辩护人，律师生意十分春。
蜃楼海市多虚幻，独挂青天月一轮。
　　　　　　　　——司法改良
休依古法饲蚕桑，试验于今尽改良。
墙下绿荫筐内叶，何须神祀马头娘。
　　　　　　　　——新式农业
眼镜金丝履皮鞋，斜阳道上午阴街。
满身花露香逾麝，携手双双绮语偕。
　　　　　　　　——西式穿着
东洋太肆野蛮风，仇货何堪售国中。
画出双鬟来演说，蛾眉巾帼有英雄。
　　　　　　　　——抵制日货

民国成都的"五老七贤"

一、从"竹林七贤"说起

中国文化史上，有一个著名的文人群体"竹林七贤"，他们是魏晋时代的七位名士嵇康、阮籍、山涛、向秀、刘伶、王戎和阮咸。"竹林七贤"大多对执政的司马氏持不合作态度，在思想上"弃经典而尚老庄，蔑礼法而崇放达"，他们不拘礼法、特立独行的行为态度对后世产生了深远的影响，一直为中国士大夫所推崇。

一千多年后的民国年间，成都出现了一个被称为"五老七贤"的文人群体。这是当时寓居成都的一批耆宿名流的统称。他们大多有前清的科举功名，从秀才、举人、进士，到翰林、状元。民国时期，除了教育事业之外，他们基本没有参与地方政务，但是对成都乃至四川地区的社会文化产生过相当影响，是当时一个受到广泛推重的群体。

"五老七贤"的组成，本是民间口碑流传的说法，没有固定的确指，其人数也不止十二人，其中哪些属于"五老"，哪些属于"七贤"，也各说不一，没有明确区分。总的来说，大致有赵熙、方旭、徐炯、宋育仁、尹昌龄、陈钟信、刘咸荥、曾鉴、曾培、骆成骧、颜楷、胡骏、文龙、衷冀保、邵从恩、林思进等人。

"五老七贤"大多为博学通儒，是清末民初蜀中文化的代表人物。如赵熙系前清翰林，有"铁面御史"之誉；骆成骧是清代四川唯一的状元；宋育仁亦为前清翰林，主持过尊经书院，又是著名的维新派人士，戊戌维新时期享有全国性的声誉。

民国时期，"五老七贤"大多从事文化教育和公益事业。成都近现代史上的不少知名人士，都曾受业于"五老七贤"门下。包括郭沫若、李劼人、庞石帚、蒙文通、周太玄，以及当时的风云人物戴季陶、谢持、黄复生、熊克武、吴玉

美酒成都堪送老——城市文化篇

章等。

"五老七贤"所处的时代，正是我国近现代历史的急剧变革时期，新旧文化的冲突十分激烈，在这个群体身上也同样有所反映，他们绝大多数人是传统文化的卫道士，也有部分人具有变法维新的新思想。当时有"蜀地文风盛汉时"的赞语，这一说法的出现，与"五老七贤"所代表的学术成就有密切关系。

二、"五老七贤"的代表人物

"五老七贤"的具体人选有多种说法，下述几人，从不同的方面显示了他们作为旧式文人发挥的社会作用。

赵熙（1867—1948年），字尧生、号香宋，四川荣县人。光绪十七年（1891年）中举，次年赴京会试，联捷中进士，殿试列二等，选翰林院庶吉士。次年，应保和殿大考，名列一等，授翰林院编修。在京与"戊戌六君子"中的刘光第、杨锐等结交。后任国史馆协修、纂修，江西道监察御史等职。辛亥（1911年）四川保路风潮中，被推为京官川南代表，上章弹劾四川总督赵尔丰、邮传部尚书盛宣怀、湖南巡抚柏文定等重臣，以及满族亲贵庆亲王奕劻、肃亲王善耆等。其风骨素为士林所推崇，被誉为"士林之鹤""铁面御史"。

赵熙一生，以教育事业为己任，晚清和民国年间先后出任荣县凤鸣书院山长、重庆东川书院山长，又主持泸州经纬学堂。民国时期许多重要人物如谢持、黄复生、曹笃、吴玉章、向楚等都是他的学生，在地方上享有很高名望。曾主持修纂《荣县志》，任总纂。该志行文严谨，反映了荣县社会实际，并加以标点

成都人民公园辛亥秋保路死事纪念碑（西面，赵熙书）

断句，被誉为巴蜀名志而获得广泛赞誉。

赵熙博学多才，其诗、词、书、画、戏号称"五绝"，其人"工诗，善书，间亦作画"。其中成就最高的是诗词及书法。当时称为"晚清第一词人"，其诗词曾风靡京城，令梁启超、胡适等执"弟子"礼。有"香宋词"传世，郭沫若曾自费为其出版《香宋诗前集》。其书法融颜（真卿）、柳（公权）、苏（东坡）、黄（山谷）诸家为一体，自成一派。时人称为"荣县赵字"，名重一时。当时有"家有赵翁书，斯人才不俗"之言。现成都人民公园矗立的"辛亥秋保路死事纪念碑"北面十个擘窠大字，即出自赵熙之手。纪念碑南面碑文，则出自"五老七贤"中颜楷之手。

民国时期，赵熙在四川名望很高。他曾以此多次在成都和荣县调停混战的地方军阀战事，使人民少遭兵灾。

林思进（1874—1953 年），字山腴，别署清寂翁，成都华阳人。光绪举人，曾官内阁中书。后在蜀中执教数十年。1918 年接掌华阳中学，声名鹊起。1919 年后历任四川省高等师范学校、国立成都大学、华西协合大学、四川大学教授。同时致力于诗古文辞，成就颇大，蔚然大家。曾参与《华阳县志》纂修，撰《人物志》《华阳县志叙录》及各目序 25 篇。20 世纪 40 年代末受命纂《四川通志》，未能竟事。新中国成立后任四川大学教授、四川省文史研究馆副馆长。其诗文楹联言雅格高，当时与赵熙齐名，并称"林赵"，深受时人推重。

林山腴为京官时，晚清著名诗人，号称"清末四公子"之一的陈三立，以及陈石遗等一批名士在京结社唱酬，林山腴也在其中，与陈三立甚为投契。陈三立的一个儿子后来成为史学大家，就是陈寅恪。陈寅恪从小听父亲讲述与林山腴的交往，对其道德文章深为钦服。抗战后期，陈寅恪受聘于华西协合大学，客居成都一年又九个月。1944 年新年人日（正月初七），陈寅恪在华西协合大学中文系副教授王仲镛陪同下，前往爵版街林宅拜望。虽然已被称为"教授的教授"，但见到父执辈的林山腴，陈寅恪仍然当着众多前来拜年的林山腴学生晚辈，以子侄身份向林行叩头大礼。并以亲笔书写对联一副相赠，对林老推崇备至：

> 天下文章莫大乎是；
> 一时贤士皆与之游。

此事成为当时成都士林的一则佳话，为后人津津乐道。

骆成骧（1865—1926 年），字公骕，四川资中人。光绪十九年（1893 年）

举四川乡试第三名。光绪二十一年（1895年）乙未科会试中进士，参加殿试。光绪帝临轩策问，骆成骧引经据史，论证变法自强，势在必行，帝为之动容，拔擢为状元，这是有清三百年来四川唯一的状元。骆成骧也一时成为四川的传奇人物。先后任翰林院修撰，贵州和广西乡试主考、京师大学堂提调，奉朝廷命留学日本，考察宪政，任山西提学使，先后主持桂林法政学堂和四川高等学校（今四川大学前身）等校。民国初曾任四川省临时议会议长。

骆成骧一生正值中国近代史的多事之秋，经历了甲午战争、公车上书、戊戌变法、辛亥革命、护国倒袁、五四运动等一个个巨澜，均能够顺应时代潮流。宣统三年（1911年）革命军兴，时任山西提学使的骆成骧在山西发起署名，吁请清帝逊位。传说，隆裕太后见到请愿书，惊叹道："状元亦出名，势不可挽。"后来有人作诗纪此事：

> 状头拔取君恩重，禅表书名隆裕惊。

袁世凯复辟帝制，骆成骧坚决反对，出面推举冯国璋，联合蔡锷，为维护共和尽一己之力。

骆成骧为人坦荡光明，一生清廉自守，有"穷状元"之称。曾有名言"天下无如吃饭难，世上唯有读书高"。

骆成骧晚年卜居成都城南上莲池畔，这是贫民聚居之地。清代民谣《唱成都》唱道：

> 江渎庙里树子大，上莲池旁尊经院。
> 骆状元在池边住，周围团转是菜园。

骆成骧去世后，家贫如洗，靠地方政府救济方了结丧事。各地亲友及不识者纷纷以挽词相寄，其中佳制颇多，同为"五老七贤"的方旭所作挽联最具代表性：

> 提学一官同，我闻三晋云山，人思教泽歌芹泮；
> 状元千古绝，留得半塘秋水，楼对清漪似桂湖。

上联"提学一官同"，方旭与骆成骧都曾担任过主管一省教育和科举的提学使（学政），方在四川，骆在山西。骆成骧一生事业大多与教育相关，此处以骆成骧在山西的德政至今令山西士人感念为例，赞颂骆成骧一生的德业。下联将骆与新都桂湖主人，风流绝世的明代状元杨升庵相提并论，这是对骆成骧极高的褒扬。

宋育仁（1857—1931年），字芸子，晚年号复庵、道复，四川富顺人。成都尊经书院首批学生，光绪十二年（1886年）进士，授翰林院庶吉士，改任检讨。

在"五老七贤"中，宋育仁是个另类。他不愧为中国近代最重要的学者，他的学问有深厚的旧学基础，但其主体则是讲求维新变法的新学。

宋育仁入仕前后，正值追求富国强兵的"洋务运动"盛行的时代，他主张系统接受西方思想。他一生致力于维新变法，被称为"新学巨子"，其思想涉及政治、法律、经济、文化教育、出版、军事外交等诸多领域。他在当时最早提出"托古改制"，以"复古即维新"为号召，实行变法维新。早在1885

宋育仁塑像（成都幸福梅林）

年，他就写出《周官图谱》，为托古改制提供蓝图，这比康有为的《孔子改制考》早了13年。

1894年，宋育仁随公使龚照瑗出使欧洲，任中国驻英、法、意、比四国公使参赞。在欧期间，宋育仁注意考察研究外国政治、经济、社会情况，结交各界名流，还经常出入英国议院、学校、工商各界，写成《泰西各国采风记》5卷，介绍西方的政术、学校、礼俗、宗教、公法。出使欧洲的经历及其深厚的学养，使宋育仁的思想具有同时代的一般思想家所不能企及的深度。

在清末维新运动中，宋育仁在川创办商务矿务，创办《渝报》《蜀学报》，创建蜀学会，执掌尊经书院，总纂《四川通志》和《富顺县志》，并留下《时务论》《经世财政学》等著述，被誉为四川"睁眼看世界"的第一人，四川近代工商业创始人和报业鼻祖。

民国时期，宋育仁逐渐退出政治舞台，回到四川，在成都"五老七贤"中名望很高。1914年宋育仁赴京任国史馆纂修并主持馆务。此后一直在成都从事教育文化事业，先后任四川国学学校校长、四川国学会会长，四川通志局总纂等。晚年，宋育仁隐居成都东郊狮子山"东山草堂"，修志著书，不问世事，先后编纂完成了《重修四川通志稿》初稿与《富顺县志》。1931年12月宋育仁逝世，葬于"东山草堂"对面竹林之中。2006年，成都锦江区三圣乡政府在今"幸福梅林"一带择地重修"东山草堂"，并立宋育仁石刻像，为这一休闲去处增添了一缕书香。

宋育仁去世的84年之后，2015年10月，宋育仁主持编纂的《重修四川通志稿》由国家图书馆出版社出版。这部全套共62册的丛书，是民国时期四川唯一一部大型通省地方志稿。尘封80多年的手稿首次出版，填补了清嘉庆后至民国前期百年间四川无省志的空白，意义非凡。这是书香成都的又一件文化盛事。

尹昌龄（1869—1942年），字仲锡，晚号约堪，四川华阳人。清光绪十八年（1892年）中进士，入翰林院。历任陕西白河知县、长安知县、商州知府、陕西关中道等职，对清末陕西省兴学、练兵、劝工、蚕桑、铁路、游学诸新政多有建树，誉为"八局知府"，有"循吏"之名，民众誉为"尹青天"。

民国时期，尹昌龄先后出任四川军政府审计院长、内务司长、政务厅长等职，后致力于成都慈善事业。他在人生的最后一段岁月即1924年至1942年，全身心投入到成都慈善机构慈惠堂的运作之中。尹昌龄素有"循吏"之称，精明干练。在他的主持下，慈惠堂办得有声有色。他创办成衣铺、鞋帽铺、火柴厂等企业，既为成都贫民创造了很多就业机会，又将企业所得反哺慈惠堂，收养的老弱病残多时达两三千人。因而被

成都慈惠堂街的街牌（照片中人物为尹昌龄）

公认为民国时期最成功、最受尊敬的慈善家，当时号称中国"慈善第一人"。1942年尹昌龄在成都病逝，因克己奉公，从不领一分钱薪水，竟至家无余财办

理丧事，只得由慈惠堂出面以孤寡老人赙金了结丧事。民国三十二年（1943年）一月十日国民政府以其从事慈善事业成效显著，明令予以褒扬。

"五老七贤"除以诗文翰墨名扬学林艺坛，又互相以名节相砥砺，他们敢于仗义执言，针砭时弊，以社会贤达的身份处于官民之间，沟通政令舆情，既为官方尊重和忌惮，又为民众敬仰。在战乱频仍的民国四川，"五老七贤"常常居间斡旋、调解，以弭干戈，在一定程度上为百姓减少了战祸之苦。著名民主人士黄炎培当年曾有《蜀游百绝句》赞道：

> 劫后民劳未息肩，每闻政论出耆年。
> 蜀人敬老尊贤意，五老当头配七贤。

三、书香成都的一缕馨香

20世纪20年代至50年代，"五老七贤"陆续谢世，他们的去世往往受到社会的广泛关注。1948年，"五老七贤"的代表人物赵熙病逝，刘咸荥书写挽联云：

> 五老中惟余二人，悲君又去；
> 九泉下若逢三友，说我就来。

挽词寓悲于谐，在当时广为传诵。翌年刘咸荥亦以93岁高龄而终，丧礼时吊者云集，观者如堵。1953年，历任成都各大学教授，唯一活到新中国成立后，时任四川省文史研究馆副馆长的林思进病逝。至此，"五老七贤"全部离去。

"五老七贤"作为曾经光耀蜀中的文人群体，他们传承巴蜀文化的优秀传统，德才兼备，经世致用，广植桃李，嘉惠士林的事迹长久流传，成为书香成都一缕幽远的馨香。

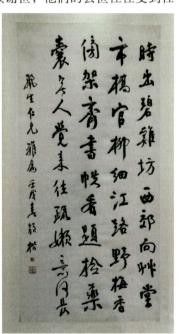

颜楷墨迹

美酒成都堪送老
—— 成都城市文化的一个侧面

一、一则"创造性的背离"

成都自古以富庶繁华著称于世。蜀中秀丽的山水，富庶的物产，成都城市闲适自得，悠游岁月的轻松氛围，在国内城市中独具特色。这种极具魅力的城市风物人情，吸引着历朝历代文人墨客，以至有"自古诗人例到蜀"的说法。客居成都的文人，写下了大量有关成都的诗文。在笔者看来，最能体现古典成都城市繁荣富庶和成都人文风情之独特魅力的，莫过于李商隐在成都所作的《杜工部蜀中离席》诗中的"美酒成都堪送老，当垆仍是卓文君"。

全诗如下：

> 人生何处不离群，世路干戈惜暂分。
> 雪岭未归天外使，松州犹驻殿前军。
> 座中醉客延醒客，江上晴云杂雨云。
> 美酒成都堪送老，当垆仍是卓文君。

体味全诗，诗人忧世伤时之情跃然纸上。此时的唐王朝，已无复昔日的强盛与辉煌。国无宁日，干戈遍地。"雪岭""松州"，即今四川西北松潘一带地区，唐朝与少数民族吐蕃、党项关系紧张。大军屯驻，剑拔弩张，危机一触即发。然而成都的官场，却是一片升平气象。送行的酒席之上，满眼尽是浑浑噩噩的"醉客"。酒楼之外的江上，天低云暗，时晴时雨，就像时势一样变幻莫测。看到这样的景象，诗人感慨油然而生：美酒在前，佳人如月，浅斟低唱。确实是温柔富贵之乡。可是，身负朝廷重任的诸君，难道就这样悠然自得，醉生梦死，终老一生吗？

李商隐的本意，大约应当如此。不过，无论诗人如何忧时伤世，如何愤世

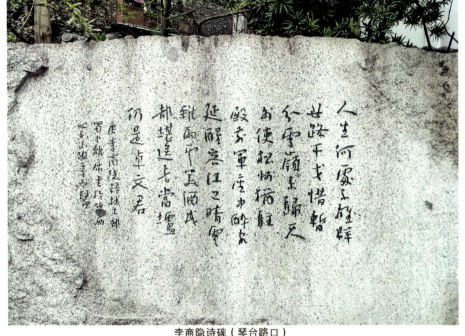

李商隐诗碑（琴台路口）

嫉俗，但成都花柳繁华，温柔富贵的现实生活场景，总会使他不由自主地受到感染，流连其中，并在诗文中下意识地反映出来。无论他的本意是赞美还是婉讽，抑或另有深意。

　　古典诗文名篇佳句，往往辞意深婉。字面看去是无尽的神往或赞美，实则另有深意，或暗含讽喻，或寄托忧郁。这是中国古典文学创作常见的表达方式之一。不过，后人在解读、鉴赏或使用这类名篇名句的时候，常常仅是及于其字面表达的文辞和意境，而不去深究作者的背景以及文字背后的深意和寄托。这是因为，这些名篇名句字面所描述和表达的美学形式和意境，让人神往。欣赏文辞表面的意思，本身就是一种美的享受。对那些脍炙人口的名句，这样的解读和使用在中外语言文学的历史和现实之中，都是司空见惯的。德国学者姚斯，把这种现象称为"接受理解的不确定性"；罗马尼亚学者吕西安·戈德曼，则将其称为"创造性背离"。这也正是文学的魅力所在。

　　陆游诗"小楼一夜听春雨，深巷明朝卖杏花"，是千古传诵的名句。文字清新隽永：小楼彻夜春雨淅沥；清晨，深幽的小巷中传来村姑叫卖杏花的声音。这样一幅春色图画，是如何的明媚生动，又是如何的闲适和惬意。据说这两句诗后来传入宫中，深为宋孝宗所称赏。不过，如果细细体味全诗《临安春雨初

霁》，人们却能读出另外一幅景象：

> 世味年来薄似纱，谁令骑马客京华。
> 小楼一夜听春雨，深巷明朝卖杏花。
> 矮纸斜行闲作草，晴窗细乳戏分茶。
> 素衣莫起风尘叹，犹及清明可到家。

在世风日下的时代，壮志未酬的诗人，在淅淅沥沥的小雨中彻夜不眠，直到清晨深巷中隐隐传来卖花声。这样一来，读者感受到的，是诗人百无聊赖的失意和惆怅。这是一种截然相反的意境。

然而，诗人含蓄深蕴的表达，并不妨碍人们把"小楼一夜听春雨，深巷明朝卖杏花"想象成一幅清新的春光画卷。后人用陆游诗意而加以翻新的"杏花春雨江南"（虞集《风入松》）也成为至今最具代表意义的江南之春美好意境的文学表述，从而使一代又一代的后人对江南产生无限的遐思和向往。

二、民物殷阜，歌咏风流

这里，笔者也试着做一番"创造性的背离"。诗酒风流的李义山，在金樽美酒，清歌檀板之前，同样是一番陶醉。也许中夜酒醒，又感从中来。生出一番身世时局之叹，也未可知。这对从不讳言声色之娱的唐代士大夫来说，本来就是情理之中的事。这种情况在唐代成都的官场和民间，是司空见惯的。

"美酒成都堪送老，当垆仍是卓文君"，说的是成都的美酒（包括佳肴）和佳人。蜀中自古多佳酿，蜀人自古"尚滋味"，"蜀女自古多才"，蜀中佳人多为才女。直至今天，成都也以茶馆多、酒馆（餐馆）多而知名全国，成都姑娘的漂亮也有口皆碑。而司马相如和卓文君演绎的这段风流佳话，为成都城市人文风情增添了一则风雅的典故，给后人留下了无尽的想象和反复的吟叹。两千多年来，文人墨客说起成都，无不想到成都的美酒佳肴，想到相如涤器，文君当垆。诸如"万里桥边多酒家，游人爱向谁家宿"（张籍《成都曲》）；"锦里多佳人，当垆自沽酒"（陆龟蒙《奉和袭美酒中十咏·酒垆》）；"春晚，风暖，锦城花满。……翠娥争劝临邛酒，纤纤手，拂面垂丝柳"（韦庄《河传》）；等等。其间反映的正是古典成都的一大文化特征：富庶绮丽，风雅悠游。

成都发展到唐宋时期，在物质和文化上臻于极盛。都江堰灌溉系统哺育的

汉代画像砖拓片"宴乐"

农业文明和城市工商业文明，给成都这片得天独厚的土地带来物质和文化的双重繁盛。甲于天下的繁荣富庶，给成都人文风俗造成的直接影响，就是几乎普及整个城市及其周边地区的游赏习俗和悠游闲适的生活方式。正如元代人费著所云："成都游赏之盛，甲于西蜀，盖地大物繁而俗好娱乐。"（费著《岁华纪丽谱》）

成都城因水而兴。水是成都的灵魂，是成都城市文化最主要的载体。清澈的流水和波光潋滟的池塘，给城市带来灵气。长期以来，成都市民形成亲水、乐水传统，并在此基础上形成了具有浓郁地方特色的游赏习俗。波光潋滟的摩诃池、江渎池、龙跃池，沿城而流的锦江、穿城而过的解玉溪和西郊的浣花溪，因锦江而兴的西园、西楼，都是成都官民、文人游赏的最佳去处。唐宋时期岁时节令，沿着"解玉溪—锦江—浣花溪"一线举行的水上遨游，是成都人的文化盛事。游赏往往同戏曲、杂耍技艺、文人雅集结合在一起，具有丰厚的文化意蕴。这既是成都古典城市文化达于极盛的标志，也对此后的城市文化习俗有着深远的影响。

杜甫诗云："西蜀地形天下险，安危须仗出群材。"（杜甫《诸将五首》之五）富庶的东、西两川，一直是唐王朝最重要的财源之一，同时也是唐王朝的大后方。中唐以后，以剑南西川节度使出镇成都的，大都是名垂青史的重要人物。许多人既是大名士、大文豪，又是朝廷重臣。不少人甚至以宰相的身份出任封疆。而宦游或客居蜀中的士大夫，更是不胜枚举。

这些擅于诗酒风流的朝廷重臣来到成都，在中原人看来是来到"奢靡"的风俗之中，不仅如鱼得水，更会推波助澜，将其推向更高的境界。于是，成都的游赏习俗，就从原来的民间习俗转而兼为官场习俗。而官场的推崇，又成为游赏民俗进一步兴盛的导向。经过五代前、后蜀的持续繁荣，成都的游赏习俗在北宋时代趋于极盛。并成为一种不成文的"地方定制"："凡太守岁时宴集，骑从杂沓，车服鲜明，倡优鼓吹，出入拥导，四方奇技幻怪，百变序进于前。以从民乐，率岁有期，谓之故事。"（费著《岁华纪丽谱》）在这里，"故事"一词是定例之意。地方长官与民同乐，带头遨游，称为"遨头"。

清代学者纪晓岚在为元人费著的《岁华纪丽谱》撰写"提要"时，写了这样一段文字："成都至唐代号为繁庶，甲于西南。其时为帅者，大抵以宰臣出镇。富贵悠闲，寝相沿习。其侈丽繁华，虽不可训，而民物殷阜，歌咏风流，亦往往传为佳话。"（《四库全书总目提要》卷七十）

成都城市悠游闲适的人文气息，对外来者所具有的影响力是这样的强烈。来到这里的人，几乎都在不知不觉之间浸淫其间，不但生活方式发生变化，连思想方式、诗文风格，也变成了另外一种面目。客居成都的杜甫和陆游，是成都历史上最负盛名的客人。二人同为中国文学史上的巨匠，也同以关注现实、忧国忧民为人称道。其诗歌风格或沉郁顿挫，或气象雄浑，表现出强烈的忧患意识。然而当他们来到成都之后，却发生了明显的变化。客居成都的日子，两位诗中圣贤仍然在忧国忧民，但更多的时候，却在成都富庶闲适的氛围中不由自主地陶然而乐。

杜甫为躲避安史之乱入蜀，先后在成都城西浣花溪畔卜居了近四年。这是他在乱世中得到的短暂安宁的一段日子。他的二百多首"成都诗"，除了忧世伤情之作外，有一半是对成都自然风光和人文风情的白描和欣赏，表达出一种清新闲适的意趣。与此同时，杜甫也用了不少诗篇描写和赞叹成都的繁荣富庶、风情乐舞和美酒佳人。诸如，"蜀酒浓无敌，江鱼美可求"（杜甫《戏题寄上汉中王》之二）；"此曲只应天上有，人间能得几回闻"（杜甫《赠花卿》）；等等。

陆游入蜀八年，在范成大幕中任闲职，大多数日子都在成都市中优游岁月，诗酒放达，裘马轻狂。就是在成都，陆游给自己取了"放翁"之号。其《文君井》诗曰："落魄西州泥酒杯，酒酣几度上琴台。青鞋自笑无羁束，又向文君井

汉代画像砖拓片"酿酒"

畔来。"而"当年走马锦城西，曾为梅花醉似泥"总使人想象出这样一种情景，沁人心脾的梅香阵中，信马由缰的陆放翁，已然是酒后微醺。晚年回归山阴故里，放翁仍然难以忘情成都的日子："十年裘马锦江滨。酒隐红尘。"（陆游《风入松》）"世上悲欢亦偶然，何时烂醉锦江边？"（陆游《长歌行》）杜甫的"成都诗"和陆游的《剑南诗稿》也因此成为其诗歌风格的另外一个重要组成部分。

成都丰裕的物产，繁华绮丽的游乐风俗，悠游闲适的人文氛围，历经千年的积淀，成为成都城市最为鲜明的文化特色。从唐宋到明清，直至当代，一直吸引着客蜀的人们。

三、余生得至成都去，肯为妻儿一洒衣

清代文坛巨子金圣叹曾游历成都。成都的风物人情给他留下了非常深刻的印象。返回家乡后，金圣叹写过一首思念成都的诗《病中无端极思成都忆得旧作录出自吟》。全诗如下：

卜肆垂帘新雨霁，酒垆眠客乱花飞。
余生得至成都去，肯为妻儿一洒衣。

"酒垆眠客乱花飞"与"当垆仍是卓文君"，表达的意思几乎完全相同。不

同的是，一个是有感于成都眼前的情景；一个是离开了成都，仍然念念不能忘情于成都的逍遥和自在。

"余生得至成都去，肯为妻儿一酒衣"与"美酒成都堪送老"，明明白白地表达出一种共识：成都是一个"堪送老"的地方，是一个外乡人愿意在此度过余生的地方。

金圣叹的家乡不是什么穷乡僻壤，而是号称"天下首富之区"的苏州。中国人历来安土重迁，文人士大夫更是有难以割断的故乡情结。而江南人对故土的眷念，则是中国文人之最。由此还为后人留下了一段又一段佳话。因为思念家乡的"鲈鱼莼羹"，可以挂冠归去；一句"暮春三月，江南草长。杂花生树，群莺乱飞"（丘迟《与陈伯之

成都出土的汉代说唱俑

书》），可以启开叛将的心扉，最终率部归降。像金圣叹这样名重一时的江南才子，居然愿意在千山万水之外的他乡度过余生。无论这里如何的繁华富庶，在"上有天堂，下有苏杭"的江南人心中，都不过如此。在笔者所知，这样的事例，几乎是绝无仅有。

也许，金圣叹的喟叹不过是一时的心血来潮。真的让他迁居成都，他也不见得愿意。以金圣叹之才气和性情，能写下这样的诗句，至少能说明这样一点：成都有独特的魅力，无论什么地方的客人，都容易萌生终老于此的念头。至少是离开以后，还时时想着再来。

李商隐和金圣叹，一个是才华绝代的大诗人，一个是名满江南的大名士。二人虽异代不同时，却对一个异乡城市产生终老于此的念头。哪怕这念头仅仅是一闪念，仅凭这一点，足以让成都人感到骄傲。

"美酒成都堪送老，当垆仍是卓文君。"成都的美酒就足以伴人度过一生了，何况当垆卖酒的还是如同卓文君一样的佳人呢！美酒佳肴，佳人当垆，这样的温柔之乡，实在是终老的最佳去处。"堪送老"是对成都富庶休闲生活最贴切的表述。它不仅适用于古代的成都，同样适用于现在的成都。

"堪送老"译成白话就是"足以在此度过余生"。套用一句最近成都人经常

引用的广告用语，就是"来了就不想离开"。如果再换一种流行的说法，就是"最佳人居"。

当前，成都市正在花大力气宣传和建设"休闲之都"和"最佳人居环境"。广大宣传工作者和学者，都在深入挖掘古典文学中的名篇名句宣传成都。许多前人名句都已深入人心。诸如：

"九天开出一成都，万户千门入画图"；"濯锦清江万里流，云帆龙舸下扬州"；"喧然名都会，吹箫间笙簧"；等等。

汉代宴乐场景（四川博物院）

在笔者看来，打造"最佳人居环境"的目的，在造福成都市民，改善投资环境之外，也为了吸引外来者来成都旅游观光，度假休闲，甚至来成都定居，在成都终老。在人们文化生活和精神生活的要求不断提高的今天，环境和生态固然是最佳人居环境的重要内容，而城市文化特色和人文内涵的丰富也是极其重要的。从这一层面，"美酒成都堪送老，当垆仍是卓文君"，至少包含了城市公共环境艺术、饮食文化、酒文化、娱乐文化，以及城市人文环境等方面的诸多内涵。因此，这两句诗可以说是成都打造"最佳人居环境"的"最佳宣传口号"。

唐人韦庄的名篇《菩萨蛮》（其二），"人人尽说江南好，游人只合江南老。春水碧于天，画船听雨眠。垆边人似月，皓腕凝霜雪。未老莫还乡，还乡须断肠"与"美酒成都堪送老，当垆仍是卓文君"实在有异曲同工之妙。

据笔者在网上的调查，江南地区十分重视这一文学资源，在各种宣传、旅游网站，都在刻意渲染"杏花春雨江南"和"未老莫还乡，还乡须断肠"的令

美酒成都堪送老——城市文化篇

人产生无限遐想的意境。一些网站对韦庄全词或句子做了不同的修改。其中一例是这样的:"虽老不还乡,皆因怕断肠。"这样的"创造性背离",已成为江南城市旅游文化的绝佳广告词。

而在成都,据笔者的不完全调查,利用这一名句作宣传的,基本上只局限于成都的酒业。这实在是对宝贵文学资源的浪费。从这一点,也可以看出成都同发达地区在城市文化宣传理念上的距离。

成都市打造"休闲都市",建设和宣传"最佳人居环境",应该在"堪送老"三个字上下足功夫,将"堪送老"作为成都的品牌加以宣传。"堪送老"的,不仅是成都的美酒和美人,更有佳肴、美景以及舒适宽松的环境。成都人在宣传城市环境、公共环境艺术、饮食文化、酒文化和娱乐文化等方面,都应在"美酒成都堪送老,当垆仍是卓文君"两句诗上做足文章。

"美酒成都堪送老,当垆仍是卓文君。"

一千多年前,一位才华绝代的风流才子在酒宴上偶然有感,却给千年之后的成都人留下一句不需付费的绝佳宣传广告词。